普通高等教育中医药类创新课程"十三五"规划教材

全国高等中医药院校教材

中医药文献检索

（第3版）

主　编

邓　翀

副主编

陈守鹏　易安宁

王柳萍　刘　辉

戴　翥　李　欣

主　审

胡　滨　崔　蒙

上海科学技术出版社

图书在版编目(CIP)数据

中医药文献检索/邓翀主编.—3 版.—上海:上海科学技术出版社,2017.1(2023.1重印)

普通高等教育中医药类创新课程"十三五"规划教材.全国高等中医药院校教材

ISBN 978－7－5478－3400－8

Ⅰ.①中… Ⅱ.①邓… Ⅲ.①中国医药学－情报检索－中医学院－教材 Ⅳ.①G252.7

中国版本图书馆 CIP 数据核字(2016)第 290083 号

中医药文献检索(第 3 版)
主编 邓 翀

上海世纪出版(集团)有限公司 出版、发行
上 海 科 学 技 术 出 版 社
(上海市闵行区号景路159弄A座9F-10F)
邮政编码 201101　www.sstp.cn
上海锦佳印刷有限公司印刷
开本 787×1092　1/16　印张 14
字数 320 千字
2006 年 2 月第 1 版
2017 年 1 月第 3 版　2023 年 1 月第 23 次印刷
ISBN 978－7－5478－3400－8/R·1301
定价:25.00 元

本书如有缺页、错装或坏损等严重质量问题,请向工厂联系调换

内 容 提 要

　　本书系全国高等院校文献检索与利用课程系列教材,由广州中医药大学等10多所中医高校在全国中医药科技信息工作委员会的组织和指导下编写而成。本教材第二次修订版于1992年获国家中医药管理局"1990—1994年优秀教材二等奖",2001年开始被列为"新世纪全国高等中医药院校改革教材",2007年被选为普通高等教育"十一五"国家级规划教材,现为第六次修订,作为规划教材第3版出版。

　　本版教材是在前一版的基础上,为适应数字化、网络化的时代特征,紧密结合国内外中医药文献检索的最新发展动态修订而成。全书以增强学生信息意识,培养学生信息素养为目标,除介绍传统的文献及文献检索的基本理论知识、古代中医药文献检索与利用外,重点对计算机网络信息检索技术、网络搜索引擎的使用方法和技巧、国内外主要常用网络数据库以及信息资源的开放存取等方面进行了全面阐述。

　　本教材供中医药高等院校全日制本科和成人教育(继续教育)本科各专业及医药高校中医药专业教学使用,也可作为教学、科研人员和社会各界人士检索中医药文献时的实用参考书。

普通高等教育中医药类创新课程"十三五"规划教材

全国高等中医药院校教材

中医药文献检索

（第3版）

编委会名单

主　编　邓　翀（广州中医药大学）
副主编　陈守鹏（南京中医药大学）
　　　　　易安宁（浙江中医药大学）
　　　　　王柳萍（广西中医药大学）
　　　　　刘　辉（成都中医药大学）
　　　　　戴　翥（云南中医药大学）
　　　　　李　欣（湖北中医药大学）
主　审　胡　滨（浙江中医药大学）
　　　　　崔　蒙（中国中医科学院）
编　委　（按姓氏笔画排列）
　　　　　王喜臣（长春中医药大学）
　　　　　李应存（甘肃中医药大学）
　　　　　郑　凯（天津中医药大学）
　　　　　赵士斌（河北中医学院）
　　　　　郜　峦（安徽中医药大学）
　　　　　郭　强（广州中医药大学）
　　　　　蒋茵婕（湖北中医药大学）
　　　　　窦学俊（山东中医药大学）
　　　　　蔺焕萍（陕西中医药大学）

前　言

《中医药文献检索》是全国高等院校文献检索与利用课程系列教材,又是国家中医药管理局新世纪全国高等中医药院校改革教材、教育部"十一五"国家级规划教材。1987年出第1版,1992年第二次修订版获1990—1994年国家中医药管理局优秀教材二等奖,现为第六次修订。

随着社会信息化进程和知识更新的加快,我国高等教育现行的课程体系和教学内容必须进行相应的改革,"中医药文献检索"课程也不例外。为此,本教材编委会于2015年5月在广州召开了全国"中医药文献检索"教学暨教材修订研讨会。会议总结交流了中医院校文献检索教学上版教材的使用情况,研究了教材的修订方案和编写计划。为使教材进一步适应我国中医院校教学实际,适应信息素养教育的需要,有必要进一步充实计算机检索特别是因特网信息资源检索的内容,适当增加古代中医药文献检索与利用的内容,增加附篇民族医药文献检索,并调整章节结构,拟定了编写要求与章节分工。

2016年5月,编委会在昆明召开了教材审定会。会议对初稿进行了认真细致的审定,对某些内容做了补充和修正。会后,由各章负责人分别统稿,最后由主编审阅定稿。

本版教材的体系结构和内容既遵循了1992年原国家教育委员会颁布的《文献检索课教学基本要求》和信息素养教育的需要,又结合了目前全国中医药院校专业设置的实际,同时紧扣中医药特色。全书分为7章。第一章为中医药文献检索基础,论述文献与文献检索的基本知识、基本理论与基本方法;第二章为古代中医药文献检索和中医药专题资料检索;第三章为中文医药论文检索;第四章为外文医药论文检索;第五章为网络信息资源检索;第六章为特种文献(中医药标准文献、专利文献、学位论文、会议论文)检索;第七章为中医药文献的积累与利用;增加了附篇:民族医药文献检索。绪论则着重论述了文献检索课程在信息素养教育中的重要作用。

本教材的编写和出版是在全国中医药科技信息工作委员会的支持下和全国中医药院校文献检索课广大教师的参与下进行的。上海科学技术出版社、广州中医药大学基础医学院及中医医史文献学科、云南中医学院图书馆等单位予以大力协助。原中国中医药图书情报工作委员会主任委员、中国中医研究院图书馆馆长薛清录研究员,原中国中医药高等教育学会秘书长、北京中医药大学中医教育研究中心主任刘振民教授,对本教材的建设给予了指导。历届编委会的范家永、吉文辉、梁延光、黎汉津、胡滨、石云锦、王者悦、林文超等前辈,为教材建设的前行奠定了扎实基础。在编写过程中,我们还参考或引用了一些同类教材、专著以及专业论文,特此一并致谢!

由于编写时间仓促,同时囿于水平,难免有所疏漏,敬请专家、同行不吝指正!

《中医药文献检索》编委会
2016年10月

目 录

绪 论 ········· 1

第一章 中医药文献检索基础 ········· 7
第一节 文献及其相关概念 ········· 7
第二节 文献信息源及其类型 ········· 10
第三节 文献检索语言与技术 ········· 17
第四节 医学文献检索工具 ········· 35

第二章 中医药古代文献检索 ········· 39
第一节 中医药古籍检索 ········· 39
第二节 中医药专题资料检索 ········· 59
第三节 中医药字词术语检索 ········· 72

第三章 中文医药论文检索 ········· 82
第一节 中国生物医学文献服务系统 ········· 82
第二节 中国中医药数据库检索系统 ········· 90
第三节 CNKI 数据库 ········· 91
第四节 维普信息资源系统 ········· 96
第五节 万方数据资源 ········· 99
第六节 读秀学术搜索 ········· 101
第七节 超星发现系统 ········· 104
第八节 中国科学引文数据库 ········· 108

第四章 外文医药论文检索 ········· 111
第一节 PubMed ········· 111
第二节 Web of Science™核心合集 ········· 122
第三节 其他文摘索引类数据库 ········· 127
第四节 外文全文数据库 ········· 131

第五章 网络信息资源检索 ········· 142
第一节 网络信息资源 ········· 142
第二节 搜索引擎与学科门户 ········· 144
第三节 信息资源的开放存取 ········· 148

第四节　数字图书馆 …………………………………………… 155
第六章　特种文献检索 ……………………………………………… 159
　　第一节　专利文献检索 …………………………………………… 159
　　第二节　标准文献检索 …………………………………………… 169
　　第三节　学位论文检索 …………………………………………… 178
　　第四节　会议论文检索 …………………………………………… 180
第七章　文献的积累与管理利用 …………………………………… 183
　　第一节　文献的积累 ……………………………………………… 183
　　第二节　文献的管理 ……………………………………………… 188
　　第三节　文献评价 ………………………………………………… 193
　　第四节　文献综述的撰写 ………………………………………… 201
附篇　民族医药文献检索 …………………………………………… 205
　　第一节　少数民族医药及文献的概念 …………………………… 205
　　第二节　少数民族医药文献的分类 ……………………………… 206
　　第三节　少数民族医药文献检索 ………………………………… 210

绪　　论

在全球化和信息时代,知识信息、人力与自然资源并列为社会发展的主要资源。对知识信息的获取、处理与利用已是人们学习、生产和生活的重要活动,而获取、处理与利用知识信息的意识和能力即信息素养,已成为社会成员创新能力的重要因素。为此,对知识信息的把握和利用不仅对创新型社会发展产生越来越重要的作用,也对高等教育创新人才培养提出了新的要求,那就是在应试教育向素质教育转轨过程中,必须注重学生信息素养的培养与提高。在高等中医院校,这项任务主要由"中医药文献检索"课来承担。本课程以中医药文献为主要研究对象,以文献检索理论与知识为研究内容,以学生信息素养的培养和掌握文献检索技能,并能从文献中获取与利用知识信息为教学目的。二十多年的教学实践表明,它在提高中医院校大学生的创新能力、自学能力,以及增强科研功底、促进信息资源开发方面具有明显的作用,且越来越为人们所认识而备受重视。

一、"中医药文献检索"课程的产生与发展

人类社会进入20世纪以来,科学技术的高速发展导致各类文献数量剧增,新学科的不断出现和学科之间相互交叉与渗透的加快又使各专业文献日益分散。对中医药学来说,还有一个如何利用与开发数量庞大而内容广博的中医药古代文献问题。文献需求的专指性所产生的矛盾日趋严重,制约了对文献的利用。为解决这一矛盾,在文献信息机构不断加强文献检索服务的同时,也要求专业人员自己掌握与提高文献检索的技能,而对作为专业人员后备力量的高校学生进行这方面的培训也就提上了议事日程,文献检索课程就是在这样的背景下产生的。

20世纪80年代初,我国不少高校(包括中医院校)开始给教师、科研人员和高年级学生开设文献检索讲座,继而发展为文献检索课。国家教育主管部门因势利导,从1984年起多次发文要求全国各高等院校要为本科生、研究生开设并开好"文献检索与利用"课。文件指出:"为了跟上科学技术发展日新月异的步伐,适应四化建设的需要,高等学校在给学生传授基本知识的同时,必须注意培养学生的自学能力和独立研究能力,让学生具有掌握知识情报的意识,具有获取与利用文献的技能,是培养学生能力的一个重要环节……在高校开设'文献检索与利用'课很有必要,各高等学校(包括社会科学和理工农医各专业院校)应当积极创造条件,开设'文献检索与利用'课。"(教育部〔84〕教高一司004号文《关于在高等学校开设文献检索与利用课的意见》)并进一步指出本课程的开设目的:"在于使大学生和研究生增强情报意识,初步掌握利用文献与情报的技能。它不仅有助于当前教育质量的提高,而且是教育面向未来的一个组成部分,对人们不断吸收新知识,改善知识结构,提高自学能力和研究能力,发挥创造才能都具有重要的意义。"(国家教委〔85〕教高一司065号文《关于改进和发展文献课教学的几点意见》)1992年,国家教育委员会在总结我国高校文献检索教学工作基础上,又颁发了《文献检索课教学基本要求》。1996年6月在国务院召开的全国第三次

教育工作会议上,中共中央、国务院联合发布了《关于深化教育改革,全面推进素质教育的决定》,指出:"要激发学生独立思考和创新意识""重视培养学生收集处理信息的能力"。对于一门课程的开设,国家及其教育主管部门反复强调,既充分说明了它的重要性与迫切性,又有力促进了它的发展。

1986年,全国中医药图书情报工作协作委员会在沈阳召开了全国中医药文献检索与利用课教学研讨会。会议决定把教材建设作为文献检索教学研究的主要工作,会后即编写出版了供全国中医药高等院校本科生使用的文献检索教材——《中医文献检索与利用》(全国高等院校文献检索与利用课程系列教材)。该教材的出版,标志着中医药文献检索教学进入了一个新阶段。二十多年来,我国中医高校的文献检索教学工作取得了很大的进展,形成了专业结构合理与教学经验丰富的师资队伍,教学方法与手段不断改进,教学内容不断更新,本科教材已出至第6版。第2版教材荣获1990—1994年国家中医药管理局优秀教材二等奖,第4版开始被全国中医药高等教育学会列为"新世纪全国高等中医药院校改革教材",第5版开始被选入"普通高等教育国家级规划教材"。

二、信息素养培育是文献检索课的教学目的

21世纪是信息化社会,网络环境下人们的工作和生活方式发生了深刻的变化,其中最迫切的是需要社会成员信息素养的普遍提高。信息素养既是信息时代的必然产物,又是人们在这个时代必备的生存之道。作为受过高等教育的大学生,其信息素养应该更为完备。文献检索课教学的根本目的就是为了培养与增强大学生的信息素养。

1. 信息素养定义及标准 信息素养在当代科技迅速发展和信息资源极其丰富的环境下变得越来越重要。信息素养为一生学习奠定基础,它适用于各个学科、各种学习环境和教育水平。它可以让学习者掌握内容,扩展研究的范围,有更多主动性和自主性。

1974年,美国信息产业协会主席Paul Zurkowski最早提出了信息素养(information literacy)的概念:"利用大量的信息工具及主要信息资源使问题得到解决的技术和技能。"

1989年,美国图书馆协会(ALA)主席委员会出版了《总结报告》。这个报告定义了信息素养的四个组成部分:确定何时需要和查找信息的能力,有效评估和使用信息的能力。1990年,为了响应美国图书馆协会主席委员会《总结报告》的建议,美国信息素养论坛(NFIL)成立。全美信息素养论坛是由75个教育、商业和美国政府组织组成的联盟,其宗旨是促进国际上和国内对信息素养需要的认识,鼓励提高信息素养的活动。

美国大学和研究型图书馆协会董事会于2000年通过《美国高等教育信息素养能力标准》,这个标准的推广力度最大,占有领先和主导地位。该标准指出,信息素养是指个人"能认识到何时需要信息和有效地搜索、评估及使用所需信息的能力"。这种能力中包括5个标准和22个表现指标。5个标准是:① 有信息素养的学生有能力决定所需信息的性质和范围。② 有信息素养的学生可以有效地获得需要的信息。③ 有信息素养的学生评估信息和它的出处,然后把挑选的信息融合到他(她)们的知识库和价值体系。④ 不管个人还是作为一个团体的成员,有信息素养的学生能够有效地利用信息来实现特定的目的。⑤ 有信息素养的学生熟悉许多与信息使用有关的经济、法律和社会问题,并能合理合法地获取信息。

2. 信息素养是高校教育的目标 在西方发达国家,信息素养早已进入学校的教育目标与评价体系,并成为评价人才综合素质的一项重要指标。

1991年,美国监督和课程发展协会即提出:"信息素养应成为每个学生受教育经历的一部分。鼓励普通学校、专业学院和综合大学将信息素养课程融入所有学生的学习计划之中。"

1998年,美国医学院联合会发布"医学院目标计划",详细阐述了对医学毕业生的信息素质要求。医师在职业生涯中,将扮演"终生学习者、临床医师、教育者/交流者、研究者以及管理者的角色,医学信息对于这些角色至关重要"。

2003年9月,联合国信息素养专家会议发表了《布拉格宣言:迈向信息素养社会》(*The Prague Declaration: Towards An Information Literate Society*)。他们认为如何使人们从因特网时代的信息和通信资源及技术中受益是当今社会面临的重要挑战,并宣布"信息素养是终身学习的一种基本人权"。

在我国,如何在大学生素质教育中培养与增强信息素养,以适应信息时代需要,越来越引起人们的高度重视并成为高等教育所面临的紧迫问题。1999年6月,中共中央、国务院颁发了《关于深化教育改革全面推进素质教育的决定》,从而使我国的素质教育(包括信息素养)迈上了快速发展的轨道。2002年1月,教育部高等学校图书情报工作委员会召开了"全国高校信息素质教学学术研讨会",同年7月教育部修订了《普通高等学校图书馆规程》,明确规定:"开展信息素质教育,培养读者的信息意识和获取、利用文献信息的能力是高校图书馆的一项主要任务。"这些举措对我国高校信息素养教育起到了极大的促进作用。

为适应我国经济社会发展特别是医药卫生改革对中医高等教育提出的要求,落实《国家中长期教育改革与发展规划纲要(2010—2020)》《国务院关于扶持和促进中医药事业发展的若干意见》和《教育部关于全面提高高等教育质量的若干意见》,促进高等教育改革,提高中医人才培养质量,教育部高等学校中医学教学指导委员会受教育部委托,在国家中医药管理局的指导和支持下,于2007年开始制定《本科医学教育标准——中医学专业》,2012年5月完成并颁布。《本科医学教育标准——中医学专业》对大学生的信息素质教育极为重视,有关"信息素质教育"的条款有:中医学本科专业学生"临床能力目标"10项规定中第8、9、10条"信息素质教育"的标准,即:(八)具有信息管理能力,能够利用图书资料和计算机数据库、网络等现代信息技术研究医学问题及获取新知识与相关信息。(九)具有阅读中医药古典医籍以及搜集、整理、分析临床医案和医学相关文献的能力。(十)具有运用一门外语查阅医学文献和进行交流的能力。

3. 文献检索课与信息素养　目前,国内高校的信息素养教育主要通过文献(信息)检索与利用课程的设置来进行。文献(信息)检索课程是培养学生信息能力的主要渠道,是研究和试验信息素养教育的一个重要平台,在推进我国信息素养教育方面起着不可替代的作用。

2002年初,国家教育部图书情报工作委员会在哈尔滨召开"全国高校信息素质教育学术研讨会"。会议讨论并发布了关于信息素养教育的4点建议:① 把文献检索课学术研讨会改名为信息素质教育学术研讨会。② 以文献检索课教学为主体的信息素养教育课程本身要加快改革。③ 信息素养教育的建设要加快协调,克服低水平重复现象,各校任课教师所设计的课件应尽快上网或制成光盘在内部发行,彼此加强交流和联系。④ 中国高等教育文献保障系统(China Academic Library & Information System, CALIS)各中心原则上有培训信息素质教育师资的任务,其他有条件的学校也可申办培训班。由此可见,国家教育管理部门已经把对用户的信息素质教育提到了议事日程。2002年5月,在成都召开的全国医学文检教研会第七次学术会议上,对文献检索课的发展以及与信息教育、信息素质培养的关系等也进行了热烈的研讨。这些都清楚地表明,随着信息素质教育、信息素养能力培养等新理念的引入,文献检索课有了新的发展空间和更好的前景。它的教学目的和信息素养能力培养的内容与目标是完全一致的。

信息素养的知识结构包括专业知识、文献检索知识、计算机应用知识及互联网知识等,其中专业知识是基础,专业知识的扎实和广博在很大程度上决定了对信息需求和筛选的判断能力;计算机应用和互联网知识是工具,"工欲善其事,必先利其器",不会使用这个工具,信息的收集与处理就无法进行;文献检索知识则系统讲授信息的意识培养、获取、分析及利用的基本理论与基本技术,全面介绍有关专业信息收集的常用检索工具的使用方法,故对学生信息素养能力的增强起着直接的作用。由此可见,文献检索课对学生信息素养培育的作用是其他课程无法取代的。有关信息素养教育的学术研究,无论国外还是国内,也都是发端于文献检索课程的开设与改革。

三、中医药文献检索课的作用

通过文献检索课的教学,由于学生的信息素养有了不同程度的加强,会产生四个方面的明显作用,即有助于他们的创新能力、自学能力、科研能力的培养提高和促进信息资源的开发利用。

1. **有助于培养创新能力** 创新是人类社会发展的发动机,具备创新能力是对现代人才的基本要求。所以,我国《高等教育法》明确规定高等教育的任务"是培养具有创新精神与实践能力的高级专门人才"。信息素养教育本身就是一种适应时代发展的创新教育。通过对大学生的信息意识培养,增强他们对知识信息学习利用的自觉性与主观能动权;通过信息获取能力的培养,增强他们检索、分析、利用,进而重组与创新知识信息的能力。文献检索课的教学方法类似西方发达国家大学的"自主研究式"教学模式,即老师提出很多研究课题,分别由同学们查找相关资料去整理分析,并提出自己的看法或观点,然后在课堂上交流,由大家来点评,最后由老师总结。文献检索课在教学过程中主要也采取"问题式"的教学法,即通过各种检索课题的提出,将检索思维引进教学中,为学生营造运用所学知识探索事物的思维空间,孕育学生的创造性思维。而大量的检索实习更有助于动手能力的提高,学生在选题、制定检索策略、选择检索方法、获取检索结果过程中,接触到许多新的知识信息,并必然伴以思索与建构新的思维活动。由此可见,通过文献检索课的学习,有助于培养大学生创新能力。

2. **有助于提高自学能力** 随着科技文化的迅速发展,知识更新越来越快,文献利用的时效性越来越强。高校使用的教材,由于编写与出版要耗费若干时间,它记载的知识信息必然滞后于实践。故在课堂上,学生获取的只是专业的基本知识与理论,大量新知识的获取主要靠自学。自学能力的提高,除了方法因素,还必须具备能够独立进行知识信息的收集、整理、鉴别、转化并加以掌握与创造的能力。学什么,怎样找到记载有所需知识信息的文献,这是前提。文献检索课通过对大学生检索和利用文献技能和方法的讲授和实习,给予学生的不仅仅是"鱼",而更多的是"渔",即"捕鱼的技术"。学生在对文献的查阅中主动寻找与掌握所学专业新的知识信息,了解学科发展动态与新的理论技术,使自己的专业知识得到拓展,并始终伴随学科的发展而更新,这就把握与增强了终身教育的主动性。

3. **有助于增强科研功底**　马克思指出：科学的劳动"部分地以今人的协作为条件，部分地以前人劳动的利用为条件"。可见，任何一项科学研究活动，都要从已有的知识和成果出发。因此，记载着这些知识信息的文献，在科学研究中起着极其重要的保障作用。如果不具备文献检索的技能，就不可能有效地学习、借鉴他人的经验或教训，要想创新是不可思议的，科研质量和科研效率也是无法提高的。文献检索本身就是科学研究工作的重要组成部分，其方法和技能是科研人员必备的基本功之一。因为无论是平时资料的收集，选题时对资料的查阅，以及立题后在研究中对学科新知识的追踪，都离不开对文献的检索。科研人员只有真正掌握了文献检索技能，才能增强自己的科研功底，才能在今后的科学研究中用最少的时间和精力有效地获取知识信息，启迪思路，扩大视野，使自己的研究成果居于科学发展之前沿。

科学研究是学科发展的保障。中医药学在发展的历程中一直汲取与借鉴历代医家的成果和其他学科的知识信息。这种借鉴和学习，在当代社会尤其迫切。中医高校大学生通过文献检索课程学习，有利于加强自己科学研究的基本功，毕业后走向社会能尽早投身到中医药科研中去。根据自己的知识积累、兴趣或研究方向，进行相应知识信息的收集、整理、鉴别、利用，及时掌握相关的研究现状及发展方向。在选择科研课题时，也能充分汲取他人的研究成果，发现有待开拓、挖掘而又有价值的领域，研究起点高，少走或不走弯路，进而取得突破性的创新成果，为中医药的发展和学术水平的提高做出自己的贡献。

4. **有助于促进信息资源的开发利用**　在信息化时代，对信息资源的开发利用既是人类社会可持续发展的重要因素，又是各国、各地区及各行业提升竞争力的知识源泉。毛泽东早在1958年就指出："中国医药学是一个伟大的宝库，应当努力发掘，加以提高。"这个"宝库"不单指中医药学术，也指中医药文献，特别是历代医家为我们留下的浩如烟海的中医药古籍文献。对于中医药这样一个具有两千多年历史的学科来说，古籍是它的本底资料，本底资料不发掘的话，这个学科的发展就成为无源之水、无本之木，就会逐渐失去它的优势与特色。在我国改革开放初期，邓小平为中国科学技术信息研究所成立30周年的题词是："开发信息资源，服务四化建设"，他把信息资源的开发利用和四个现代化建设直接联系在一起。

人们的信息意识是开发信息资源的主体动力。比如在日常生活和工作中，我们常常会看到这样的现象：有人对信息有敏感性，从不被别人注意的一段文字、一句话、一个眼神、一个动作，他都会迅速捕捉到对自己有用的信息，并把它转化为效益；而有的人对同样的事物没有反应，或者反应很迟钝。即使面对丰富的信息资源宝库，也无动于衷。这就说明信息意识不仅控制着人们对信息需求的认识，而且在信息的获取利用过程中起着支配作用。但仅仅有信息意识还不够，方法不对或技术不行，则影响到信息资源开发利用的效果。文献检索技能好比是开发文献信息资源宝库的一把金钥匙，掌握了它，就能打开信息资源宝库的大门；掌握的技术精湛，就能够充分挖掘信息资源，有效地发挥知识信息的作用，将潜在的信息资源转化为知识资本，从而促进事业不断向前发展。在中医高校开设文献检索课，使学生在校期间就有了信息意识，并初步掌握了文献检索的技能，显然有助于今后对中医药信息资源的开发利用。

四、"中医药文献检索"课程的教学内容与教学方法

我国高校目前开设的文献检索课已遍及各个学科，"中医药文献检索"只是其中的一门。

从学科的属性来说，它是科技文献检索的一个分支学科，故它们之间存在着许多共性。但中医药学和其他学科毕竟不同，故在文献检索的教学内容与学习方法上有着自己的特点和着重面。

1. "中医药文献检索"课程的教学内容　关于文献的各种类型、文献检索语言与检索途径、检索工具和参考工具，以及文献检索方法、技能与检索策略等基础知识，是高校所有专业文献检索课教学共同的内容。这在"中医药文献检索"课程中也必然是首先要教学的。根据中医药院校专业设置的具体情况，中医、中西医结合、中药、针灸、推拿等传统专业以及以中医为背景的新设专业涉及的学科，在"中医药文献检索"教学中还要着重于以下六个方面知识的讲授：① 古代中医药文献检索和中医药专题资料检索。② 中文中医药论文检索。③ 外文医药论文检索。④ 网络信息资源检索。⑤ 中医药标准文献、专利文献、学位论文、会议论文检索。⑥ 中医药文献的积累与引用、文献综述的撰写和中医药文献信息资源的开发与利用，以及附篇：民族医药文献检索。

目前一些中医高等院校的文献检索课基本上只教授计算机检索技术与数据库的利用，这未免简单化。为了保持课程从理论到实践的完整性，课堂上的知识讲授不应放弃。在检索实习时，鉴于中医药文献的特殊性和现行数据库尚不能涵盖所有中医药学的知识信息，如中医药古籍的检索、一些事实型或数据型知识信息的检索，因此还不能完全舍弃印刷本检索工具与参考工具的使用。

2. "中医药文献检索"课程的教学方法　1984年美国医学院校协会（AAMC）在其出版的《21世纪医生》中强调，要将学生培养成能积极地、独立地学习和解决问题的人，而不是被动的信息接受者。基于问题的学习（problem-based learning, PBL）模式和教学方法是为了加强学生解决问题和终生学习的能力。新时期网络环境下的文献检索课，内容已由检索印刷型文献为主过渡到以数据库、网络信息资源为主，教学手段从演示教学过渡到实时在线教学，因此，要改变传统的以教师为主体的教学模式，积极主动采用PBL模式，注意突出信息素养能力的培养，即将文献检索与利用课和科研信息调研结合。文献检索与利用教学，已经不仅仅是图书馆一般利用、数据库检索技术等信息获取的教学，而应成为学生在资源获取与知识融入的过程中，培养创新性思维的一个重要环节。

（邓　翀）

第一章 中医药文献检索基础

文献检索的基本知识和理论是文献检索的重要组成部分,是学习这门学科的向导和文献检索实践活动得以顺利进行的保证。本章介绍了文献及其相关概念、文献信息源及其类型等,详细阐述了检索基本知识,包括检索语言、检索技术、检索策略等。这部分的理论知识,在后几章的学习实践中会有广泛的应用。

第一节 文献及其相关概念

"文献"一词,在《论语·八佾》中就有记载,其含义随着历史的发展而有不同的解释。与文献相关的概念有"信息""知识"与"情报",它们之间既有区别又有密切的联系。

一、信息

英文 Information 一词来源于拉丁文 Informatio,原意是解释、陈述,指信息传递的过程。我国国家标准《信息与文献术语》(GB/T 4894-2009)中对信息定义为:"信息是被交流的知识""信息是在通讯过程中为了增加知识用以代表信息的一般消息。"

现代信息概念最早是 1928 年哈特莱(Hartley)在《信息传输》一文中提出的,他第一次指出信息与消息的区别,并设想用数学方法描述信息量。1948 年,美国数学家、信息论的奠基人香农(Claude Elwood Shannon)在著名的《通信的数学理论》中提出"信息就是消除或减少接收一方认知上的不确定性",在自然科学语境下,香农信息论中的信息,是通信工程学的概念。此后,许多人从不同的角度引入信息的概念,从不同的侧面表达信息的本质。因此信息一词往往在不同的场合有不同的含义。在控制、通信和计算机科学等领域内信息是信号和数据的同义词;在情报检索、新闻传播和经济管理等领域内,信息是消息和情报的同义词;在科学、文化、教育等领域内,信息是新知识的同义词。

从本体论意义上说,信息泛指一切事物运动的状态和运动的方式,包括事物内部结构的状态和方式以及外部联系的状态和方式;从认识论意义上说,信息是关于事物运动状态和运动方式的反映。

信息的概念已成为现代社会最重要的概念之一。信息一般具有下列特征:① 信息来源于物质,但不是物质本身。② 信息与能量有密切关系,但不等于能量。③ 信息必须有载体,在信息传输的过程中载体可以不断变更而信息保持原来的内容。④ 信息具有知识的秉性,能给观察者提供关于事物运动状态的知识。⑤ 信息具有弥漫性,可以在时间上无限延续,可以在空间上无限扩散。⑥ 信息可被人类、生物、社会、机器所利用。⑦ 信息可被感知、检测、识别、存储、传递、变换、处理、显示、记录和复制。⑧ 信息是一种不可缺少的资源,可以采集、生成、压缩、更新和共享。

二、知识

知识历来是哲学中认识论研究的对象,故常见的有关知识的定义多是从哲学的角度提出的。《教育词典》将知识定义为:"人们对于客观世界的现象、事实及其规律的认识,是人类在长期社会实践中积累起来的经验的概括和总结。"国家标准《信息与文献术语》(GB/T 4894-2009)将知识定义为:"基于推理并经过证实的认识。"

知识可分为事实知识(know-what)、原理知识(know-why)、技能知识(know-how)、人力知识(know-who)、检索知识(know-where)五种类型。

检索知识是一种如何在知识与信息的海洋中寻觅、获取、利用信息资源的知识。17世纪法国著名哲学家笛卡尔(Rene Descartes)说过,最有价值的知识是关于方法的知识。

人们通过对信息进行归纳、演绎、比较,使其有价值的部分与已有的人类知识体系相融合,就转变成知识。例如《伤寒论·辨太阳病脉证并治》中对太阳病的记载:"太阳之为病,脉浮,头项强痛而恶寒。""太阳病,发热汗出,恶风,脉缓者,名为中风。""太阳病,或已发热,或未发热,必恶寒,体痛呕逆,脉阴阳俱紧者,名为伤寒。"《伤寒论》成书于东汉末年,"太阳病"是当时人们对外感发热性疾病的总称。但当人们对这些有关"太阳病"的条文信息进行归纳和对比就会发现:当时所谓的"太阳病"除具有"发热、恶寒、头项强痛、脉浮"的共同特点外,还可以根据脉证分为"中风"和"伤寒"两种类型。发热汗出、恶风、脉浮缓的,即为中风;发热、恶寒、身痛、脉浮紧的则为伤寒。有价值的信息与已有的知识结合后就形成了新的知识。

知识是信息的一部分,是人类的第二资源,具有指导与推动人们开发和利用第一资源(物质资源)的作用。

三、情报

情报是指为了特定的目的,经过选择而传递给用户的信息。但到目前为止,学术界还没有一个公认的定义。

情报的最初含义是指那些时间性很强的消息传递,即把情报视为一种活动,如军事、谍报工作。《辞源》最早的版本(1915年10月版)将情报解释为:"军中集种种报告,并预见之机兆,定敌情如何,而报于上官者。"《辞海》初版(1939年10月版)解释为:"战时关于敌情之报告,曰情报。"这是我国早期最原始的情报定义,反映了情报作为消息传递的功能及构成情报的两个基本要素——"情"与"报",强调情况、消息的传递报道作用。到了近代,随着科学技术的迅速发展,创造与传播知识的工作有了新的发展,专职情报机构的主要工作是使知识有序化,以解决情报检索问题。于是,情报概念也有了新发展,认为情报是作为存储、传递和转换的对象的知识。为了满足用户的多种需要,有人从特定概念出发,提出情报是在特定时间、特定状态下,对特定的人提供的有用知识。为了解决情报资料激增给决策人员有效服务的问题,情报工作由一般文献工作阶段进入了侧重与经济、社会发展相结合的情报分析研究阶段,情报的定义增添了新的内容,提出情报是判断、意志、决心、行动所需要的能指引方向的知识和智慧,是解决问题所需要的知识,是激活了的知识。我国著名科学家钱学森指出:情报就是为了解决一个特定问题而需要的知识;僵死的资料不是情报,情报是激活了的、活化了的知识。

情报来源于人类社会实践,是物质世界与精神世界共同作用的产物。人类正是在不断认识、改造自然与社会的过程中,在物质生产与科学实验的实践中,源源不断地创造、交流与利用各种各样的情报。在日常生活中,人们经常在不同的领域里,自觉或不自觉地在传递情报、接收情报与利用情报。因此,情报又是一种普遍存在着的社会现象。

情报具有知识性、传递性和效用性三个基本属性:① 知识是人的主观世界对于客观世界的概括和反映。随着人类社会的发展,每日每时都有新的知识产生,人们通过读书、看报、看电视、参加会议等活动,都可以汲取有用知识。这些经过传递的有用知识,就是人们所需要的情报。因此,情报的本质是知识。② 知识成为情报,还必须经过传递,知识若不进行传递交流、供人们利用,就不能构成情报。③ 人们创造情报、交流传递情报的目的在于充分利用,不断提高效用性。情报的效用性表现为启迪思想、开阔眼界、增长知识、改变人们的知识结构、提高人们的认识能力、帮助人们去认识和改造世界。

英文"information"一词和日文"情报"一词的含义相近,既代表我们所说的信息,也代表我们所说的情报。因而,出现了"情报就是信息"一说。而在中文里,信息和情报两个术语所反映的概念既有联系又有区别。将情报和信息区别为两个概念是我国情报学界特有的现象。为了适应国际交流的需要,1992年国家科学技术委员会决定采用"科技信息"的称呼取代原来的"科技情报",今后将不再采用"科技情报"一词。因此,原先的一些科技情报机构现已改为科技信息机构。在其他某些场合,也有以"信息"取代"情报"者。但并不是在任何意义上、任何场合中"信息"一词都能取代"情报",尤其是在作为一门学科的情报学中,"情报"一词仍将继续沿用。

四、文献与文献信息

(一) 文献

文献一词在不同的历史时期有着不同的内涵。有关"文献"概念的描述最早见于《论语·八佾》:"子曰:夏礼,吾能言之,杞不足徵也。殷礼,吾能言之,宋不足徵也。文献不足故也。足,则吾能徵之矣。"朱熹解释为:"文,典籍也;献,贤也。"元代历史学家、文献学家马端临,首次以"文献"一词命名他自己的专著《文献通考》。他把"文献"概念的内涵表述为可做叙事、论事佐证的古今典籍及圣贤的言论。后来,文献概念的内涵偏指著述或专指具有历史价值的图书文物资料。

《文献情报术语国际标准(草案)》(ISO/DIS 5127)将文献定义为:"为了把人类知识传播开来和继承下去,人们用文字、图形、符号、声频、视频等手段将其记录下来,或写在纸上,或晒在蓝图上,或摄制在感光片上,或录到唱片上,或存贮在磁盘上。这种附着在各种载体上的记录统称为文献。"我国国家标准《文献著录 第1部分:总则》(GB 3792.1-2009)给文献所下的定义为:"文献是记录有知识的一切载体。"具体地说,文献是指文字、图像、符号、声频、视频等作为记录手段,将信息记录或描述在一定的物质载体上,有其特定的表现形式,并能起到存贮和传播信息情报和知识作用的一切载体。

文献由内容信息、物质载体、符号系统和记录方式四要素构成:① 内容信息是指文献的思想内容,即文献所记录的知识。② 载体是文献的外在表现形式。③ 符号系统是信息的携带者。④ 记录方式则是代表文献的符号进入载体的方法和过程(数字与非数字式)。四个要素缺一不可,共同促成文献的形成、传播与交流。

(二) 文献信息

文献信息就是以文献为载体的信息。文献与文献信息是表征同一事物的两个方面，前者是存储信息的物质形态的概括（物质属性），后者是文献的价值内涵（内容属性）。

文献记录了人类文明产生与发展的轨迹，存贮了社会发展的知识信息，为人类社会的前进保存了"文化积累"。人类社会认知以往的知识信息，基本上都记录在文献上，可见文献是人们获得知识信息的主要来源，是人们了解过去、知晓现在与探索未来的知识信息宝库。我国中医药学源远流长，伴随它的发展产生了浩如烟海的中医药文献。无论是中医药经典文献和传承历代医家理、法、方、药知识的中医药古代文献，还是记录现代中医药发展成果的现代文献，它们都是传播与发展中医药学的知识信息源泉。

五、信息、知识、情报与文献之间的相互关系

信息的概念不仅包括人与人之间的消息交换，而且还包括人与机器之间、机器与机器之间的消息交换，以及动物界和植物界信号的交换。而知识则是人类通过加工吸收信息对自然界、人类社会以及思维方式与运动规律的认识与掌握，是人的大脑通过思维重新组合的系统化的信息的集合。因此，人类既要通过信息来认识世界、改造世界，而且要根据所获信息组成知识。可见，知识是信息的一部分，而信息则是构成知识的原料，这些原料经过人脑接收、选择、处理，才能组合成新的知识（即系统化了的信息）。将头脑中的认识结果通过某种物质载体记录下来，就变成可以传递的客观知识。随着人类认识的深入发展，这种客观知识已逐步形成为较完整的知识体系。情报是人们为解决特定问题而被激活的更为高级、更为实用的知识。文献是记录知识的一切载体，是在时间上、空间内用符号和载体积累和传播情报的最有效的手段，目前仍是情报的最主要来源，是情报源的主体部分。

由于受人们认识水平和社会科技物质水平所限，在历史发展的长河中必然有许多信息未被认识而转化为知识，许多知识未能记载下来而成为文献，许多信息、知识与文献未能及时传递而产生效用形成情报。对于中医药学这样一门源远流长的传统学科，如何采取各种措施与方法，将名老中医的理、法、方、药知识及时记载而得到传承，并充分挖掘利用记载历代医家防治疾病经验、技术与记录现代中医药成果的现代文献，从而继承与发展中医药学，是我们必须重视的课题。

第二节 文献信息源及其类型

随着科学技术的发展，文献信息源的表现形式呈多样化态势。了解信息源的不同类型，有助于加深对信息内涵及其特征的认识，为信息的利用打下坚实的基础。

一、信息源

信息源是人们在科研活动、生产经营活动和其他一切活动中所产生的成果和各种原始记录，以及对这些成果和原始记录加工整理得到的成品都是借以获得信息的源泉。信息源内涵丰富，它不仅包括各种信息载体，也包括各种信息机构；不仅包括传统印刷型文献资料，也包括现代电子图书报刊；不仅包括各种信息储存和信息传递机构，也包括各种信息生产机构。

联合国教科文组织出版的《文献术语》将其定义为:"个人为满足其信息需要而获得信息的来源,称为信息源。"

按照不同的标准可以将信息源划分为不同的种类。按信息资源所依附的载体可分为体载信息源、实物信息源、文献信息源、数字信息源四种类型。

(一) 体载信息源

体载信息源是指以人体为载体并能为他人识别的信息源,按其表述方式又可分为口语信息源和体语信息源。口语信息源存在于大脑的记忆中,通过语言来传播,即以大脑为信息载体的人与人之间的对话、交谈、讨论、演讲等;体语信息源是以人的体态表述出来的信息资源,如表情、手势、姿态、舞蹈等。

(二) 实物信息源

实物信息源是指以实物为载体的信息源。依据实物的人工与天然特性又可将实物信息源分为以自然物质为载体的天然实物信息源(如博物馆陈列的各种文物)和以人工实物为载体的人工实物信息源(如产品、样品、样机、模型、雕塑等)。它们都负载着十分丰富的知识和信息,而且具有强烈的真实感,用文字是难以描述的。

(三) 文献信息源

文献信息源是人类用文字、数据、图像、声频、视频等方式记录在一定载体上的信息源。从不同角度可有多种划分和归类。

按载体形式,可分为纸质文献、缩微文献、磁盘文献和光盘文献。

按文献信息的记录方式,可分手写型文献、印刷型文献、声像型文献、电子型文献、网络型文献。

按文献级别,可分为零次文献、一次文献、二次文献、三次文献。

按出版形式,可分为常见文献(图书、期刊、报纸)和特种文献(专利文献、标准文献、学位论文、会议文献、科技报告、技术档案、产品资料)。

按公开程度和易获取性,可分为白色文献、灰色文献和黑色文献。

(四) 数字信息资源

数字信息资源是在计算机技术、通信技术和高密度存储技术的迅速发展并在各个领域里得到广泛应用的环境下产生的一种信息资源形式。它是指经过数字化处理的,可通过计算机系统或通信网络等识别、传递、浏览的信息资源。

数字信息资源主要有数据库和网络信息资源两种形式。数据库是数字信息资源产生的最早的形式,是以特定方式编制和存贮的数据资料。提供的是专业化的信息服务,其信息经过严格筛选、组织和整理。数据质量高、使用方便、可靠性强。网络信息资源是指以电子计算机技术、通信技术、多媒体技术相互融合而形成的以因特网为传输性载体和传输媒介的信息资源的总和,具有数量巨大、增长迅速、内容丰富、形式多样、传播范围广泛、动态性、缺乏管理等特点。

二、文献信息源类型

(一) 不同载体的中医药文献

两千多年来,中医药文献在记录手段上经历了从刀刻、手写、雕版印刷、活字排版,到现在的激光排版、电脑编排等;在载体形态上经历了甲骨、金属、玉石、竹简、丝绸、纸张,到现在的高科技材料,已经形成了如同其他学科一样的纸质、缩微、磁盘、光盘四大载体类型,它们有着不同的使用功能与作用。

1. **纸质文献**　是以纸张为主要载体,以手写、雕版或各种印刷技术为记录手段而形成的一种文献形式。如古代的刻本书与抄写书,现代各种印刷文献与笔记、手稿、书信、会议记录等。由于中医药文献的特殊性,古代中医药文献仍是以纸质文献为主。纸质文献便于阅读,利用方便,成本较低。缺点是知识信息记录密度低,因体积大而占用空间多,且易受自然环境影响而不易保管和传世。

2. **缩微文献**　一般以印刷型文献为母本,采用光学摄影技术,把文献的体积缩小,固化到感光材料或其他载体上。常见的有缩微胶卷、缩微平片和缩微卡片。

为了抢救中医药古代文献,目前我国各大图书馆大多将珍本中医古籍进行缩微复制,为珍贵文献提供了安全的贮存形式。

3. **磁盘文献和光盘文献**　都是以字节为基本存储单位,存储密度高、存取速度快、识别和提取易于实现自动化。光盘文献是电子出版物的主体。

(二) 不同记录方式的文献

1. **手写型文献**　是指古代各种非印刷型文献(如甲骨、简策、帛书等)以及还没有正式付印的手稿。

2. **印刷型文献**　是传统的文献形式,主要指以纸张为载体,通过印刷手段(油印、铅印、胶印、石印等)把负载知识的文字固化在纸张上。

3. **电子型文献**　又称机读型文献,通过计算机对数据的存储与处理,完成文献信息的数字化,形成电子型文献及形形色色的电子出版物,包括电子图书、电子报刊、电子新闻、电子会议录以及各种类型的数据库。

4. **声像型文献**　又称视听资料,是一种非文字形式文献,由声音和图像传递知识,给人一种直观感觉,并能发挥文字型文献不能起到的独特的作用。

5. **网络型文献**　是借助信息技术而存在于因特网上形式比较特殊的文献。随着科学技术的进步,网络文献作为一种新的信息载体,它能够跨越时空的阻隔,使其所负载的信息内容既可世世代代地传递下去,也可在不同国家、不同民族、不同地区之间进行传递,成为信息时代联系世界和沟通全人类思想的纽带。

(三) 不同级别的中医药文献

按照文献级别,可分为零次文献、一次文献、二次文献、三次文献。

1. **零次文献**　主要包括两个方面的内容:一是形成一次文献之前的知识信息,即未经记录、未形成文字材料的口头交谈;二是未经正式发表的原始文献,或未正式出版的各种书刊资料,如书信、手稿、记录、笔记和包括一些内部使用(通过公开正式的订购途径所不能获得)的书刊资料。

零次文献一般是通过口头交谈、参观展览、参加报告会等途径获取,不仅在内容上有一定的价值,而且能弥补一般公开文献从信息的客观形成到公开传播之间费时甚多的弊病。由于中医药学知识具有较强的个性经验和言传意会的特点,故对中医药学零次文献的收集与利用十分重要。

2. **一次文献**　是以作者本人在科研、生产工作中取得的科技成果为依据而撰写、创作的原始文献,不论其载体形式、出版类型如何,都属于一次文献。大部分期刊论文、科技报告、专利文献、会议文献、学位论文等,都是一次文献。一次文献直接记载了科研和生产中创造发明成果的原始资料,具有创新性、实用性和学术性等特征,是文献检索利用的主要对象。

3. 二次文献 是对一次文献进行加工整理后的产物,即对无序的一次文献的外部特征如题名、作者、出处等进行著录,或将其内容压缩,并按照一定的学科或专业加以有序化而形成的文献形式。其主要类型有目录、索引、文摘等用以查找一次文献的工具,如《全国报刊索引》《中国中医古籍总目》等。

二次文献具有检索与通报一次文献的双重功能,因此又称通报性文献或检索性文献。它的主要作用在于系统反映原始文献信息,帮助读者用较少的时间浏览较多的文献信息,提供检索所需要的文献线索。

但近年来,有些文献在全文发表之前先以文摘的形式预先报道其内容,甚至只发表文摘而不发表原文,以至一次文献与二次文献的界限也就很难截然分开。

4. 三次文献 是指根据二次文献所提供的线索,对某一范围的一次文献加以集中、浓缩、系统整理并概括论述而形成的文献。三次文献可分为综述研究类和参考工具类两大类型。综述研究类文献是在大量原始文献成果基础上对科学技术的发展趋势进行分析、综合评述的产物,诸如专题述评、总结报告、动态综述、进展通讯、信息预测等;参考工具类文献是在大量的原始文献内容反映的原理、定律、事实、方法、公式、数据及统计资料的基础上,筛选出稳定、可靠而有用的知识,编写成供查阅参考的工具书文献,诸如手册、大全、年鉴、指南等。

从一次文献到二次文献再到三次文献,是一个由博到约、由分散到集中、由无序到有序的发展过程。一次文献是掌握信息的直接对象,二次文献是检索原始文献信息的主要工具,三次文献是掌握情报源的主要资料,它们是开展科研活动不可缺少的基础条件。

（四）不同出版形式的中医药文献

早在秦汉之际,就产生了《黄帝内经》《难经》《神农本草经》与《伤寒杂病论》等著名的医著。清乾隆中叶,出现了具有期刊性质的中医药文献形式的《吴医汇讲》。清末民初,中医药的报纸与期刊不断涌现。目前中医药文献的生产、存贮、传递及整理与研究手段伴随着现代信息技术的发展发生了根本性变化。记录手段与出版技术日益先进,载体形式不断创新。出版形式丰富多样,可以分为常见文献（图书、期刊、报纸）和特种文献（学位论文、会议文献、专利文献、标准文献、科技报告、技术档案、产品资料）。

1. 图书 联合国教科文组织对图书的定义是:凡由出版社（商）出版的不包括封面和封底在内49页以上的印刷品,具有特定的书名和著者,编有国际标准书号,有定价并取得版权保护的出版物称为图书。图书的特点是内容比较系统、全面、理论性强、成熟可靠,尤其是教科书,其知识和理论具有权威性,是了解学科知识的主要文献依据。缺点是编辑出版周期长,知识的新颖性不够,传递信息速度慢,故一般不宜作为获取学科发展最新信息的来源。电子图书的出版发行可弥补这一缺陷。

图书按其用途可分为三种类型:① 阅读图书,包括教科书、专著、文集等。② 检索用书,是以图书形式刊行的书目、题录、文摘等,是供人们查找一定范围内信息线索的出版物。③ 参考工具书,包括字典、词典、百科全书、年鉴、手册、名录、图录、年表、历表等,是供人们释疑解难、翻检查考的出版物。

识别图书的主要依据有:书名、著者、出版地、出版社、出版时间、总页数、国际标准书号、中国标准书号等。

国际标准书号(International Standard Book Number,ISBN)是国际上通用的出版物标识编码,是国际标准化组织于1972年公布的一项国际通用的出版物统一编号方法。由10位数字组成,共分4段,其间用"-"相连。鉴于国际上使用的ISBN资源几近枯竭,国际标准化组织对国际标准书号进行修订,由原来的10位数字编码升位至13位数字编码,同时把修订后的ISBN纳入国际标准产品编码(EAN-UCC-13)的编码系统中,使其与国际标准产品编码统一起来,并于2007年1月1日起在全球范围内开始实施。新的国际标准书号在国际上简称ISBN-13。具体方法是在ISBN的前面增加欧洲物品编码(EAN)前缀码978或979,并重新核算最后一位的校验码,这样就可以把国际标准书号直接改变成EAN,使ISBN与EAN统一起来,如ISBN 978-7-5323-8998-8。

2002年1月,我国对《中国标准书号》(GB/T 5795-1986)进行了修订,删除了图书分类/种次号部分,《中国标准书号》采用国际标准书号结构。2006年10月18日,中国国家标准化管理委员会正式批准颁布了《中国标准书号》(GB/T 5795-2006)国家标准,并于2007年1月1日起实施。

2. *期刊和报纸* 期刊是指有固定名称、版式和连续编号,定期或不定期出版的连续性出版物。医学期刊汇集了医学工作者的医药经验和工作成果,反映了医药学的进展及水平,是医药学研究的重要情报来源。据不完全统计,目前全世界出版的科技期刊约12万种,年发行近30亿册,其中25%为生物、医学期刊,发行量在7亿册左右。期刊上刊载的论文大多数是一次文献,包含许多新成果、新水平、新动向。期刊特点是出版周期短、报道文献速度快、内容新颖、学科广、数量大、种类多、发行及影响面广,是进行科学研究、交流学术思想经常利用的文献信息源。

期刊是随着近代科学的发展而产生的,自1665年1月在法国巴黎创刊的《学者杂志》和1665年3月英国皇家学会创办的《哲学汇刊》问世以来,其发展十分迅速,在科技活动中起着十分重要的作用。期刊是科技人员进行信息交流的正式、公开而有秩序的工具,被称为整个科学史上最成功的无处不在的科学信息载体。

清代唐大烈主编的《吴医汇讲》11卷,内容包括41位作者(加整理作者有58位)的94篇文稿,所叙有内、外、妇、儿各科及历代医家论述、经义诠释、随诊笔记、读书方法、药物真伪鉴别等。从编例及内容而言,《吴医汇讲》可说是近代中医药期刊的雏形。目前,我国的中医药期刊约有400余种。

识别期刊的主要依据有:期刊名称,期刊出版的年、卷、期,国际标准刊号(ISSN)等。

公开发行的期刊都有ISSN号,即国际标准连续出版物编号,以实现对全世界期刊文献的管理。国际标准连续出版物号由8位数字组成。8位数字分为两段,每段4位数字,中间用"-"隔开,前7位是刊名代号,末位是计算机校验码。如ISSN 0256-7415(《新中医》)。

我国正式出版的期刊都有国内统一刊号(CN),它由地区号、报刊登记号和《中国图书馆分类法》分类号组成,如CN 44-1231/R(《新中医》)。

核心期刊是学术界通过一整套科学的方法,对期刊质量进行跟踪评价,并以情报学理论为基础,将期刊进行分类定级,把最为重要的一级称为核心期刊。核心期刊与非核心期刊是相对的、动态变化的。

目前国内较著名的核心期刊(或来源期刊)遴选体系有:北京大学图书馆"中文核心期

刊"、南京大学"中文社会科学引文索引来源期刊"、中国科学技术信息研究所"中国科技论文统计源期刊"（中国科技核心期刊）、中国社会科学院文献信息中心"中国人文社会科学核心期刊"、中国科学院文献情报中心"中国科学引文数据库来源期刊"。

报纸是一种特殊形态的期刊，以新闻报道和时事评论为主，此外也登载学术论文和科普文章。报纸有固定名称，面向公众，定期、连续发行。其基本特点是内容新、涉及面广，是读者最多、影响最广的知识信息源。

及时性是报纸区别于其他文献的最主要特征，因而传递信息更快。科学技术上的新发现、新发明和新成果，往往作为一条消息先在报纸上披露出来。故报纸尤其是专业报纸也是科技工作者不可忽视的重要情报源。目前我国医药卫生方面公开出版的报纸有《健康报》《中国中医药报》《中国医药报》等10余种。

3. **专利文献** 专利文献是包含已经申请或被确认为发现、发明、实用新型和工业品外观设计的研究、设计、开发和试验成果的有关资料，以及保护发明人、专利所有人及工业品外观设计和实用新型注册证书持有人权利的有关资料的已出版或未出版的文件（或其摘要）的总称。广义上专利文献包括专利说明书、专利公报、专利分类表、专利检索工具以及与其相关的法律性文件；狭义上专利文献仅指各国（地区）专利局出版的专利说明书或发明说明书。

据世界知识产权组织（WIPO）统计，目前有90多个国家（地区）及组织用大约30种文字出版专利文献，每年出版的专利文献大约有100多万件。其中以日本、俄罗斯、德国、美国、法国、英国、加拿大、澳大利亚、欧洲专利局、世界知识产权组织的出版量最大，占全世界每年专利文献出版量的80%左右。由于新发明绝大部分集中在专利文献，因而专利文献对科学技术有极大的促进作用，这是其他类型文献无法替代的。

我国专利说明书主要由国家专利局或各省市的科技情报机构收藏。

4. **标准文献** 标准文献有狭义、广义之分。狭义指按规定程序制定，经公认权威机构（主管机关）批准的一整套在特定范围（领域）内必须执行的规格、规则、技术要求等规范性文献，简称标准。广义指与标准化工作有关的一切文献，包括标准形成过程中的各种档案、宣传推广标准的手册及其他出版物、揭示报道标准文献信息的目录、索引等。

标准文献对标准化对象描述详细、完整，内容可靠、实用，有法律约束力，其时效性强，适用范围明确，是从事生产、设计、管理、产品检验、商品流通、科学研究的共同依据，也是执行技术政策所必需的工具。利用标准文献可了解有关方面的技术政策、生产水平和标准化水平，对引进、研制产品及设备，提高产品质量和生产水平，进行科学管理等有重要的参考价值。

识别标准文献的主要依据有：标准级别、标准名称、标准号、审批机构、颁布时间、实施时间等。

5. **学位论文** 学位论文是伴随着世界上学位制度的实施而产生的，是作者提交的用于其申请学位的文献。通常情况下，所谓学位论文习惯上只限于硕士和博士论文。

学位论文是非卖品，也不公开发行，通常只在学位授予单位和按国家规定接受呈缴本的图书馆保存有副本，故学位论文的收集与利用不如其他类型的文献方便。各国学位论文的保管与报道方式不尽相同，通常在各国的国家图书馆收藏有大量的本国学位论文。国内收藏硕士、博士学位论文的指定单位是中国科学技术信息研究所和国家图书馆。

识别学位论文的主要依据有：学位名称、导师姓名、学位授予机构等。

6. **会议文献** 会议文献是指在各种学术会议上交流的学术论文。其特点是内容新颖、专业性和针对性强，传递信息迅速，能及时反映科学技术中的新发现、新成果、新成就以及学科发展趋向，是了解有关学科发展动向的重要信息源。由于许多科学领域的新进展、新发现、新成就以及新设想都是最先在学术会议上披露的，因此学术会议本身就是获取学术信息的重要渠道。

会议文献按出版时间可分为会前文献和会后文献。会前文献主要有会议论文预印本和会议论文摘要。会后文献是会后经整理出版的文献，如会议录、会议论文集、会议论文汇编、会议丛刊、丛书等；按会议的范围可分为国际性会议、全国性会议、地区性会议等。

识别会议文献的主要依据有：会议名称、会址、会期、主办单位、会议录的出版单位等。

7. **科技报告** 科技报告也称技术报告、研究报告，是科学研究工作和开发调查工作成果的记录或正式报告，是一种典型的机关团体出版物。科技报告的种类很多，按时间划分有初期报告、进展报告、中间报告、终结报告；按流通范围划分有绝密报告、机密报告、秘密报告、非密限制发行报告、公开报告、解密报告等。

科技报告的特点是内容新颖、详细、专业性强、出版及时、传递信息快，每份报告自成一册，有专门的编号，发行范围控制严格，不易获取原文。因科技报告反映新的研究成果，故它是一种重要的信息源，尤其在某些发展迅速、竞争激烈的高科技领域，人们对其需求更为迫切。在我国，国家图书馆、上海图书馆、中国科技信息研究所和国防科技信息研究所等收藏有较全面的科技报告。

8. **政府出版物** 政府出版物是指各国政府部门及其所属机构出版的文献，又称官方出版物，分为行政性和科技性两类。行政性文献（包括立法、司法文献）主要有政府法令、方针政策、规章制度、决议、指示、统计资料等，主要涉及政治、法律、经济等方面；科技性文献主要是政府部门的研究报告、标准、专利文献、科技政策文件、公开后的科技档案等。有些研究报告在未列入政府出版物之前已经出版过，故与其他类型的文献有重复。政府出版物对了解国家的方针政策、经济状况及科技水平，有较高的参考价值，一般不公开出售。

9. **技术档案** 技术档案是指在自然科学研究、生产技术、基本建设等活动中所形成的应归档保存的科技文件，如课题任务书、计划、大纲、合同、试验记录、研究总结、工艺规程、工程设计图纸、施工记录、交接验收文件等。其内容真实、详尽、具体、准确可靠，保密性强，保存期长久，是科研和生产建设工作的重要依据，具有很大参考价值，它通常保存在各类档案部门。技术档案一般为内部使用，不公开出版发行，有些有密级限制，因此在参考文献和检索工具中极少引用。

10. **产品资料** 产品资料一般是指产品样本，即产品说明书，是各厂商为推销产品而印发的一种宣传性出版物。好的产品说明书含有丰富的内容，包括产品规格、性能、特点、产品专利号、构造原理、用途、使用方法、操作规程等所做的具体说明。

（五）古代中医药文献

古代文献的时代下限，有3种不同的说法：① 以1840年鸦片战争、中国近代史发端年限为界。② 以1911年辛亥革命年限为界。③ 以1919年五四运动、新民主主义革命起始年限为界。一般认为，1911年以前，凡是有文字记载，有某种载体且具有一定的历史价值和科学价值的图书（雕版、活字版印刷及手抄的各种图书典籍）、文件、资料，都可称为古代文献。

而在此以后的文献,则称为现代文献。可见,古代中医药文献,即是指1911年以前记录有中医药知识的一切载体。

古代中医药文献以载体形式区分,可分为抄刻文献与印刷文献两大类。抄刻文献主要指甲骨、金石、简牍、缣帛、卷轴、抄本。这些文献除抄本外,主要是近代出土、发现的,大多篇幅短小,内容零残,但却具有很高的学术价值。印刷文献主要指唐代以后雕版或活字版印刷的线装书籍,是中医药文献的主体。

中医药古籍中常见的著述类型有专科著作、综合性类书、综合性丛书、非医药学类典籍、文史工具书和小说笔记六种。

1. 中医药学专著　是指有关中医药的各种专业性著作,它们是中医药古代文献的主体。

2. 综合性类书　大型的古代综合性类书收录了大量的中医药古代文献,如唐代《初学记》《艺文类聚》、宋代《太平御览》、明代《永乐大典》、清代《古今图书集成》等。

3. 综合性丛书　大型的古代综合性丛书中大多收录有中医药古代文献,如明代胡文焕《格致丛书》收录了宋代《养生类纂》等医书6种;元代陶宗仪辑《说郛》收有唐代释慧日《禅本草》1卷;明代《奚囊广要》收有《保产育婴录》等医书4种;清代漫士集《水边林下》收有唐代释灵澈《治病药》1卷等。清代《四库全书》收录医书更多。

4. 非医药学类典籍　在先秦至明清诸子著作中,有许多医学方面的内容。如后汉班固《白虎通·卷三·情性》,记载了有关藏象的内容,对研究早期藏象学说有重要价值。儒家经典及历代传注中,记载或援引了许多医学文献,如《周礼·天官》记录了周代的医事制度。地方志,如历朝各省编纂的省志、府志、州志、县志等,其中多有艺文、文献、方技、著述等类,并具医学文献书目。这些方志书目,数量极多,如在《沈丘县志》记载有《医药集要》六卷等。在道家和佛家的著作中还引有一些医学书目,如《大藏经》中有关导引方面的载述,《道藏》及《云笈七签》中较多的医书收录等。

5. 文史工具书　文史工具书,如字书、辞书、韵书等,均含有或援引了诸多医学文献。如《释名》的释形体、释疾病,《说文》《广韵》中的医学专用字等。清代顾炎武《音学五书》、朱骏声《说文通训定声》等,都有引用或结合医学文献进行研究的内容。

6. 小说笔记　在历代小说笔记中,载录医学文献数量颇多,涉及面广,且多有医学著作中所未载的内容。如钱远铭主编的《经史百家医录》,从经史百家三万余卷中辑录医学文献110余万字。陶御风等编纂的《历代笔记医事别录》,收录唐至明清历代笔记300余家,辑录医学文献近50万言。孟庆云在《古代笔记小说中的医方》中记载从唐至清800余种笔记中有药方的达300余种。

第三节　文献检索语言与技术

文献检索语言作为一种专门的人工语言,有许多类型,但任何一种类型都必须具有词汇和语法手段,能准确有效地用于文献标引与检索,真正起到文献检索的语言保障作用。而为了提高检索效率,计算机检索系统常采用一些运算方法,从概念相关性、位置相关性等方面对检索提问实行技术处理。文献检索语言与技术是文献检索(特别是计算机检索)知识中重要的内容,必须掌握。

一、文献检索语言

检索语言是应文献信息的加工、存储和检索的共同需要而编制的专门语言,是表达一系列概括文献信息内容和检索课题内容的概念及其相互关系的一种概念标识系统。简言之,检索语言是用来描述信息源特征和进行信息检索的人工语言。

(一) 检索语言的作用

检索语言在信息检索中起着极其重要的作用,它是沟通信息存储与信息检索两个过程的桥梁。检索语言的主要作用有:① 标引文献信息内容及其外表特征,保证不同标引人员表征文献的一致性。② 对内容相同及相关的文献信息加以集中或揭示其相关性。③ 使文献信息的存储集中化、系统化、组织化,便于检索者按照一定的排列次序进行有序化检索。④ 便于将标引用语和检索用语进行相符性比较,保证不同检索人员表述相同文献内容的一致性,以及检索人员与标引人员对相同文献内容表述的一致性。⑤ 保证检索者按不同需要检索文献时,都能获得最高查全率和查准率。

(二) 检索语言的类型

目前世界上的检索语言有很多种,依其划分方法的不同,其类型也不一样。它们各有利弊,又能取长补短,在实际应用中往往多种并用,相辅相成。

按规范化程度,可分为规范化语言(受控语言)和非规范化语言(自然语言)两类。规范化语言是指对文献检索用语的概念加以人工控制和规范,把检索语言中各种同义词、多义词、近义词、同形异义词等进行规范化处理,使每个检索词只能表达一个概念,如叙词语言;非规范化语言是指对检索用语中的各种同义词、多义词、近义词、同形异义词等不加处理,所以也叫自然语言,如关键词语言。

按照表达文献的特征,可分为表达文献外部特征的检索语言和表达文献内容特征的检索语言。表达文献外部特征的检索语言主要是指文献的篇名(题目)、作者姓名、出版者、报告号、专利号等;表达文献内容特征的检索语言主要是指所论述的主题、观点、见解和结论等,如分类语言、主题语言。

当前,世界上常用的检索语言按其结构原理可分为三大类,即分类语言、主题语言和代码语言。

1. 分类语言 分类语言是指以数字、字母或字母与数字结合作为基本字符,采用字符直接连接并以圆点(或其他符号)作为分隔符的书写法,以基本类目作为基本词汇,以类目的从属关系来表达复杂概念的一类检索语言。以知识属性来描述和表达信息内容的信息处理方法称为分类法。

分类语言可分为等级体系分类语言和分析-综合分类语言两种。体系分类语言是以学科的分类为基础,概括文献的内容特征及某些外表特征,运用概念划分的方法,按知识门类的逻辑次序,从总到分、从一般到具体、从简单到复杂,进行层层划分,从而产生许多不同级别的类目,层层隶属,形成一个严格按学科门类划分和排列的等级制体系。

体系分类语言广泛用于图书、资料的分类和检索,是图书情报界使用最普遍的一种检索语言。比较有影响的分类法有国际十进分类法、杜威分类法、中国图书馆分类法等。

分类语言能较好地体现学科的系统性,反映事物之间的联系,把内容性质相近的事物聚集在一起,较好地满足了按学科检索的需要,也即族性检索功能较强。其不足是不熟悉分类语言的人使用起来较为困难,可能会出现漏检;新学科、边缘学科等不能及时反映。

2. **主题语言** 主题语言是直接运用词语作为表达主题概念的标识,并按字顺排列标识和参照系统等方法来间接表达各种概念之间的相互关系的检索语言。以主题语言来描述和表达信息内容的信息处理方法称为主题法。主题语言又分为标题词语言、单元词语言、关键词语言和叙词语言,目前常用的是叙词语言和关键词语言。

(1) 叙词语言:叙词在我国习惯称为主题词,是以概念为基础,经过规范化处理,具有组配功能,显示词间语义关系和动态的词或词组。

叙词具有概念性、描述性、组配性,经过规范化处理后,还具有语义的关联性、动态性、直观性。叙词法综合了多种信息检索语言的原理和方法,具有多种优越性,适用于计算机和手工检索系统,是目前应用较广的一种语言。

叙词是以叙词表作为词汇规范化的工具。叙词表亦称主题词表,是按照主题词语义关系的规律排列而成的词典,为文献标引和检索提供规范化语词的词汇表,是主题法的具体表现形式和进行文献标引、检索的工具。它从自然语言中选择、汇集了相关的、具有检索意义的语词,加以词类、词形、词义的规范,并显示其相互之间的语义关系。

在医学文献检索领域,最具代表性的主题词表是美国国立医学图书馆(National Library of Medicine,NLM)编制的《医学主题词表》(*Medical Subject Headings*,*MeSH*),以及中国中医科学院中医药信息研究所编制的《中国中医药学主题词表》。

相对而言,主题语言具有专指性、直接性、组配灵活的特点,分类语言则具有系统性、间接性、严密性特点。分类主题一体化将是检索语言的发展趋势。

(2) 关键词语言:关键词是指出现在文献标题、文摘、正文中,对表征文献主题内容具有实质意义的语词,对揭示和描述文献主题内容是重要的、关键性的语词。关键词法主要用于计算机信息加工抽词编制索引,因而称这种索引为关键词索引。

关键词语言优点是易标引、快速、直观,缺点是语词不规范,误检率和漏检率都很高。因此,关键词法适合于随意性较大的浏览性查找或是对查准率要求不高的查找。

3. **代码语言** 代码语言是指对事物的某方面特征,用某种代码系统来表示和排列事物概念,从而提供检索的检索语言。例如,根据化合物的分子式这种代码语言,可以构成分子式索引系统,允许用户从分子式出发,检索相应的化合物及其相关的文献信息。

二、《中国图书馆分类法》简介

《中国图书馆分类法》(简称《中图法》)是以科学分类和知识分类为基础,并结合文献内容特点及形式特征进行逻辑划分和系统排列的类目表,是类分文献、组织文献分类排架、编制分类检索系统的工具。它不仅为我国各级各类型图书馆、信息部门广泛使用,而且在各类数据库乃至互联网中也得到了广泛应用,是目前我国影响最大、使用最广泛的一部综合性分类法。

《中图法》初版于1975年,2010年出版了第5版。《中图法》第5版新增类目1 630多个,修改类目5 200多个,停用、删除了2 500多个类,补充了新主题、新概念,调整完善了类目体系,增加了复分、仿分等使用标记,完善了类目相互参见注释,同时继承第4版对增删改类目加沿革注释等办法,使类表的实用性有了很大的提高。另外,第5版对与人类生活息息相关的经济、生产和生活服务业(包括金融、房地产、公共设施、社会福利、娱乐业等),以及发展迅速的通信业、交通运输业、计算机技术等方面的类目进行了重点修订,使其更符合社会发展趋势。

(一) 分类体系

《中图法》的分类体系是指基本部类与基本大类的构成及其序列以及所有类目相互联系与相互制约形成的等级结构。而基本部类与基本大类的构成及其序列是《中图法》最基本的分类体系。

《中图法》以科学分类为基础,结合图书资料的内容和特点,将知识门类分为哲学、社会科学、自然科学三大部类;马列主义、毛泽东思想、邓小平理论是指导我们事业的理论基础,故作为一个基本部类列于首位;此外,考虑到文献本身的特点,对于一些内容庞杂、类无专属,无法按某一学科内容性质分类的图书,概括为"综合性图书",作为一个基本部类,置于最后。在五大部类的基础上,分为22个大类(表1-1),每个大类下面再加以细分。

表1-1 《中图法》一级类目表

A	马克思主义、列宁主义、毛泽东思想、邓小平理论	N	自然科学总论
B	哲学、宗教	O	数理科学和化学
C	社会科学总论	P	天文学、地球科学
D	政治、法律	Q	生物科学
E	军事	R	医药、卫生
F	经济	S	农业科学
G	文化、科学、教育、体育	T	工业技术
H	语言、文字	U	交通运输
I	文学	V	航空、航天
J	艺术	X	环境科学、安全科学
K	历史、地理	Z	综合性图书

《中图法》采用字母与阿拉伯数字相结合的混合号码,用一个字母代表一个大类,以字母顺序反映大类的次序,在字母后用数字做标记。为适应工业技术发展及该类文献的分类,对工业技术二级类目,采用双字母。

"医药、卫生"类号标识为R。"R医药、卫生"下设20个一级类目,其类号分别以R和阿拉伯数字组成(表1-2),其中R2为中医药学的分类标识(表1-3)。"R2中国医学"下设18个二级类目。

表1-2 《中图法》R医药卫生类目表

R-0	一般理论	R72	儿科学
R-1	现状与发展	R73	肿瘤学
R-3	医学研究方法	R74	神经病学与精神病学
R1	预防医学、卫生学	R75	皮肤病学与性病学
R2	中国医学	R76	耳鼻咽喉科学
R3	基础医学	R77	眼科学
R4	临床医学	R78	口腔科学
R5	内科学	R79	外国民族医学
R6	外科学	R8	特种医学
R71	妇产科学	R9	药学

表1-3 《中图法》R2 中国医学类目表

R2-0	中国医学理论	R273	中医肿瘤科
R2-5	中医学丛书、文集、连续出版物	R274	中医骨伤科
R21	中医预防、卫生学	R275	中医皮科
R22	中医基础理论	R276	中医五官科
R24	中医临床学	R277	中医其他学科
R25	中医内科	R278	中医急症学
R26	中医外科	R28	中药学
R271	中医妇产科	R289	方剂学
R272	中医儿科	R29	中国少数民族医学

(二)复分表

复分是增强类目的细分化程度,提高类目专指程度的分类措施,复分表是《中图法》的重要组成部分。《中图法》的复分表主要有通用复分表和专类复分表两种,这些复分表的号码不能单独使用,只能加在主分类号后面作为共性区分的标识。《中图法》复分表有8个,分别是总论复分表、世界地区表、中国地区表、国际时代表、中国时代表、世界种族与民族表、中国民族表、通用时间、地点表。其中总论复分表中描述图书的外部特征如教材、工具书等的复分号如下:

-43 教材、课本
-44 习题、试题及解答
-53 论文集
-54 年鉴、年刊
-55 连续性出版物
-56 政府出版物、团体出版物
-6 参考工具书
-61 名词术语、词典、百科全书(类书)
-62 手册、名录、指南、一览表、年表
-629 年鉴
-64 表解、图解、图册、谱录、数据、公式、地图
-65 条例、规程、标准
-66 统计资料
-7 文献检索工具

三、医学主题词表

《医学主题词表》是一部庞大的受控词表,是目前最权威最常用的医学主题词表。NLM创建并负责更新。MEDLINE/PubMed、中国生物医学文献服务系统(SinoMed)以及很多医学图书情报单位用它编制馆藏图书和期刊的主题目录。该词表不仅收词丰富、注释详尽,而且动态性强,伴随生物医学的发展和进步,NLM每年都要对其进行增删修订(浏览器版每周更新)。MeSH Browser(《医学主题词表》浏览器)是因特网上利用电子版 *MeSH* 来确定主题词、副主题词,以便检索 MEDLINE 及其相关数据库的必备工具(图1-1),它包括注释字顺表、树形结构表、轮排表及补充的化学记录等内容。

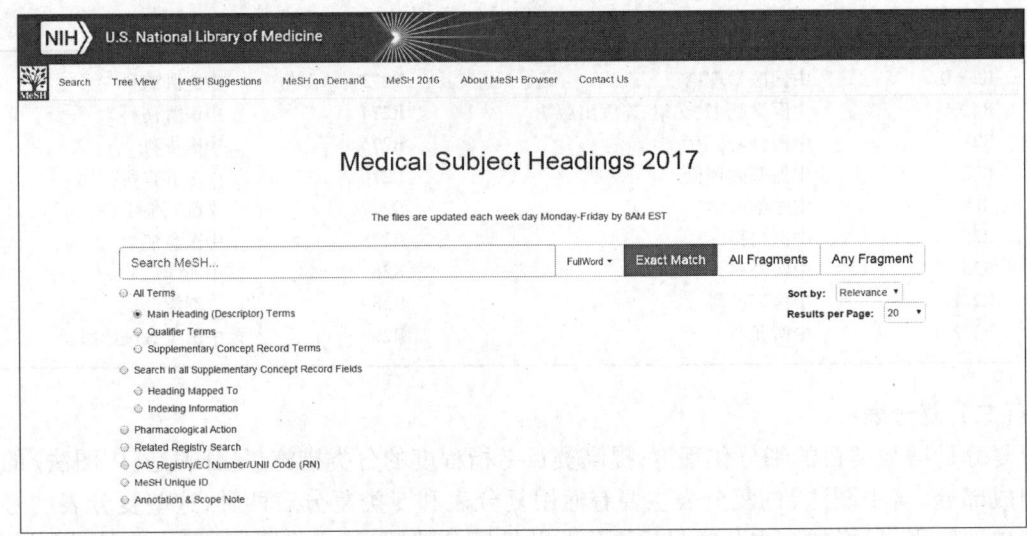

图 1-1 MeSH Browser 主页

(一) 使用方法

MeSH Browser 提供"输入检索词"(Enter term or the beginning of any root fragments)与"树形结构表浏览"(tree view)两种方式来确定所需的主题词、副主题词。

1. 输入检索词 在输入框中,输入检索词或词根,选择目标词类型,点击检索词与目标词匹配模式,选择排序方式和每页显示的条数,即可获得包括检索词在内的目标词列表。

2. 目标词类型限制 所检索的目标词可在相应类型做选择。这些类型包括主题词[Main Heading(Descriptor) Terms]、副主题词(Qualifier Terms)、补充概念词(Supplementary Concept Record Terms)、在所有补充概念词字段搜索(Search in all Supplementary Concept Record Fields)、药理作用[Pharmacological Action(PA)]、相关注册表搜索(Related Registry Search)、化学物质登记号/EC 编号/酶学委员会编号[CAS Registry/EC Number/UNII Code(RN)]、相关的化学物质登记号[Related CAS Registry Number(RR)]、主题词编号(MeSH Unique ID)、在注释及范围字段检索(Annotation & Scope Note)。

3. 检索词与目标词匹配模式 输入的检索词或词根与目标词之间有全文检索(Full-Word)、精确匹配(Exact Match)、包括全部检索词(All Fragments)、包括任一检索词(Any Fragment)四种模式。有些主题词仅由一个词构成,但多数主题词由两个以上的词构成,利用主题词轮排表,只要输入的检索词或词根是主题词的组成部分,无论其位置在开始或中间,都可以检索到。

(1) 精确匹配:要求检索到的目标词与输入的检索词之间完全一致。如输入检索词"Acupuncture",限定"Main Headings",只能检索到"Acupuncture"一个主题词。

(2) 包括全部检索词:检索到的目标词包括输入的全部检索词或词根的词,检索词或词根之间是逻辑"与"的关系。如输入检索词"Acupuncture",限定"MainHeadings",可以检索到包含"Acupuncture"在内的所有主题词,如下所示:

Acupuncture

Acupuncture Analgesia

Acupuncture Anesthesia

    Analgesia, Acupuncture
    Anesthesia, Acupuncture
Acupuncture Points
Acupuncture Therapy
    Therapy, Acupuncture
Acupuncture, Ear
    Acupuncture, Auricular
    Auricular Acupuncture
    Ear Acupuncture

（3）包括任一检索词：检索到的目标词包括输入的任意一个检索词，检索词或词根之间是逻辑"或"的关系。如输入检索词"Acupuncture Analgesia"，限定"Main Headings"，可以检索到包含"Acupuncture"或"Analgesia"的所有主题词，如下所示（部分）：

Acupuncture
Acupuncture Analgesia
    Acupuncture Anesthesia
…
Analgesia
Analgesia, Epidural
    Epidural Analgesia
…

（二）主题词注释表

  主题词注释表显示该主题词及其注释。通过注释、参照系统与树形结构号，表达 MeSH 词的历史变迁、主题词的族性类别、揭示主题词之间语义关系。其作用是选择规范化主题词和扩大检索范围。如输入检索词"Information Storage and Retrieval"时显示如下（图1-2）。

（三）树形结构表

  点击"Navigate from tree top"，网页就会显示树形结构表的16个一级类目（图1-3）。选择类目可以逐级浏览并选择所需主题词，若树形结构号后面有"＋"，则表明该主题词还有下位主题词。

  树形结构表中主题词共分为16个类别，分别用 A～N、V、Z 等字母和数字进行编码，每一大类用一个字母来表示，大类可分为若干个小类，以此类推，最多可细分成11级。树形结构号由代表该类的字母与数字组成，每级的数字以小数点隔开。如：

Bacterial Infections and Mycoses   C01
  Bacterial Infections   C01.252
    Bacteremia   C01.252.100
      Hemorrhagic Septicemia   C01.252.100.375

  通过树形结构表可以了解主题词在主题词表中的位置及隶属关系，可以从学科体系中查找主题词。检索时若找不到适当的主题词，可根据检索课题的学科范围，在结构表中找到满意的主题词。在检索中如果需要扩大或缩小检索范围，可根据树形结构表中主题词的上下位等级关系选择主题词。需扩大检索范围时，就选择其上位概念的主题词；需要缩小检索

MeSH Heading①	Information Storage and Retrieval
Tree Number②	L01.313.500.750.280
Tree Number	L01.470
Scope Note③	Organized activities related to the storage, location, search, and retrieval of information.
Entry Term④	Data Files
Entry Term	Data Linkage
Entry Term	Data Retrieval
Entry Term	Data Sources
Entry Term	Data Storage
Entry Term	Data Storage and Retrieval
Entry Term	Information Extraction
Entry Term	Information Retrieval
Entry Term	Information Storage
Entry Term	Machine-Readable Data Files
Allowable Qualifiers⑤	CL EC ES HI LJ MT SN ST TD UT
Entry Version⑥	INFORMATION STORAGE RETRIEVAL
Previous Indexing⑦	Information Systems (1966—1990)
Online Note⑧	use INFORMATION SYSTEMS to search INFORMATION STORAGE AND RETRIEVAL 1982—90
History Note⑨	1991; was see INFORMATION SYSTEMS 1982—1990; for DATA FILES use AUTOMATIC DATA PROCESSING 1994—2015, for DATA SOURCES use DATA COLLECTION 1987—2015, for DATA LINKAGE use DATA COLLECTION 1989—2015
Date of Entry⑩	19900507
Unique ID⑪	D016247

图 1-2　主题词注释字顺表

注：① 主题词；② 树形结构号；③ 概念范围；④ 款目词(入口词)；⑤ 组配注释；⑥ 相关主题概念主题词；⑦ 前期索引；⑧ 联机注释；⑨ 历史注释(历史变化)；⑩ 收入 MeSH 主题词表时间；⑪ 主题词 ID 号。

```
                                           MeSH Tree Structures - 2016

                                                      Return to Entry Page

  1. + Anatomy [A]
  2. + Organisms [B]
  3. + Diseases [C]
  4. + Chemicals and Drugs [D]
  5. + Analytical, Diagnostic and Therapeutic Techniques and Equipment [E]
  6. + Psychiatry and Psychology [F]
  7. + Phenomena and Processes [G]
  8. + Disciplines and Occupations [H]
  9. + Anthropology, Education, Sociology and Social Phenomena [I]
 10. + Technology, Industry, Agriculture [J]
 11. + Humanities [K]
 12. + Information Science [L]
 13. + Named Groups [M]
 14. + Health Care [N]
 15. + Publication Characteristics [V]
 16. + Geographicals [Z]
```

图 1-3　树形结构表

时,则选择其下位概念的主题词。

(四) 副主题词

副主题词(subheading)是限定主题概念的规范化词汇,对主题词起细分作用或揭示多个主题词之间的关系。副主题词单独检索无实际意义,其作用是增加主题概念的专指性,提高查准率。MeSH 词表中对每一个副主题词都有详细的注释。目前 MeSH 词表收录有副主题词 83 个,并规定了副主题词与主题词之间的组配范围。

例如:abnormalities(A1-10,A13-14,A16 & B2),表示副主题词 abnormalities(畸形)只能同 A(解剖学类除 A11 细胞、A12 体液和分泌物、A15 血液和免疫系统)、B2(脊柱动物类)等范畴的主题词进行组配。

(五) 参照系统

MeSH Browser 有 Entry Term、See Also 和 Consider Also 参照。

Entry Term:这种参照使具有等同关系、近义关系的大量自然语言词汇得到了人为的控制,指引款目词(入口词)到规范化主题词。

See Also:这种参照用以指出主题概念上相关的其他主题词,其作用是扩大检索范围,提高查全率。

Consider Also:这种参照用于提示在用该主题词检索时,从语言学角度还应该考虑其他以不同词干为首的一组主题词与这个词有关。主要涉及解剖学主题词,所建议的词一般是该概念以希腊或拉丁词根为首,且通常是指出一组主题词而非单一的主题词。其作用是将同一概念的文献查全。

网址:http://www.nlm.nih.gov/mesh/MBrowser.html/

四、《中国中医药学主题词表》

《中国中医药学主题词表》由中国中医科学院中医药信息研究所编制,1987 年第 1 版,1996 年、2007 年先后两次发行修订版,是一部规范的动态检索语言词表,适用于中医药学文献数据库的标引、检索以及用于中医药学书籍的编目等领域。内容主要包括前言、使用说明、字顺表、树形结构表、副主题词表、出版类型表、附表和索引表九个部分。2007 年版词表共收录主题词 13 905 条,其中正式主题词 8 307 条,入口词 5 598 条。

(一) 字顺表

字顺表又称为主表,是本词表的主体部分。主表与 MeSH 结构基本相同,收录全部正式主题词及入口词。按汉语拼音字母顺序排列,同音字按字形集中,首音字相同者按第二字拼音排列,依次顺推。每个主题词的著录项目有汉语拼音、英译名、树形结构号、注释与参照项等。

1. 主题词款目结构

(1) 汉语拼音:是排列词序的依据。

(2) 主题词名称:主题词一般采用顺装形式,但为便于相似词形的集中,亦有少数用倒装形式。

(3) 主题词英译名:主题词一般采用意译,如疾病、证候、治则、治法、病因、病机等均用意译,但个别难以表达者用汉语拼音音译,主要有四种情况:① 中草药、动物药、植物药及矿物药名称用拉丁译名,不用英译名。凡某一主题词既是中草药名,又是药用植物名,则纲目科属名称用拉丁学名,药名则与《中华人民共和国药典》命名一致,用拉丁药材名,即含有药用部位的拉丁名。② 方剂与中成药名称采用汉语拼音音译。③ 穴位名称采用汉语拼音及国际标准化代码替代译名,但在穴位名称前加"穴"字。④ 典籍名称、地名、人名均采用汉语拼音音译。

(4) 树形结构号:树形结构号采用双字母数字混合的形式表达,是主题词款目的重要组成部分,表明主题词在树形结构表中的位置,并反映词间的属分关系,是联系字顺表与树形结构表的桥梁。按其所属范畴,一个主题词有时可有一个以上词树号。凡树形结构号带"+"号者,表示该主题词尚有下位词,否则为最低一级的词。

(5) 主题词定义:给出定义的目的是明确词义,主题词必须具有单义性,即一词一义,如此才能保证文献标引与查找的准确性和一致性。本词表定义分别来源于权威词典、国家及行业标准、《中华人民共和国药典》、新版中医药学教材及 *MeSH* 词表。

(6) 主题词注释:注释是标引与检索手册在主题词表中的简略反映,起到明确词义,指导标引、检索和编目的作用。本词表有四种注释:① 标引注释,包括以下内容:指出其所属上位词,与副主题词组配的限制,简要的标引提示,做印刷本词或非印刷本词的提示。② 编目注释,对书籍主题编目的提示。③ 历史注释,凡新增主题词或原词词型有改变者均有历史注释,说明增词年代及原词形。如 2007 年新增以及 1987—2005 年原词的词形。④ 检索注释:凡原词词型改变的词均有检索注释,作为检索的提示。

(7) 参照项:除利用树形结构表全面揭示各主题词之间的关系以指导标引和检索外,字顺表中的词间关系参照项也是揭示词间关系的重要方法。本词表参照项有三种:用(Y)、代(D)、参(C);其中用(Y)项列在入口词之后,指明该入口词用以标引及检索的主题词(表1-4)。

表1-4 参照项种类、作用和符号

参照项名称	符号	简称	作用
用项	Y	用	由入口词或代词指引至相应的正式主题词
代项	D	代	指出正式主题词的同义词或代词
参项	C	参	指引至概念相关的主题词,一般是指向广义主题词

正式主题词款目示例:

汉语拼音	gan huo shang yan
主题词名称	肝火上炎
主题词英译名	LIVER FIRE FLAMING-UP
树形结构号	TC23.10.10.15.25.25.15.15
标引注释	属实火;属里实;属肝系证候;肝经气火上逆所表现的证候;生理状态下的肝火用肝阳
历史注释	95;1987—1994 肝火亢盛(该词为 1995 年新增词,1987—1994 用肝火亢盛)
检索注释	1995 年前用肝火亢盛检索
参照项	C 肝阳上亢
代参照项	D 肝火亢盛

2. 入口词 也称款目词,系非正式主题词,大多为中医药学习用术语,俗称自由词,通

过入口词可引见到正式主题词。如：

　　肝火亢盛　　Y　肝火上炎

即肝火亢盛不是主题词，须转查肝火上炎。

3. 类目词　只作为树状结构表设置的类目，不用于标引。

（二）树形结构表

根据中医药学学科体系，将全部主题词按学科门类划分成 15 个类目、68 个子类目，该表中的主题词仿 MeSH 分类，分类号、大类号同 MeSH，仅冠以 TC（C 表示疾病类，TC 即中医疾病）组成的双字母。该表明确地显示了每一个正式主题词的隶属关系，呈树状结构。如：

```
症状体征和证候        TC23 +
  证候              TC23.10 +
    八纲证候          TC23.10.10. +
      寒热证候        TC23.10.10.15 +
        热证         TC23.10.10.15.25 +
          火证       TC23.10.10.15.25.25 +
            实火     TC23.10.10.15.25.25.15 +
              肝火上炎 TC23.10.10.15.25.25.15.15
```

（三）副主题词表

副主题词表收录专题副主题词 93 个，其中 10 个为中医药学专用，83 个采用 MeSH 的副主题词，为中西医学共用。另有类目词 154 个，为中医学书籍编目所用。分为专题副主题词表和编目副主题词表，均按汉语拼音顺序排列。

1. 专题副主题词

著录款目如下：

zhong yi bing ji[①]

中医病机[②]

pathogenesis(tcm)[③]

ZB，Pathogen(tcm)[④]

[A，C，F3；TA，TC(TC24 除外)TF3][⑤]

与脏腑、器官、疾病、症状、证候主题词组配。指按照中医基础理论对疾病、脏腑、器官、组织、气血等病理生理过程及其机理的认识[⑥]。

（1987）[⑦]

注释：①汉语拼音；②中文名；③英文名；④英文缩写名；⑤允许组配的主题词类目；⑥定义或范围；⑦采用年份。

2. 中医药副主题词简介

（1）中医药疗法：指以中医基础理论为指导，投予中药治疗疾病或用诸如正骨、刮搓、割治、刮痧、发泡等治疗方法。与疾病、症状与证候主题词组配。

（2）中西医结合疗法：指同时采用中、西医两种方法或综合应用中、西药治疗疾病。与疾病、症状与证候主题词组配。

（3）针灸疗法：指按照中医理论及经络学说，用针、灸方法治疗疾病，但不包括穴位埋藏、激光、微波或穴位按压、注射等非针灸的治疗方法。与疾病、症状与证候主题词组配。

（4）按摩疗法：指按照中医的经络学说，用按摩、推拿、捏脊等手法治疗疾病。但穴位按压用"穴位疗法"。与疾病、症状与证候主题词组配。

（5）穴位疗法：指在穴位上施用各种刺激，如激光、红外线、指压或穴位敷药、埋药线、埋药、穴位磁疗等的物理、化学刺激方法治疗疾病。与疾病、症状与证候主题词组配。

（6）气功疗法：指运用气功给他人治疗疾病或自身练功治疗疾病。与疾病、症状与证候主题词组配。

（7）气功效应：指运用气功对人体产生的效应。与器官、组织、内源性物质、生理或心理过程主题词组配。

（8）针灸效应：指针灸对人体产生的效应。与器官、组织、内源性物质、生理或心理过程主题词组配。

（9）中医病机：指按照中医基础理论，对人体的生理或病理过程及其机制的认识。与脏腑、器官、疾病、症状及证候主题词组配。

（10）生产和设备：指中药生产、加工、炮制与制备。与中草药、中成药、剂型等主题词组配。

（四）出版类型表

收录 *MeSH* 中出版类型 44 个，供标引和检索使用。

（五）附表

医学家姓名附表，收录医学家姓名 59 条，按汉语拼音音序排列，该表供书本式检索工具书编制索引及书籍主题编目使用，在数据库标引及检索时做主题姓名标引和检索的参考。

（六）索引表

1. 主题词汉语拼音索引　全部主题词及入口词按汉语拼音字母排列，此索引表可起到主题词简表的作用。

2. 主题词汉字笔画索引　将主题词按汉字笔画顺序排列，后面注明该词在字顺表中所在页码，便于翻查。

3. 主题词英汉对照索引　将主题词的英文译名列出，按英文字母顺序排列，后附汉语主题词；凡英译超过 30 个英文字母而有缩写形式者，可同时用其缩写形式及英译名全称查找。

4. 草药及药用动物拉（英）汉对照索引　中草药及药用动植物主题词拉丁（英）译名列入本索引表，按拉丁字母顺序排列，后附汉语主题词；凡拉丁译名超过 30 个字母而有缩写形式者，可同时用其缩写形式及拉丁译名全称查找。

5. 主题词英（拉丁）译名缩写与其全称对照索引　将主题词英（拉丁）译名缩写列出按字母顺序排列，并与其译名全称对照以便查出译名全称。

五、一体化医学语言系统

一体化医学语言系统简称 UMLS，是计算机化的情报检索语言集成系统，它不但是语言翻译、自然语言处理及语言规范化的工具，而且是实现跨数据库检索的词汇转换系统，它可以帮助用户在线连接情报源，一体化检索电子化的病案记录、书目数据库、事实数据库以及专家系统中的电子式生物医学情报。UMLS 包括 4 个部分：超级叙词表（metathesaurus）、语义网络（semantic network）、情报源图谱（information sources map）和专家词典（specialist lexicon）。其中超级叙词表是生物医学概念、术语、词汇及其相关词表的广泛集成，包括《国际疾病分类法》（ICD）各版本和《国际系统医学术语集》（SNOMED）各版本中的词汇、术语。

而语义网络则是为建立概念术语间相互错综复杂关系而设计的,是为超级叙词表中的概念提供语义类型和关系结构的工具。超级叙词表和语义网络使大量的生物医学词汇得到高度整合、结构化和语义关联。UMLS 有着非常广泛的应用前景,除应用于医学文献检索系统之外,也广泛用于医院信息检索系统,包括创建电子病案系统的临床信息编码。

建立临床信息系统最重要和最富挑战性的是将临床诊疗文字、图像等转换为计算机数据处理、存贮、交换可用的医学信息编码,特别是其中涉及的医疗术语、疾病名称等应当采用国家、国际相应机构制定的或专业领域公认的统一标准或规则,以适应国际医学信息交流、共享的需要。故发展与完善以一体化医学语言系统为主体的医学信息编码检索语言势在必行。

六、文献检索类型

文献检索是根据检索需要,从某一检索工具或检索系统中把相关的文献线索或知识信息查找出来,即利用检索工具和检索系统检索所需文献的过程。文献检索类型按文献检索的对象和性质分为数据检索、事实检索和文献检索,按文献检索的手段分为手工检索和计算机检索。

(一) 数据检索

数据检索是以具有数量性质,并以数值形式表示的数据为检索目的和对象,检索的结果是经过测试、评价的各种数据,可直接用于比较分析或定量分析。例如查找各种物质的物理化学常数、各种统计数据和工程数据等属于数据检索的范畴。

(二) 事实检索

事实检索是以事项为检索的目的和对象,检索的结果是有关某一事物的具体答案,凡是查找有关人物、地名、术语、时间等,都属于事实检索的范畴。

(三) 文献检索

文献检索即以特定的文献为检索对象,从一个文献集合中查找出专门包含所需信息内容的文献,是以文献为检索对象的检索类型。文献检索结果提供的是与用户的信息需求相关的文献的线索或原文,包括书目检索、题录或索引检索、文摘检索、全文检索。

文献检索是一种相关性检索,检索的结果是文献线索,还必须进一步查找才能得到有关的一次文献。数据与事实检索是一种确定性检索,检索的结果是可供用户直接使用的信息。一般情况下,文献检索主要利用二次文献(检索工具)来实现,数据与事实检索则通过三次文献(参考工具)来完成。

(四) 手工检索

手工检索简称"手检",是指通过手工的方式来存储和检索文献。其使用的检索工具主要是书本型或卡片式的检索工具,如目录、索引、文摘等。手工检索是传统的检索方式,其优点是便于控制检索结果的准确性,但由于其工作量大,检索速度慢。

(五) 计算机检索

计算机检索简称"机检",是指利用计算机进行文献的存储和检索。具体地说,就是指人们在计算机或计算机检索网络的终端机上,使用特定的检索指令、检索词和检索策略,从计算机检索系统的数据库中检索出所需的信息,继而再由终端设备显示或打印的过程。为实现计算机信息检索,必须事先将大量的原始信息加工处理、以数据库的形式存储在计算机中,所以计算机信息检索广义上讲包括信息的存储和检索两个方面。

随着计算机技术、通信技术和高密度存储技术的迅猛发展,利用计算机进行文献信息检索已成为人们获取文献信息的重要手段。科学研究工作过程中的课题立项论证、技术难题攻关、跟踪前沿技术、成果鉴定和专利申请的科技查新等都离不开查询大量的相关信息,计算机检索是目前快速、经济的信息检索方法。

计算机检索是在手工检索的基础上发展而来的,但随着计算机技术和通信技术的不断发展,手工检索有被计算机检索完全取代的可能。

七、文献检索方法和途径

(一) 文献检索方法

常用的有直接法、追溯法和综合法。

1. **直接法** 直接法是指直接利用检索工具(系统),以文献的主题、分类、作者等为检索点获取文献的方法,是文献检索中最常用的一种方法。它又分为顺查法、倒查法和抽查法。

2. **追溯法** 追溯法又叫回溯法、引文法,是指不利用一般的检索工具,而是利用文后所列的参考文献为线索,逐一追溯相关文献的一种方法。

还可以使用另外一种引文检索方法,如利用科学引文索引(Science Citation Index,SCI),从一篇较早的论文开始,查找所有引用过此篇论文的文章,然后再以这些引用论文作为新的检索起点,去查找引用这些论文的最新文章。如此循环,如滚雪球一样,获得越来越多内容相关的文献。

3. **综合法** 综合法又称为循环法、交替法、分段法,它是把上述两种方法加以综合运用的方法。综合法既要利用检索工具进行常规检索,又要利用文献后所附参考文献进行追溯检索,分期分段地交替使用这两种方法。即先利用检索工具检到一批文献,再以这些文献末尾的参考文献为线索进行查找,如此循环进行,直到满足检索要求为止。

综合法兼有直接法和追溯法的优点,可以查得较为全面而准确的文献,是实际检索中采用较多的方法。

(二) 文献检索途径

文献检索途径可分为基于文献外部特征和内容特征的检索途径。

1. **基于文献外部特征的检索途径** 文献外部特征,是文献检索对象外表标识上可见的特征,如题名(书名、刊名、篇名)、责任者(作者、编者、译者、专利权人等)、号码(专利号、标准号、索取号、ISBN、ISSN、报告号等)。它们直接来源于文献本身,与文献存在一一对应的关系,查准率高。

2. **基于文献内容特征的检索途径** 文献内容特征是指文献表达的主题概念,反映文献的实质内容,是重要的检索途径。主要有分类途径和主题途径。

分类途径是按学科分类编排的索引或数据库的分类字段来查找文献的途径。通过分类途径来查找文献是一个传统的途径。

主题途径是指通过文献的内容主题进行检索的途径,它依据的是各种主题索引或关键词索引。在计算机检索系统中,主题途径是常用和重要的检索途径。

八、计算机检索技术

在计算机信息检索过程中,为了保证检索结果的快、全、准,仅靠一个检索词难以满足检索的需要,有时需要用各种算符将若干个检索词组成检索式进行检索。常用的检索技术主要有布尔逻辑、截词和字段限制等。

（一）布尔逻辑检索

布尔逻辑检索(Boolean searching)是现代计算机文献检索中最常用的方法,即用布尔逻辑运算符来表达检索词之间逻辑运算关系。在实际检索中,检索提问涉及的概念往往不止一个,而同一个概念又往往涉及多个同义词或相关词。为了准确地表达检索提问,采用布尔逻辑运算符将不同的检索词组配起来,使一些具有简单概念的检索单元通过组配成为一个具有复杂概念的检索式,用以表达用户的信息检索要求。基本的布尔逻辑有逻辑与、逻辑或、逻辑非三种。它们的用法和意义可用示意图表示(图1-4)。

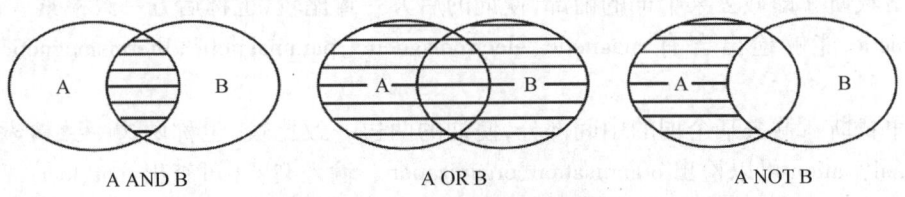

图1-4 布尔逻辑组配示意图

1. 逻辑与　逻辑与是反映概念之间交叉和限定关系的一种组配,常用"AND"或"*"表示。A AND B,表示一篇文献中A、B两者必须同时存在。其作用是缩小检索范围,提高查准率。

例：查找有关"六味地黄丸治疗糖尿病"方面的文献,布尔逻辑表达式为：
六味地黄丸 AND 糖尿病

2. 逻辑或　逻辑或是反映概念之间并列关系的一种组配,常用"OR"或"+"表示。A OR B,表示一篇文献中A、B两者有一即可,也包括两者同时存在。其作用是扩大检索范围,提高查全率。

例：查找有关"消渴和糖尿病"的文献,由于两者是同一种病中医和西医的不同名称,属于并列关系,布尔逻辑表达式为：
消渴 OR 糖尿病

3. 逻辑非　逻辑非是表示不含某种概念关系的一种组配,即从检出的文献中剔除部分文献。常用"NOT"或"-"表示。A NOT B,表示一篇文献中包含A但不包含B。逻辑非也是一种缩小检索范围的概念组配,用来增强专指性,或减少文献数量。逻辑非运算是一种排除性运算,用来排除指定的某类信息,以提高查准率,但使用时要谨慎,否则会造成漏检。

例：查找"哮喘"但不包含"小儿"的文献,布尔逻辑表达式为：
哮喘 NOT 小儿

4. 运算次序　对于同一个逻辑,检索系统的处理是从左至右,现行所有检索系统在这一点上基本是一致的。而当多个布尔逻辑运算符在一个检索式中出现时,它们的运算"级别"是不同的,且在各个检索系统中也可能不一致,通常在检索系统的帮助文件中都会有说明。在一个检索式中,如果含有两个以上的布尔逻辑符,大部分系统的运算次序是："NOT"优先级最高,"AND"次之,"OR"最低。在有括号的情况下,先执行括号内的逻辑运算；有多层括号时,先执行最内层括号中的运算,即：( ) > NOT > AND > OR。

例：检索中医中药治疗偏头痛的文献，但涉及针刺疗法的文献不要，检索表达式可表达为：

((中医疗法 OR 中药疗法) AND 偏头痛) NOT 针刺疗法

(二) 截词检索

利用检索词的词干或不完整词形进行查找的过程称为截词检索。截词检索可以扩大检索范围，提高查全率，减少检索词的输入量，节省检索时间。尤其在英文检索系统中检索时，若遇到名词的单复数形式、词的不同拼写法、词的后缀变化时，均可采用此方法。

截词检索按截断的位置分，有前截断、中截断和后截断三种；按截断的字符数量分，有无限截断和有限截断两种。

1. 前截断 即截去某个词的前部，使词的后方一致比较，也称后方一致检索。例如：输入 * magnetic 能够检出含有 magnetic、electromagnetic、paramagnetic、thermomagnetic 等词的记录。

2. 中截断 截去某个词的中间部分，使词的两边一致比较，也称两边一致检索。例如：输入 organi？ation 可以检出 organisation、organization。输入 f？？t 可查出 foot、feet。

3. 后截断 指截去某个词的尾部，使词的前方一致比较，也称前方一致检索。例如：输入 biolog * (* 为截断符号)，将会把含有 biological、biologic、biologist、biologize、biology 等词的记录检索出来。

有限截断和无限截断的区别在于对被截断部分的字符是否有限制。不同的检索系统所用的截词符可能不同，常用的有？、$、* 等。一般情况下，用"*"代表无限截断，即一个截词符可代表 0 至无限个字符；用"？"表示有限截断，即一个截词符只代表一个字符，N 个"？"代表截断 $0 \sim N$ 个字符。

任何一种截词检索，都隐含着布尔逻辑检索的"或"运算。采用截词检索时，既要灵活，又要谨慎，截词的部位要适当，如果截得太短(输入的字符不得少于 3 个)，将影响查准率。另外，不同的检索系统使用的截词符可能不同，在实际检索中要加以注意。

(三) 字段限定检索

字段限定检索是指限定检索词在数据库记录中的一个或几个字段范围内查找的一种检索方法。数据库的每条记录通常由多个代表不同信息内容的字段组成，在一般情况下，系统在默认的若干基本字段或全部字段中检索。几乎所有数据库检索系统中均设置了字段限定检索功能，可以指定检索某一字段或某几个字段以使检索结果更为准确，减少误检。

常用的字段有标题、文摘、叙词、作者、语种、刊名、文献类型、年代等。

(四) 位置检索

位置检索反映两个检索词在文献中的位置邻近关系，因此又称作邻近检索。位置检索技术常用于自由词检索，是采用位置算符对两个检索词在原始文献中出现的位置和顺序进行限定的检索，表示要求两个检索词必须同时出现在同一记录(或指定某一字段)中，并且两词的相互位置必须符合规定的相邻度才能被命中检出，弥补了有些检索提问式难以用逻辑算符准确表达提问要求的缺陷，提高了检索的准确性。常用的位置算符有"near"和"with"两个。

1. near 表示该算符两侧的检索词同时出现在一个句子中，两词次序可以颠倒，两词之间允许有一个空格，不允许有任何字母或词语。如表达式：traditional near chinese，可检索出"traditional chinese"和"chinese traditional"出现在同一句中的文献。near 后加正整数(N)表示检索词间可插入 0~N 个词,且不论次序。如表达式:cancer near2 cells,可以检索出在一个句子中含有 cancer cells、cells of cancer、cells of lung cancer 的文献。

2. with　表示该算符连接的两个检索词同时出现在同一个字段中,如题名、文摘、主题词等,但两词的先后顺序不能颠倒。如表达式:woman with migraine,可检索出"woman migraine"出现在题名或文摘中的文献。with 后加正整数(N)表示检索词间可插入 0~N 个词,而前后顺序不能颠倒。

位置算符可以说是特殊的布尔逻辑"AND",因为"AND"算符在功能上不限制两个词出现的位置和顺序,而位置算符弥补了"AND"的这种不足。

(五) 加权检索

数据库对每个检索词赋予一个数值,这个数值就是"权"。权值的大小可以表示为被检出文献的切题程度。权值越大,检出的文献命中程度越高。如 MEDLINE 检索系统中 MJME(主要叙词)就是具有加权标识的词,MeSH(主题词)是无加权符号的词。运用加权检索可以命中核心概念文献,是一种缩小检索范围,提高查准率的有效方法。

九、文献检索策略

检索策略就是在分析课题内容的基础上,确定检索系统、检索途径和检索词,并科学安排各检索词之间的逻辑关系、位置关系和查找步骤等。在数据库和系统功能相同的前提下,检索策略是否考虑周全,以及在检索过程中能否根据实际情况修改原来的策略,使其更加切题,都会影响检索文献的查全率和查准率。所以检索策略的构建与调整在文献检索过程中极为重要。

(一) 分析研究课题

首先要分析检索目的,制定检索目标;分析所需信息涉及的学科,确定检索的学科范围;分析所需信息的类型、年代,确定检索的信息类型和年代范围。

(二) 选择检索工具

选择检索工具要根据课题的内容、性质来确定,注意检索工具所报道的学科专业范围、所包括的语种及其所收录的文献类型等。在选择中,要以专业性检索工具为主。如果一种检索工具同时具有数据库和刊物两种形式,应以数据库为主。因检索工具的滞后性,故应补充查找主要相关期刊(特别是核心期刊)的现刊,以防漏检。

(三) 确定检索途径

一般的检索工具都根据文献的内容特征和外部特征提供多种检索途径。手工检索主要有主题途径、分类途径和著者途径。计算机检索系统中的检索途径是与其可检索字段相对应的,即有多少个可检索字段就有多少个检索途径。检索途径越多,就越方便读者从不同途径获得有关文献,提高文献的查全率。

(四) 构造检索表达式

检索表达式又叫检索提问式或检索式,是计算机检索中用来表达检索提问的一种逻辑运算式,是检索策略的具体表现。检索表达式由检索词和检索系统允许使用的各种运算符,如布尔逻辑运算符、位置算符以及系统规定的其他组配连接符号组合而成。构造检索式,就是用一定的逻辑关系把各个检索标识连接起来组成检索提问式,并表达各种复杂的概念关系,以准确地表达信息需求。

(五）调整检索策略

无论是手工检索还是计算机检索，根据需要在初步检索后对检索结果进行反馈，并进行检索式的修正和优化，也就是调整检索策略。

文献检索是一个不断探索和发现的过程，从检索结果的反馈中不断得到启发和提示，并采用扩展检索、缩小检索、调整检索词和检索途径等方法，甚至重新选择检索工具，最终完成检索。

十、检索效果的评价

检索效果就是利用检索工具（或系统）开展检索服务时产生的有效结果，衡量检索结果对用户需求的满足程度，是检索系统性能的直接反映。目前普遍认同的检索效果的评价标准主要有查全率、查准率、收录范围、响应时间、用户负担、输出格式等。其中以查全率和查准率最为重要。

查全率（recall ratio，R）是指系统在进行某一检索时，检出的相关文献量与检索系统中相关文献总量的比率，是衡量信息检索系统检出相关文献能力的尺度，反映该系统中实有的相关文献量在多大程度上被检索出来。可用下式表示：

$$查全率 = （检出相关文献量／系统内相关文献总量）\times 100\%$$

例如，利用某个检索系统查某课题，假设在该系统文献库中共有相关文献为100篇，而只检索出来80篇，那么查全率就只有80%。

查准率（precision ratio，P）指检出的相关文献量与检出文献总量的比率，是衡量信息检索系统精确度的尺度，它反映每次从该系统文献库中实际检出的全部文献中有多少是相关的。可用下式表示：

$$查准率 = （检出相关文献量／检出文献总量）\times 100\%$$

例如，检出的文献总篇数为100篇，经分析确定其中相关的只有80篇，另外20篇与该课题无关。那么，这次检索的查准率就只有80%。

查全率反映所需文献被检出的程度，查准率则反映系统拒绝非相关文献的能力，两者结合起来反映检索系统的检索效果。研究表明，查全率与查准率之间存在互逆关系，即提高系统的查全率，会使查准率下降，反之亦然。

虽然用查全率和查准率可以评价检索效果，实际上它们存在着难以克服的模糊性和局限性。由于检索系统中相关文献总量是个模糊量，无法准确估计，故难以准确计算查全率。另外所谓"相关文献"对不同的检索者而言，认识不一致，其中含有主观因素。因此用上述公式计算查全率和查准率是相对的，它们只能近似地描述检索效果。

十一、原文获取

对于科学研究来说，阅读原文是必不可少的重要环节，原文中有很多重要信息，诸如有用的数据、图表等，这些信息都需要阅读全文才能获得。虽然目前全文数据已经越来越多，但大多需要付费。所以掌握全文获取途径非常必要。

（一）利用传统途径

传统途径主要是利用当地文献收藏机构（大学图书馆和公共图书馆等）、外地文献收藏机构、向作者索取三种。

(二) 利用网络途径

主要是指利用全文数据库、免费网络资源(如开放存取、Google 搜索引擎等,详见第三、五章)和文献传递服务机构的馆际互借与全文传递系统。

目前我国主要的馆际互借与全文传递系统有:全国医学图书馆资源共享网络系统、CALIS、中国科学院国家科学数字图书馆(CSDL)馆际互借与文献传递系统、国家科技图书文献中心(NSTL)馆际互借系统等。

第四节 医学文献检索工具

工欲善其事,必先利其器。要准确、全面与快捷地检索到所需的文献,必须借助相应的工具,即检索工具和参考工具。

按处理信息资源的手段,检索工具分为传统检索工具和面向计算机与网络的检索系统。目前医学文献检索工具已从传统的手工检索工具为主发展到以计算机网络检索系统为主。

一、检索工具

检索工具是指用以报道、存贮和查找文献线索的工具。它是附有检索标识的某一范围文献条目的集合,是二次文献。

大多数检索工具为定期、不定期的连续出版物,故又称为检索刊物。检索刊物是揭示文献外部特征和内容特征的有序排列的条目集合体。检索刊物的出现,为解决情报数量激增与人们有限利用能力之间的矛盾,提供了科学的方法和手段。

检索工具种类繁多,可以从不同角度进行分类。其中实际意义最大的是按著录方式及揭示内容程度进行划分,可分为目录型、题录型、文摘型、索引型检索工具,它反映了对一次文献加工的深度。

(一) 目录型检索工具

目录是指著录一批相关文献,按照一定次序编排而成的揭示与报道文献信息的工具。它以一个完整的出版或收藏单位为著录单元,一般著录文献的名称、著者、文献出处等。

目录又称书目。我国学术界根据编撰方式和时间等方面的特点,一般将书目分成古典书目(详见第二章第一节)和现代书目两种。

现代书目的种类很多,对于文献检索来说,国家书目、联合目录、馆藏目录等尤为重要。

(二) 题录型检索工具

题录型检索工具是以单篇文献为基本著录单位来描述文献外部特征(如文献题名、著者姓名、文献出处等),是快速报道文献信息的一类检索工具。它与目录的主要区别是著录的对象不同,目录著录的对象是单位出版物,题录的著录对象是单篇文献。

(三) 文摘型检索工具

文摘是以简明扼要的文字描述文献的主要内容,是文献资料的摘要。文摘检索工具是指以精练的语言把文献的重要内容、学术观点、数据及结构准确地摘录下来,并按一定的著录规则与排列方式编排起来的一种检索工具。

由于文摘不仅著录了文献的外部特征,而且描述了文献的内容特征,所以在揭示报道文献的深度、检索功能、实用性等方面都优于题录。

文摘的种类很多,按照文摘的编写人,可分为著者文摘和非著者文摘。著者文摘是指按原文著者编写的文摘;而非著者文摘是指由专门的熟悉本专业的文摘人员编写而成。就其摘要的详简程度,可分为指示性文摘和报道性文摘两种。

(四) 索引型检索工具

索引型检索工具是根据一定的需要,把特定范围内的某些重要文献中的有关款目或知识单元,如书名、刊名、人名、地名、语词等,按照一定的方法编排,并指明出处,为用户提供文献线索的一种检索工具。

不同的标识系统构成不同的索引,常见的索引有分类索引、主题索引、著者索引、引文索引。

索引不仅是一种独立的检索工具,而且为了一定的目的还常附于不同文献类型及其他检索工具后面,为查找某类文献提供了重要途径。

(五) 检索工具的结构

一个完整的检索工具,通常包括四部分内容:① 著录部分,系统揭示文献的外部特征和内容特征,是检索工具的主体。② 索引部分,提供多途径文献查找的条目集合体。③ 说明部分,为使用者提供必要的指导材料。④ 附录部分,补充性资料和查询等辅助材料。

二、参考工具

参考工具是根据一定的查阅需要,系统汇集有关知识资料和文献信息,按便于检索的方法编排的图书。它提供的不是原始文献的线索,而是有关学科或学术领域的特定资料、基本概念和知识。

参考工具具有参考性、易检性、知识性和权威性特点,是人们学习和工作的必备工具。参考工具的类型繁多,按学科分,有社科、科技和综合性工具书;按时代分,有古代、近代和现代工具书;按载体分,有印刷型的书本式、报刊式和非印刷型的网络工具书、光盘版工具书、便携式电子词典等工具书。

参考工具范围很广,包括字典、词典、手册、百科全书、年鉴和书目、索引、标准、图谱及厂商名录等。

1. 字、词典 以字为编排单位,解释它的形、音、义及其用法的参考工具称为字典,如《简明中医字典》;以词(辞)为编排单位,解释它的概念、意义及其用法的参考工具称为词(辞)典,如《中医大辞典》。但两者也有联系,如字典对某个字的相关词语也做附带解释,词(辞)典一般以单字作为词(辞)首给予诠注,故彼此有一定的替代作用。

字、词(辞)典有两大类,一类是供语文、语言学习时所用,如《现代汉语词典》《医古文常用字字典》及各种中外文对照词典;另一类是供专业知识术语检索所用,如《现代科学技术词典》《中药大辞典》等。

网络版词典在保留了印刷版特色的基础上,还有许多印刷版所不具备的优势,如收词量大、语言种类多、更新快、查找快捷方便,有的还具有发声,多种语言互译,提供构词、语法学习、口语和书写练习等功能。

2. 年鉴 年鉴一般以年为限,逐年出版,是系统概述上年度有关事物或学科的进展情况、汇集有关重要文献及统计资料的资料性工具书。具有新颖性、权威性、指导性和实用性等特点。

根据不同的标准,年鉴可划分为不同的类型。按收录内容知识范围分类,可分为综合性年鉴和专业性年鉴。前者如《中国百科年鉴》,后者如《中国经济年鉴》。

按收录内容的地域范围分类,可分为国际、国家、地方年鉴三类。年鉴内容收录两个国家以上的为国际年鉴,如英国的《欧洲年鉴》、中国香港特区的《亚洲年鉴》等。以国家系统内容为收录范围的为国家年鉴,如《中国年鉴》。地方年鉴则是以国家某一地域为反映内容的年鉴,如《广东年鉴》《武汉年鉴》等。

还有一类专门搜集统计资料、统计数据的年鉴,如《中国统计年鉴》《上海统计年鉴》等。这种年鉴在世界各国也很多,占了出版年鉴总量的很大比重。但有观点认为,这种专门搜集统计资料、统计数据的年鉴,也可分别归于综合性年鉴或专业性年鉴之中。

目前我国出版的医药卫生方面的年鉴主要有《中国中医药年鉴》《中国卫生年鉴》《中国药学年鉴》等。

3. 手册　手册是汇集某一范围内基本知识、参考资料或数据,供随时查阅的便捷性工具书,也叫指南、便览等。手册一般由专业人员编撰,所收录的是有关方面成熟的知识内容和标准的数据,因而有很大的实用价值。手册又可分为数据手册、条目型手册和图表手册。

医学上常用的手册有《默克诊疗手册》《牛津临床医学手册》《国家基本药物及新特药临床指南》《临床用药指南》《临床常用方剂手册》《中医临证手册》《中药制剂手册》等。

4. 百科全书　百科全书又称为大全,是系统地汇集一定领域范围内全部知识,按词典形式编排的大型参考工具书。百科全书在规模和内容上均超过其他类型的工具书。百科全书的主要作用是供人们查检必要的知识和事实资料,其完备性在于它几乎包容了各种工具书的成分,囊括了各方面的知识,被誉为"没有围墙的大学"。高质量的百科全书的编纂成为衡量一个国家科学文化发展水平的标志之一。

百科全书有包罗万象的综合性的百科全书,也有专科性的百科全书,前者如《大英百科全书》和《中国大百科全书》,后者如《中国医学百科全书》。

《美国百科全书》(*Encyclopedia Americana*)、《大英百科全书》(*Encyclopedia Britannica*)、《科利尔百科全书》(*Collier's Encyclopedia*)被称为世界三大百科全书。

20世纪90年代,世界上一些著名的百科全书纷纷建立了网站,如《大英百科全书》《中国大百科全书》等。

5. 类书　辑录古代原始文献并按类或按韵编排,供人们查找古代名物、典故、俪词骈语、诗赋文章等资料的参考工具称为类书。类书由于取材广泛、内容丰富,被称为我国古代的百科全书,是检索和利用古代文献资料的一个简捷而重要的途径。类书在保存古代文献方面起着重要作用,是考证、征引、辑佚、补遗文献的主要参考工具。

我国历史上编撰有大量类书,最著名的有宋代的《太平御览》、明代的《永乐大典》、清代的《古今图书集成》。重要的医药类书有《证类本草》《圣济总录》《幼幼新书》《普济方》《古今图书集成医部全录》等。

6. 表谱　以编年或表格形式记载事物发展为内容的工具书称为表谱,包括年表、历表和其他历史表谱。

年表分为两类,一类是单纯纪年,用以查考历史年代和历史纪元;另一类也称"纪年表"

或"大事表",它扼要记载历史事件,按年代顺序编纂成表,用以查检历史大事。

历表一般分新、旧两种。旧历表把中国历史上的朝代、帝王年号、帝号和干支年月等按顺序排列,以供查考;新历表将上述各项与公历纪元的年月日对照列表,供互相换算。

其他历史表谱包括史谱、人物表谱、职官表、地理沿革表等。它们的编排都是以简驭繁,多用简单的表格附以简单的文字表述繁复的事实。这类历史表谱多以时间为纲,或按朝代先后,或按年月日顺序排列专门资料,所以从广义上讲,又具有专门年表的性质。

7. 图录　图录是主要通过图像提供知识或实际资料的工具书,也称为图谱。

中国古代随着金石学的发展出现了古器物的图录。宋代吕大临编《考古图》是现存最早而又有系统的一种,共著录古代铜器和玉器223件,摹绘图形,并有文字说明。明代编纂的《三才图会》和《图书编》汇辑诸书图谱,范围更广。

现代图录大体可分为:① 文物图录,如《新中国出土文物》《中国历代货币》。② 历史图录,如《中国近代史参考图录》《中国历史图说》。③ 人物图录,如《中国历代名人图鉴》。④ 艺术图录,如《中国绘画史图录》。

8. 名录　收载人物或机构名称,并介绍其主要情况的参考工具称为名录,如《中国医学人名志》《中国中医机构志》。利用人名录可检索某个人物的学术专长、主要论著、科研成果等资料;利用机构名录可检索某个机构的性质、开展的业务、主要负责人、地址、电话号码等资料。

三、计算机检索系统

计算机检索系统是指由一定的检索设备和加工整理好并存储在相应的载体上的文献集合及其他必要设备共同构成的,具有存储和检索功能的信息服务设施。与手工检索相比,计算机检索具有信息容量大、检索速度快、检索途径多、传递便捷等优点,目前已成为人们获取文献信息的主要方式。

(孙　玲)

第二章 中医药古代文献检索

中医药学有着数千年的历史,在长期的发展过程中形成了异彩纷呈的医学流派,留下了浩如烟海的医学文献。中医药学的主要理论和丰富的临床经验,都保存在这些文献之中。中医药学是中华民族传统文化的重要组成部分,与古代其他学科有着相互交融的密切关系,许多中医药学知识还散布在古代非医学文献之中。这些珍贵文化遗产是中医药学存在和发展的重要基础,也是当代中医药学继承和创新工作的主要资源和源头。因此,古代中医药学文献的检索和充分利用至关重要。

中医药古代文献在长期的流传中,曾有过诸多的载体形态,经历了以甲骨、金石、竹简、木牍、帛素、纸张等为文字载体的过程。在造纸术发明之前,竹木、丝帛是主要的文字载体。殷商至三国正是中国历史上文化繁荣的时期,诸多学术流派和文化典籍在这一大的文化背景中产生,《黄帝内经》《神农本草经》《伤寒杂病论》等中医药学的奠基之作也是在这一时期成书的。自造纸术发明后则基本以纸质文献为主要流传方式。在没有雕版印刷的时代,文化的传播与普及受到很大影响,雕版印刷术的发明,是中国文化与科技史上的一个伟大的里程碑,对文化的发展有十分重要的作用。近年来随着信息技术的发展,出现了数字化的中医药古代文献,方便了人们的利用。由于中医药古代文献的特殊性及信息处理技术的限制,当前中医药学古代文献仍以纸质载体为主要流传方式。本章介绍纸质中医药学文献的检索与利用,而数字化资源等中医药古代文献的检索与利用,参考其他章节。

第一节 中医药古籍检索

古籍是古代书籍的简称,指未采用现代印刷技术印制的书籍。目前中国古籍有两种含义,一是泛指辛亥革命(1911)以前撰写的图书,包括经整理后用现代印刷方法印制的书籍。一是专指辛亥革命(1911)以前制作(包括刻印、抄录等)的图书,其中绝大多数为线装形式,版式结构也与现代图书有较大差别。这两种概念,因使用场合不同而异。一般地说,前者侧重内容,后者侧重版本。

中医药古籍产生于秦汉之际,发展于宋金元三代,鼎盛于明清时期,记载了历代医家研究总结中医药学的成果,是中医药学传承发展的文献保障,是当代医家学习与研究中医药学的文献宝库。纸本文献在长期流传过程中存在许多复杂现象,如散佚、伪托、讹误以及内容增删、书名变化等。据不完全统计,存世的中医药古籍超过一万种,若包括不同版本在内可达数万种。近年来中医药文献整理力度加大,影印和排印了一定数量的中医古籍,丰富了中医古籍。由于历史的原因,中医药古籍散存在全国各地,有的甚至流失在境外,同一种中医药古籍的不同刻本也可能存放在不同地点,还有相当数量的中医药知识散存于非医文献中,给人们的利用带来不便。检索中医药古籍主要利用各种书目,还可利用诸如辞典、医史著作、年鉴和百科全书等工具书。

一、书目的作用、类型和体例

书目在我国有悠久的历史,在整个学术发展史上始终占有重要的地位,并在长期的实践中形成了"辨章学术,考镜源流"的优良传统。书目的基本职能是揭示与报道图书,又反映了一定时期科学文化发展概况,是治学的重要工具。历代学者对书目的编制和利用都十分重视,所编制的书目不仅类型多样,而且体例严谨。

书目又称目录,目指篇目,即文献的名称;录指叙录,即文献的提要,是简要记录文献的作者、内容及评价等的文字。我国古代,凡有叙录者统称目录,无叙录者统称书目。目录一词最早见于《七略》:"《尚书》有青丝编目录",这是指《尚书》一书的目录。最早的群书目录是西汉时杨仆编的《兵录》,刘向、刘歆等编制的《别录》《七略》则是我国最早的分类目录,清代纪昀等编制的《四库全书总目》是古代规模最大的一部官修目录。现代书目是指著录一批相关的文献,按照一定的次序编排组织而成的一种揭示报道文献信息的工具。

各种书目报道文献的信息量不等,有些书目可以提供文献内容、版本与作者简介或收藏者等,有些书目只能提供查找文献的线索。

(一)书目的作用

1. **揭示刊行情况,提供流传线索** 各个历史时期的著述,基本上反映在各个历史时期的各类书目之中。通过书目,可以从宏观上了解和掌握一定历史时期文献的著述、刊行、流传、存佚等基本情况。例如,过去有人估计我国现存古籍可能在15万种左右,就是根据《四库全书总目》《中国丛书综录》《贩书偶记》《中国地方志综录》等书目加以统计的结果;现今认为现存中国古籍约20万种,是依据近年完成的《中国古籍总目》调查与著录得出的。又如,通过《全国总书目》可以了解1949年以后历年中医药图书的出版情况。由于书籍是一定历史时期科技文化的记录,因此,透过书目还可以了解各个时期科学文化发展的概貌,也有助于了解古代学术发展源流。尤其是专科书目,更是学科发展史的一个缩影。

2. **揭示图书特征,提供研究资料** 书目著录了所收图书的书名、卷帙、撰者、版本、提要等,这些内容使人们得以了解每种书的撰述情况、著者生平、简要内容、书名异同、版本优劣、学术价值,以及进一步研究的线索等。这些内容也是人们阅读、校勘和考证等不可缺少的材料。例如《中国分省医籍考》对于各书的作者,凡是在方志中能查到的传记资料均予以全文载录,其内容往往比《中国医学人名志》还要详悉。又如《三百种医籍录》中指出《杨敬斋针灸全书》"一说系托名著述,非陈氏编撰",又指出"书中内容与徐凤《针灸大全》基本相同",为研究该书提供了指导意见。

3. **评价图书得失,指导读书门径** 我国古代学者非常重视目录学的研究,清代学者王鸣盛在《十七史商榷》中指出:"凡读书最切要者,目录之学。目录明,方可读书;不明,终是乱读。"又说:"目录之学,学中第一紧要事。"书目通过对有关文献特征的集中反映,尤其是书目中的说明和提要,关于学术源流、类目条析和书籍内容的评价,对人们了解、选择和利用图书起着重要的指导作用。通过书目了解某一学科图书的全貌,了解某一图书在学科中的地位、价值和作用,也就是前人所说的"辨章学术、考镜源流"。例如《四库全书总目提要》子部医家类类序中指出:"儒之门户分于宋,医之门户分于金元。观元好问《伤寒会要·序》,知河间之学与易水之学之争;观戴良作朱震亨传,知丹溪之学与宣和局方之学争也。"寥寥数语,揭示了医儒学术思想的关系,并提示了研究金元医学之途径。故清代目录学家张之洞说:"今为诸生指一良师,将《四库全书总目提要》读一过,即略知学问门径矣。"若单凭兴之所至地去涉猎翻阅,往往是事倍功半而难有成效。如果有了目录书,其结果就会截然不同。

(二) 书目的类型

书目的种类很多,不同的划分标准构成不同的书目类型,目前国内外书目的划分方法尚不统一。我国学术界根据编撰方式和时间等方面的特点,一般将书目分成古典书目和现代书目两大类。

1. 古典书目 我国目录学家曾从不同角度对古代书目进行分类,但每一种分类方法都不够完善,若按纂修书目的机构和撰写者身份来区分,古典书目可概略地分为官修书目、史志书目、私撰书目等。

(1) 官修书目:指历代封建王朝组织编纂的图书目录,由皇帝诏命大臣或知名学者专门修撰。西汉末年,刘向、刘歆父子等编撰了中国最早的综合性官修书目——《别录》《七略》。《别录》《七略》不仅反映了先秦以来的丰富古籍,对当时学术界辨章学术、考镜源流起了推动作用,同时也奠定了我国目录学的基础,对两千多年来书目编制的原则、体例和方法产生了深远的影响。

汉代以后,历代多有官修书目的编撰,如魏朝郑默的《中经》,西晋荀勖的《中经新簿》,东晋李充的《晋元帝四部书目》,南北朝王俭的《宋元徽元年四部书目》,隋代牛弘等的《开皇四年四部目录》,明代杨士奇等的《文渊阁目录》等。宋代以前的官修书目大都散佚,现存仅有明代的《文渊阁书目》,清代的《四库全书总目》以及《天禄琳琅书目》等。而体例最完备、内容最丰富、影响最大的当数《四库全书总目》。

(2) 史志书目:指史书和地方志中记录图书的"艺文志"或"经籍志",包括史书书目和方志书目。我国古代史学家著书,力图全面反映一朝一代的历史面貌,所以书中有记录文化学术的内容,其中记录图书情况的称"艺文志"或"经籍志"。

史书书目又可分为正史书目、国史书目、专史书目3种,其中最有代表性的是正史书目。正史书目是指正史中记录典籍书目的专门篇章。东汉班固编著《汉书》,依据刘歆《七略》改编而成"艺文志",开创了根据官修书目编制正史"艺文志"的先例。《汉书·艺文志》是我国现存最早的一部古典书目。此后,《隋书》《旧唐书》《新唐书》《宋史》均仿之编有"艺文志"或"经籍志",在正史中留下了记一代藏书之盛的记录;《明史》和《清史稿》则改变体例,专记一朝人的著作。清代以后,有很多学者为缺"艺文志"或"经籍志"的正史做补志工作,共修成《后汉书·艺文志》《补后汉书·艺文志》等30多种。

方志书目指地方志中的图书目录。从宋代高似孙编的《剡录》(即嵊县志)开始,地方志也编制"艺文志"或"经籍志"。各省、州、府、县地方志中的"艺文志"或"经籍志",主要收录当地历代人士的著作,或内容与本地有关的书籍。方志书目收录图书的数量远远超过正史,一般以县志记载最为详悉。如《河北医籍考》一书就是根据河北省91种地方志辑成,其中医籍大多数为历来公私书目所未载。

由于明代以前的官修书目多已亡佚,故要了解某个时代图书总的概况,往往要参考史志书目。又由于正史的连续性,故将史志书目连接起来,可构成从上古至清代的古籍总目。通过比较、联系,可以了解历代学术思想的发展概貌和文献流传、存佚的情况。

(3) 私撰书目:主要指个人编纂的书目和私人藏书目录。这类书目大多出自藏书名家之手,有较高学术研究价值。我国历史上最早编修私人藏书目录的是南朝刘宋时期王俭的

《七志》和梁阮孝绪的《七录》。隋唐继有所作,多有亡佚。现存最早最负盛名的是宋代晁公武编的《郡斋读书志》。私撰书目的编撰各有特点,有偏于藏书者,有偏于版本者,有偏于鉴赏者,有偏于治学者,等等。清代钱曾的《读书敏求记》,不仅是一部私藏书目,而且是中国第一部研究版本目录的专著。私撰书目虽然随着封建社会的解体而消亡,但历代所编的数以百计的私撰书目仍然发挥着重要作用,可以补充官修书目、史志书目之不足。

(4) 专科书目:指围绕某一学科或专题系统全面地收集文献而编制的书目。汉武帝时,军政杨仆在整理兵书的基础上编制了《兵录》,这是我国第一部有文献记载的专科书目。明末殷仲春的《医藏书目》,是现存最早的医学书目。随着学术发展,学科分工日趋细致,专科书目的种类、数量逐渐增多。如我国古代书目中的医藏书目、释道书目、戏曲书目、金石书目;现代的文学书目、历史学书目、语言文字学书目等,都属于专科书目。

中国古典书目中,还有一种指导读书的推荐书目,这类书目又叫导读书目。现存最早的是唐代末年编的《杂钞》,以问答的形式给青年开列了包括数十种书的书目单。影响最大的是清末光绪年间张之洞为成都尊经书院学生编制的阅读书目《书目答问》,分经、史、子、集、丛书五部列举了2 200多种书,重要书后加注语。此后,范希曾撰《书目答问补正》,纠正了《书目答问》的错误,补收了一些和原书性质相近的图书。两种书目虽然是指导读古书、治旧学的工具,但至今仍被人们作为选用古籍的参考。20世纪20年代出现了编制推荐书目的高潮,1923年胡适首先在《晨报副刊》上发表了《一个最低限度的国学书目》,梁启超于同年编写了《国学入门书要目及其读法》,李笠、章太炎等一批学者也效其法编制国学入门书目。根据各家开列的国学图书,商务印书馆经过整理,编印了《国学基本丛书》。

2. 现代书目 现代书目没有一个固定或者标准的分类方法,如按编制目的和社会功能可分为登记性书目、推荐书目、书目之书目等,按文献收藏范围可分为馆藏目录、联合目录等,按收录文献内容范围可分为综合书目、专题(专科)书目、个人著述书目、地方文献书目等。常用的现代书目有国家书目、综合性书目、馆藏目录、联合目录、个人著述书目、书目之书目等。

(1) 国家书目:国家出版物的总目录,揭示与报道一个国家在一定时期内出版的出版物的目录。有以揭示与报道一个国家近期出版物为内容的现行国家书目,如《全国新书目》等;有反映一个国家一定时期的出版物的回溯性国家书目,如《中国国家书目》《全国总书目》等。国家书目收录文献的内容可以是综合性的或专科性的,也可以是某种特定类型的出版物;可以是某一年度的,也可以是多年累积的。现代国家书目通常由国家图书馆或有关书目机构编辑出版,具有著录详细、准确和收录齐全等优点。目前,全世界有近百个国家编辑出版了国家书目。

(2) 综合性书目:是将多个学科门类的文献汇总编成的一种书目。其内容广博、包罗万象,既有哲学社会科学方面的书,又包括自然科学和应用技术;层次也不同,既有普及性读物,也有学术性著作。

我国历代的国家书目、史志书目,现代图书馆的馆藏目录、联合目录等,大都属于综合性书目。

(3) 馆藏目录:反映某个图书馆收藏的全部或部分文献的目录,主要供读者了解图书馆的收藏情况。书本式的馆藏目录如《北京图书馆善本书目》《北京大学图书馆中文旧期刊目录》《中国中医研究院图书馆馆藏中医线装书目》等。

(4) 联合目录:揭示与报道多个文献收藏单位所藏文献的目录,以反映文献的收藏处所为特征，能集中反映众多图书馆的藏书特点和文献的分布情况。联合目录能扩大读者检索和利用文献的范围，也便于图书馆藏书协调、馆际互借和实现图书馆资源共享，如《中国中医古籍总目》。

(5) 个人著述书目：专门收录某一作者的全部著述，并兼收研究该作者的资料的目录。如《鲁迅研究资料编目》《瞿秋白著译系年目录》。个人著述书目在西方又称传记书目。个人著述书目全面系统地反映某特定作者的著述情况及有关研究资料，是了解和研究该作者的生平、思想、成就和贡献的重要工具。

(6) 书目之书目：又称书目指南，由各种书目、索引等二次文献汇编而成，以揭示和报道书目信息。阮孝绪《七录·纪传录》中始设"簿录部"，以记梁代以前编制的书目。《隋书·经籍志》在史部下也有"簿录"一类。此后历代书目中多设此类。清代周星诒编有《书目考》，始把书目文献汇编成书。现存较早的是周贞亮、李之鼎编的《书目举要》。稍后，邵瑞彭、阎树善等编有《书目长编》，汇录各种书目1 300多条。1949年以来，冯秉文编有《全国图书馆书目汇编》，梁子涵（中国台湾）编有《中国历代书目总录》等。

(三) 书目的体例

一部完整的书目，主要由前言与凡例、目次、正文和辅助资料4个部分组成。

1. 前言与凡例　前言又称序言、引言、编辑说明、编者的话等；凡例又称序例、编例、编写条例等。前言与凡例是任何一部书目都不可缺少的组成部分，其内容大致包括介绍书目编制的目的和过程，书目的性质、用途、结构，以及收录的范围、编排和使用方法等。这些说明有助于了解和利用书目。

2. 目次　目次是书目内容的篇目次序，反映书目内容的大纲。通过目次，可以大概地了解书目的内容、结构及其体例。目次也是从学科类别检索图书的途径。

3. 正文　正文是书目的主体，是利用书目的主要对象，通常由著录、提要和类序3个部分组成。但不是每部书目都包含提要和类序。著录即是记录、登记的意思，书目著录事项主要包括书名、卷次、著者、撰写方式、版本或出版情况、附注等。提要也称叙录、解题、书录，其内容包括作者简介、内容提要、学术思想及评价等。类序指各级类目的说明文字，分为总序、大序和小序。在小序中往往对某一部类图书的学术流派、演变和特点加以论述，并对某部类图书的分类沿革及类目变更、设置及缘由等加以说明，对于掌握和了解该部类图书能起到提纲挈领的作用。

4. 辅助资料　辅助资料是指附在书目正文后面的各种有关资料，一般包括各种辅助索引（如书名索引、作者索引等），还有收入单位名录及引用文献等。个人著述目录还附有作者生平、著译年表等。

二、古籍的刊行情况检索

刊行谓书稿刻印行世，指历代医籍的著述、刊刻、存佚、演变等基本情况，主要利用各类书目来查找。书目中除了记录书名、版本、刊刻年代等基本情况外，有些书目还记载主要内容、学术价值、版本优劣及馆藏情况等，可根据情况选择合适的书目。若要获取某种医籍则需知晓其收藏处所，通常利用各种联合目录或馆藏目录。

(一) 利用中医药专科书目

中医药专科书目是检索中医药书籍的主要检索工具，目前常用的检索中医药古籍的书目有《中国中医古籍总目》《中国分省医籍考》《中国医籍通考》《中国医籍大辞典》等。

1. **《中国中医古籍总目》** 薛清录主编,2007年上海辞书出版社出版。该书是在1961年内部印行的《中医图书联合目录》与1991年中医古籍出版社出版的《全国中医图书联合目录》的基础上,加以全面整理修订而成,是迄今为止收录范围最广、种类最多的大型中医古籍联合目录。共收录全国150个图书馆及博物馆馆藏的1949年以前刊印的中医图书13 455种,其中有些书并未著录于历代书目,有些则已被列入亡佚书目录中。本书重点收录1911年以前刊印的中文中医药古籍和民族医药古籍及其影印本、复制本,比《全国中医图书联合目录》总量增加了2 263种(《全国中医图书联合目录》中有929种因重复著录或遗失注销而删除),在版本上增加3 652种,其中不乏明代以前珍稀善本。该书还收录了一批流失海外在国内已经失传的中医古籍影印本、复制本,并附中国台湾6家图书馆馆藏中医古籍目录。

全书由四部分组成:① 凡例、参加馆代号表、类表。② 书目正文。③ 附录。④ 索引。正文沿用《全国中医图书联合目录》的分类编年体例排序,以体现中医学术的发展源流和传承轨迹。根据现存中医药古籍的实际状况,以学科为主,兼顾到中医药古籍的体裁特征,划分为医经、医史、综合性著作等12大类,大类之下又分成若干小类,有的还进一步展开形成三级类目,每书著录类号、序号、书名、卷帙、成书年代、著者、版本、馆藏代号等。该书目冠有参加馆代号表,书末附有书名笔画索引、书名音序索引、著者笔画索引、著者音序索引。另有4种附录:① 甲子表。② 岁阳、岁阴表。③ 历代建都简表。④ 历代帝王名讳表。

该书目全面、系统、准确地反映了中医药古籍的目前存世状况和在全国各地图书馆的收藏分布情况,是检索现存中医药古籍最重要、最常用的检索工具。

2. **《中国分省医籍考》** 郭霭春主编,1984—1987年天津科学技术出版社出版。该书以全国各省地方志所载为据,上始先秦,下至清末,共收录全国近3 000种地方志中的医籍8 000余种,按照我国省级行政划区分别编写。全书分为上、下两册,上册包括河北(含北京、天津)、河南、山东、江苏(含上海)、浙江、江西省,下册包括除上述省以外的其他地区,书末附人名、书名索引。各省医籍按类编排,分为医经(附运气、藏象)、伤寒(附金匮、温病)、诊法、本草(附食疗)、针灸(附按摩、推拿)、方论(分内、外、妇、儿、五官)、医史、医案、医话、养生、法医等若干类。每类之下,按历史朝代排列。每书记载书名、卷数、著作朝代、作者姓名及作者小传。该书目不仅收罗丰富,而且在编排体例首创分省著录,各省卷首有该省医学文献综述,是一部很有价值的现代中医古籍书目。

3. **《中国医籍通考》** 严世芸主编,1990—1994年上海中医学院出版社出版。该书目是目前规模较大的一部辑录体中医药古籍目录,收辑上溯先秦,下迄清末,旁及日本、朝鲜的中医药古籍。凡历代史志及近贤所著医书目录,有载必收,有遗则补,举凡孤本、珍本、善本、抄本均在网罗之列。全书共收古代医籍9 000余种。正文4卷,按类及成书时间顺序编排。分为医经、伤寒、金匮、藏象、诊法、本草、运气、养生、温病、针灸、推拿、方论、医案医话、丛书全书、史传、书目、法医、房中祝由、补编等类,其中方论为临床著作(包括方书),按综合、妇科、儿科、外科、伤科、五官科顺序编排。每书不仅记载了书名、著者、卷数和存佚情况,还广泛摘录了序言、跋文和历代学者有关论述,同时也介绍了各种现存的版本情况,部分还附有编者按语。各卷前均列有全书总目录和该卷目录,另附索引1册,有书名、作者名两种笔画索引。

该书目广征博引,资料丰富,为检索和研究我国古代医学文献提供了很大的方便。

4. **《历代史志书目著录医籍汇考》** 李茂如等编著,1994年人民卫生出版社出版。该书目是考溯历代医籍流传存佚的工具书,汇采历代史志、公私书目以及诸家文集、札记、论说等文献 183 种,按其类属析为史志、书目、广录 3 篇,每篇撰有"小序"。各篇所统文献按所属时代之先后著录,凡有后出之辑佚、补编、续编或考证、注释等书,则一律著录于初目之后。各篇所举各种文献写有"提要",首述撰人生平、书旨大要、篇目卷次,以及有关医书之著录概况,间附按语说明;次则辑录有关医学诸书之著录原文,务求详备无遗,以备探学者寻检考究。辑录原文,除全采医门诸书外,亦广采法家、农家、谱录诸门中有关法医、兽医、食养诸书。

该书的资料排列以所属时代之先后为序,故对于从总体上考察历代医籍的流传演变情况有较大帮助。但该书未编制书名索引与作者索引,查检起来颇感不便,是为不足。

5.《中国医籍提要》 该书编写组编,吉林人民出版社 1984—1988 年出版。本书收录的全部是现存古医籍,分为上、下两册,上册收录医籍 504 部,主要是清代以前的著作,兼采日本、朝鲜比较著名的中医药著作;下册收录医籍 402 部,主要是清代至近现代(1960 年以前)的中医药著作。上、下册均分为基础理论、临床各科、综合、医史法医养生四大类,大类下再分小类。每种书著录书名、成书年代、撰作者、内容提要和版本,其中内容提要按原著卷目、章节、内容简介、学术成就、学术思想、学术源流及对后世的影响、作者生平传略等层次分段撰写。书后附书名、人名索引及参考书目。

该书目是在名老中医任应秋教授指导下编写的,提要撰写比较规范,突出了文献的学术价值,是中医药书目中提要撰写得较好的一部。

6.《中国医籍大辞典》 裘沛然主编,2002 年上海科学技术出版社出版。该辞典是一部全面反映我国历代中医药文献概况的中医书目辞典,收录了上自先秦,下迄 20 世纪末的中医药书目 23 000 余条(含亡佚书目 4 700 余条),共 23 大类,特别是对珍善古代医籍和流失海外的孤本医籍作了拾遗补缺,堪称医籍辞书之最。每种医籍扼要介绍书名、卷册数、作者、成书或刊行年代、流传沿革、内容提要、学术特点或价值、出版单位、版本存佚情况、藏书单位等内容。全书词条按照中医药学科分类编年法排列,有利于读者了解某一学科医籍的源流与沿革情况,可据以考证医学流派的发展、历代医家的基本学术观点等,借以达到"辨章学术,考镜源流"的治学目的。书末附有书名索引和作者索引。

7.《中国古医籍书目提要》 王瑞祥主编,2009 年中医古籍出版社出版。本书目是一部汇集历代书目及提要而成的中医古籍书目,收辑从马王堆帛书至 1911 年两千多年的中医典籍 10 061 种,其中现存书 7 028 种,亡佚书 3 033 种。全书分为医经、基础理论、伤寒金匮、诊法、针灸推拿、本草、方书、临证各科、养生、医案医话医论、医史、综合性著作、亡佚书等类。每书除著录书名、著作年份、著者等基本情况外,还有提要、主要版本、按语等。附有现存书书名索引、亡佚书书名索引、引用书目,均按汉语拼音音序编排。

该书目内容丰富,考证详尽,不仅能满足一般的中医古籍检索,亦可用于辑佚、访书、出版、医学史研究,是一部用途广泛、不可多得的参考工具书。

8.《中国医籍续考》 刘时觉主编,2011 年人民卫生出版社出版。本书为日本丹波元胤《中国医籍考》的续作。收载自清代道光元年至宣统末年 90 余年间的中医古籍 3 068 种,分医经、本草、食治、养生、藏象、病机、诊法、明堂经脉、伤寒、温病、金匮、临床综合、方书、内科、外科、伤骨科、妇产科、儿科、喉科、眼科、医论医话、医案、法医、丛书全书、史传书目、运气、其他共 27 个门类。每种医籍考证了书名、卷帙及存佚等情况,著录作者及成书年份,载录医籍原书的序、跋、题辞、凡例,原作者的传记、墓志铭,目录学著作关于该医籍的提要、按语,兼及史传、地方志、家族宗谱中有关该医籍的记载,多数有刘氏按语。凡属孤本、抄本等少见版本则尽可能载其收藏单位,以便查阅。书后附有书名索引和作者索引。全书资料丰富,考证周密,具有较高的文献价值。

9.《现代版中医古籍目录(1949—2012)》 李成文、李建生、司富春主编,2014 年中国中医药出版社出版。本书收录 1949—2012 年国内出版的中医古籍 3 600 余种,其中包括丛书、类书、全书等中医古籍 300 余种,可以方便检索 60 多年来出版的中医古籍及全国各出版社中医古籍出版概况。附有中医古籍书名、作者等多种索引。

10.《浙江中医药古籍联合目录》 胡滨、鲍晓东主编,2009 年中医古籍出版社出版。该书目是我国第一部正式刊出的省级中医药古籍联合目录,共收录浙江全省 35 家藏书单位(含个人)1991 年底之前收藏的中医药古籍 2 866 种(含少许民国时期出版者)。所设类目、编制体例及检索途径均同《中国中医古籍总目》,凡《中国中医古籍总目》所设浙江收藏单位代号,该书目则予以沿用,其他单位给予新的编号,从而使该书目能与《中国中医古籍总目》衔接使用。该书目是查找浙江省内《中国中医古籍总目》未收单位所藏中医药古籍的主要检索工具,可以视为《中国中医古籍总目》的补充和延续。

检索中医药古籍的专科书目较多,除以上介绍的外,还可参考:

《中国医籍考》,〔日〕丹波元胤编,成书于 1819 年,今有人民卫生出版社 1956 年据《皇汉医学丛书》本重印本及学苑出版社 2007 年排印本等。

《宋以前医籍考》,〔日〕冈西为人编,约成书于 1942 年,今有人民卫生出版社 1958 年及学苑出版社 2010 年排印本。

《四部总录医药编》,丁福保等编,1955 年商务印书馆线装铅印出版。

《朝鲜医籍通考》,崔秀汉编著,1996 年中国中医药出版社出版。

《三百种医籍录》,贾维成编著,1982 年黑龙江科学技术出版社出版。

《中医古籍珍本提要》,余瀛鳌、傅景华主编,1992 年中医古籍出版社出版。

《浙江医籍考》,刘时觉主编,2008 年人民卫生出版社出版。

(二)利用综合性书目

综合性书目一般也收录有中医药古籍,另外,学习中医药学也需要研读参考有关的传统文化著作,因此利用综合性书目查阅中医药古籍和经史百家文献,也是不可或缺的途径。常用的综合性书目主要有《四库全书总目提要》《中国古籍总目》《中国丛书综录》等。

1.《四库全书总目提要》 200 卷。清代纪昀等编纂,刊行于乾隆六十年(1795),1965 年中华书局出版校定断句影印本。本书(简称《四库全书总目》)是清代乾隆年间所编大型丛书《四库全书》的总目录,为清代最大一部解题书目。乾隆四十七年(1782)编纂完毕,以后随着《四库全书》的屡次抽换或增补,《四库全书总目》也一再修改,最终于乾隆六十年由武英殿刊刻成书。共收书籍 10 254 种,其中著录书(收入《四库全书》的著作)3 461 种,存目书(未收入《四库全书》的著作)6 793 种;子部医家类医籍著录书 97 部,存目书 94 部。所收书籍,基本上包括了清代乾隆以前中国古代的重要著作。全书按经、史、子、集四部编排,各部之下再分小类,某些小类下面又分子目。经部收儒家经典及其研究著作,下分易、书、诗、礼、春秋、孝经、五经总义、四书、乐、小学诸类;史部收历史地理方面的图书,下分正史、编年史、纪年史、纪事本末、别史、杂史、诏令奏议、传记、史抄、载记、时令、地理、职官、政书、目录、史评诸类;子部收诸子百家及释道方面的图书,下分儒家、兵家、法家、农家、医家、天文、算法、术数、艺术、谱录、杂家、类书、小说家、释家、道家诸类;集部收历代作家的作品集,下分楚辞、别集、总集、诗文、词曲诸类。每部有总叙,各类有小序,子目间有按语,扼要说明各种学术思想的渊源、流派、相互关系,以及划分类目的理由。所收每一种书除记载书名、卷数和著者外,还注明书籍来源(如采进本、内府本、敕撰本、进献本、《永乐大典》本、通行本等)。提要部分介绍作者生平、内容大旨、评论得失优劣,说明文字增删,卷帙分合,版本异同。

是书清代有多种版本,现通用有 1936 年上海大东书局影印的武英殿本,1965 年中华书局影印浙江翻刻武英殿本是目前的最佳本。影印本附有四库撤毁书提要、四库未收书提要、书名及著者姓名索引。

《四库全书总目》是我国图书目录学史上一部承先启后的代表性著作,也是一部评介古代学术的重要著作。但谬误、失当之处也不少,后来不少学者做了纠谬补缺工作,重要的有余嘉锡《四库提要辨证》和胡玉缙撰、王欣夫辑《四库全书总目提要补正》等。

后因《四库全书总目》卷帙浩繁,翻阅不便,纪昀等又删节提要,除去存目,编成《四库全书简明目录》20 卷。简目有多种版本,著录的书籍互有异同。

2. 《中国古籍总目》 中国古籍总目编纂委员会编,2009—2013 年中华书局、上海古籍出版社出版。《中国古籍总目》为国家古籍整理出版重点项目,由全国古籍整理出版规划领导小组(原国务院古籍整理出版规划小组)主持编纂,傅璇琮、杨牧之任主编,中国国家图书馆、北京大学图书馆等 11 家图书馆先后参与编纂,是现存中国汉文古籍的总目录。

本书旨在全面反映中国主要图书馆及部分海外图书馆现存中国汉文古籍的现状,以古代至民国初人撰著并经抄写、刻印、排印、影印的历代汉文书籍为收集范围,著录中国公共、学校、科研机构图书馆及博物馆等所藏历代汉文古籍(含少量汉文与少数民族文字合编、以汉文注释外文者)之基本品种、主要版本及主要收藏信息,并部分采录日本、韩国、北美、西欧等图书馆收藏的中国古籍稀见品种。本书收现存中国古籍 17 万余种,所录古籍收藏机构逾千家。中国历代有编纂史志目录、公私藏书目录的传统,史志与公藏目录多反映各朝皇家或官府的典籍积累,私家藏书目录则较多反映民间的文献收藏,两者各有局限。《中国古籍总目》全面反映中国古代文献流传与存藏状况的总目录,是迄今为止卷帙最繁、收书最多的古籍书目,而且所载版本也最富。

本书在传统四部分类法的基础上,采用经、史、子、集和丛书五部分类体系组织编排。各部下复分若干类属,其中子部医家类包括医经、本草、藏象、诊法、方论、针灸推拿、医案医话、养生等,新学类包括医学之属等。本书不仅依传统方式著录了书名、卷数、著者时代、著者姓名、著作方式、出版情况、版本类别及批校题跋等信息,同时标列各书的主要收藏机构名称,使该书具有联合目录的性质,为人们获取现存古籍的馆藏线索提供了方便。

是书有索引 4 册,包括书名索引和著者索引两部分,方便检索。

3. 《中国丛书综录》 上海图书馆编,1959—1962 年上海中华书局出版。该书目是我国目前最完备的一部丛书联合目录,收录了全国 41 个主要图书馆馆藏的历代丛书 2 797 种,古籍 38 891 种。其规模之宏大,体例之严谨,都是前所未有。

全书共 3 册:第一册是总目,为丛书分类目录,分汇编和类编两个部分。汇编著录综合性丛书,下分杂纂、辑佚、郡邑、氏族、独撰五类;类编著录专门性丛书,分经、史、子、集四部,各部之下再分若干细目。其中子部医家类中,共收医学丛书 139 种。每一种丛书详列书名、种数、编者、刻印年代及所含子目。书后附全国主要图书馆收藏情况表，又附丛书书名索引等。第二册是子目，以子目为单位，采用经、史、子、集四部分类编排，部下又分类、属。每书著录书名、卷数、著者及所属丛书。某些子目本身又包括数种著作的，另编《别录》，附四部之后。子部医家类下分 22 类，以内科、外科、五官科等加以细分，载录医书 1 357 种。第三册为索引，包括子目书名索引、子目著者索引。

《中国丛书综录》是清代嘉庆年间顾修编《汇刻书目》以来的一部总结性丛书书目，对于查找古籍起到指南的作用，还具有联合目录的性质，是一部极为实用的工具书。但由于所收浩繁，遗漏及讹误亦未能免，1986 年上海古籍出版社新出的缩印本改正、补充了个别内容，阳海清编《中国丛书综录补正》（江苏广陵古籍刻印社 1984 年出版）对《中国丛书综录》做了增补订正，施廷镛主编《中国丛书目录及子目索引汇编》（2003 年北京图书馆出版社出版）收录《中国丛书综录》未收丛书。

4.《中国丛书广录》 阳海清编撰，1999 年湖北人民出版社出版。该书目是继《中国丛书综录》之后又一部规模宏大、体例完备的中国古籍丛书目录。共收录 1990 年前海内外刊印的中国古籍丛书 3 279 种（子目 40 227 种），其中医学丛书 176 种。《中国丛书综录》已收者，只收少数书名、版本、子目异于《中国丛书综录》者。

全书 2 册，上册由四部分组成：① 丛书分类简目，包括序号、书名、编（撰）者、版本 4 项，实为本书主体之目次。② 丛书分类详目，为本书之主体，所收条目分为汇编丛书和类编丛书两部分。汇编丛书又细分为杂著、地方、家族、自著 4 类；类编丛书分为经、史、子、集 4 类，各类之下再分若干细目，外加补遗。每种丛书详列书名、编者、版本、子目（含书名、卷数、著者、著作方式）及按注。③ 丛书书名索引。④ 丛书编撰者、校注者、刊刻者索引，均按首字四角号码排列。下册由三部分组成：① 子目分类索引。② 子目书名索引。③ 子目著者索引。各索引均按首字四角号码排列。全书各部分既各自独立又浑然一体，通过简目和各个索引，均可径直查检详目，获取所需线索。为方便读者检索，上册末附有索引字头四角号码与笔画对照表，下册前附有四角号码检字法。

该书目一是收书广泛，不仅收目前实存的丛书，亦收录历史上曾经有过而今仅存目之丛书；不仅收录原刻本和影印本，也收录近几十年出版之整理本，并包括中国港澳台地区及国外印行本。对于已汇入大丛书的一些小丛书，其原刻本和抽印本亦于揭示。二是著录详尽，对一书之多种版本及多种异名都——录出。尤其是各条目下之按注，对所收丛书从内容、学术价值、版本流传情况及编撰者生平等多方面进行了揭示。该书目与《中国丛书综录》参照使用，可全面了解中国古籍丛书之概貌。

5.《中国近代现代丛书目录》 1979—1982 年上海图书馆编印。本书是一部丛书目录，收录上海图书馆所藏 1902—1949 年出版的中文丛书计 5 549 种，含各类图书 30 940 种。全书按丛书书名笔画为序，每种丛书注明主编者、出版时间和出版单位，并详列丛书子目。正文前冠有"丛书书名首字索引"，书末附有"丛书出版系年表"。1982 年，上海图书馆又编印有"子目书名索引"及"子目著者索引"等，使之更加完备。

6.《中国善本书提要》 王重民撰，1983 年上海古籍出版社出版。本书收录北京图书馆、北京大学图书馆和美国国会图书馆所藏，并为作者所经眼的中国古籍善本书 4 400 余种（包括补遗 100 余种）。所收各书大部分是清代康熙以前的校刊本、钞本，全书按经、史、子、集四部分类法编排。除了著录一般事项及记述各书的版刻特征外，还撰有内容丰富的提要，考证版本源流,介绍作者情况,研究评介著作价值,重要序跋或记全文或摘录,书名之下多载有收藏馆名。书后附书名、撰校刊刻人名、刻工人名与刻书铺号等索引,便利读者查检书名和人名,是一部具有较高水平的善本解题书目。本书对刻工的重视及版框尺寸的详细记录都非前人可比。对《四库全书总目》的不足和谬误进行了大量补充和订正尤其值得重视,对查考中国古籍在海外的流传也有重要参考作用。

7.《全国新书目》 1951年创刊,前身为1950年7月创刊的《每周新书目》。《全国新书目》编辑出版单位及刊期多次变化,目前由中国版本图书馆主办,月刊。《全国新书目》是我国出版物登记性质的专门刊物,是中国的国家书目之一。该刊是在国内出版物呈缴本的基础上编制的定期书目刊物,主要收录我国各出版单位正式出版公开发行的各类图书,其中包括汉文、少数民族文字、盲文和外国文字图书,以及各种文字图书的再版本(不包括重印)。所收图书按内容分类编排,每种书著录书名、编著者、出版者、出版年月、定价、备注和简明提要等项。每期发布图书在版编目数据5 000条以上,是全面、及时报道全国图书(含中医药古籍)最新出版情况的重要书目。

(三) 古籍其他检索途径

1. 利用中医药专科词典　中医药专科词典中也有关于医籍的词条,记载有该医籍的卷帙、成书年代、作者以及简要内容,重要医籍还述及学术成就和学术价值。如《中医大辞典》载录中医药医籍的条目2 258条,《中国中医药学术语集成》(中医文献卷)载录中医药医籍的条目17 600余条等。

2. 利用中医药丛书　丛书是指汇集两种及两种以上单独著作并冠以总名的一套书籍的统称。"丛"就是聚集的意思,丛书也称丛刻、丛钞、丛刊、汇刻、合刻、丛编等。丛书所含的单种图书,古人称作"子目",具有作为图书的相对完整性。早期多是综合性的,后来各种专门性丛书相继出现,今知最早的丛书是南宋俞鼎孙、俞经编的《儒学警悟》。丛书发展到清代达到鼎盛时期,所编丛书不仅部头大,而且刊刻的质量也很高。乾隆年间编的《四库全书》是历史上最著名的丛书。医学专科性丛书则晚于综合性丛书,元代杜思敬编辑的《济生拔萃》是现存较早的中医丛书。丛书的编印,对文献的流传和保存起了一定作用。一些因各种原因(如专业性较强、作者知名度低、影响不大等)而鲜为人知、又有一定价值的图书,往往赖丛书本的刊行得以流传和保存。不少中医药丛书中往往包括一些篇幅单薄或流传较少的稀见医籍。因此,查阅丛书也是检索中医药古籍的有效途径之一。

著名的中医药丛书有《中国医学大成》《三三医书》《济生拔萃》《东垣十书》《薛氏医案》《古今医统正脉全书》《周氏医学丛书》《珍本医书集成》《皇汉医学丛书》《聿修堂医学丛书》,以及近年来出版的《四库医学丛书》《近代中医珍本医书集成》《中华医学名著宝库》《历代中医名著文库》《海外回归中医古籍善本集萃》《稀见古代医籍钞(稿)本丛编》《中华医书集成》等。

3. 利用馆藏及网上书目数据库　检索中医药古籍,还可利用相关图书馆的目录系统,尤其是中医药单位及大型综合性图书馆的馆藏书目,如《中国中医研究院图书馆馆藏中医线装书目》(1986年中医古籍出版社出版)、《中国国家图书馆古籍珍品图录》(北京图书馆出版社1999年出版)、《北京大学图书馆藏善本书录》(北京大学出版社1998年出版)等。又如,近年来在古籍普查登记基础上,编纂出版的各古籍收藏单位《古籍普查登记目录》。目前各图书馆都建有OPAC系统,提供从分类、书名、作者及主题等多途径检索,可以不受时空限制,查询各图书馆的中医药古籍资源收藏情况,诸多图书馆还提供中医药古籍数字化资源浏览。此外,还可利用相关专业网站查询,如网上书店、出版商网站等,不仅提供书目检索,有的还提供全文服务。详见其他章节。

三、中医经典版本源流

中医经典,通常指《黄帝内经》《难经》《神农本草经》《伤寒论》《金匮要略》五部医籍。由于中医经典撰写年代久远,在流传过程中,大都经历了编订、修改、增补、注解、校勘、译释等演变经历而讹误难免,在版本方面较一般的古籍更为复杂。此外,五部经典历来被认为是中医药学的元典,一直受到历代医家的高度重视,从而产生了大量的相关研究著作,这些著作对学习理解经典起到了重要的作用。熟悉中医古籍版本及其编辑体例,有助于总结中医古籍发展的历史规律,辨明医道传承的学术渊源,进而鉴定某些原著的真伪,澄清有关资料的疑似等。因此,了解中医经典版本源流及其相关研究著作的情况,亦是非常必要的。

各种中医书目对经典医籍版本及其相关著作的基本情况大都有著录,如通过查阅《中国医籍通考》,就可以对某经典医籍的版本情况有大概了解。但要深入了解中医经典的各种版本的发生、发展过程及其相互之间的渊源递嬗关系,则需要知晓相关传本系统。

(一) 传本系统简介

传本即流传于社会的版本,划分传本系统,是理清一书版本源流的最好方法。因此,中医文献研究名家如马继兴等,根据各种书目及史料文献,对一些经典医籍进行了传本系统划分。以下参考相关的研究成果,简要介绍五部中医经典的传本系统,以便查检利用。

1. 《黄帝内经》的传本系统 《黄帝内经》约成书于春秋战国时期,但在早期文献中未见记载,直到班固的《汉书·艺文志·方技略》才录有《黄帝内经》18卷。至东汉张仲景时代《黄帝内经》已分为《素问》《灵枢》,此后《素问》与《灵枢》分别作为独立的著作在社会上流通。此外,还有根据《黄帝内经》的原始传本重新分类改编而成的《太素》传本。

(1)《素问》传本:《汉书·艺文志》载《黄帝内经》18卷,无《素问》之名。东汉末张仲景《伤寒杂病论》自序始有《素问》之名,《隋书·经籍志》首次著录《素问》只记8卷。《素问》一书,在汉、魏、六朝、隋、唐各代有多种不同的传本,但大都亡佚,流传下来的主要是各种注本。最早的《素问》完整注本是公元6世纪(齐梁间)全元起的《素问训解》。《素问》原书9卷,全元起注释此书时已缺第7卷。此后,唐代王冰在全氏注本的基础上,对该书进行了重新编次,详加注释,并增补《天元纪大论》等七篇旧藏,改编为81篇24卷,于唐代宝应元年(762)撰成《次注黄帝素问》。北宋嘉祐治平年间校正医书局林亿等人在王冰注本的基础上,参考了《素问》的各种传本及古代文献再次进行了校注,改名为《重广补注黄帝内经素问》24卷。《素问》自王冰次注后,复经林亿等新校正即成定本,宋以后《素问》各种刊本均源于林亿等校定本,别本相继而亡。

自林亿等校正后,《素问》一书在版本方面的演变主要可分为三种类型:①24卷本,这是根据王冰次注、复经林亿整理校注本直接刊刻的版本。此本反复刊刻,逐代流传(包括宋、金、元、明、清、现代及日本、朝鲜的各种刊本、影刻本、影印本等),其数不下几十种。②12卷本,这是根据王、林注本衍化出来的刊本,最早的是元代至元五年(1339)胡氏古林书堂刊本,此后又有多种明代刊本及日本刊本。此类刊本只是将24卷合并为12卷,正文及注文均未改动。③ 其他卷本，主要包括 9 卷本和 50 卷本。其中，9 卷本有元代、清代及日本刊本多种。50 卷本是根据王、林注本衍化出来的刊本，最早的是明代正统年间（1436—1449）影刊道藏本，题名为《黄帝内经素问补注释文》，1923 年又有上海涵芬楼据此本影印本。此类刊本除将 24 卷扩为 50 卷外，对正文及注文亦未作改动。

（2）《灵枢》传本：《灵枢》早期曾被称《针经》和《九卷》。该书第一篇《九针十二原》就有"先立《针经》"之语，明代张介宾在《类经》19 卷《九针之要》注云："《灵枢》即名《针经》，义本诸此。"《九卷》的名称最早见于《伤寒杂病论》自序，至晋代皇甫谧复又称之为《针经》，再后又有《九虚》《九灵》《黄帝针经》等名。《灵枢》名称始见于《素问》王冰序及注语中，唐代以前不见史志著录。早期虽有《九卷》《九虚》《九灵》和《针经》等不同名称的传本，但至南宋初期除《灵枢》外，其余传本均告失传。宋代林亿、高保衡等校正医书时因其残缺过甚而欲校不能。北宋元祐八年（1093）高丽来献医书，有《黄帝针经》9 卷，使此书复行于世。南宋绍兴二十五年（1155），史崧据家藏旧本《灵枢》9 卷重新编校，改为 24 卷 81 篇。至此，《灵枢》传本的文字基本定型，后世刻本多以史崧改编的 24 卷本《灵枢》为据。

此后，《灵枢》一书在版本方面的演变亦有三种类型：① 24 卷本系统，这是根据史崧原本反复刊刻的各种版本，主要有明代的仿宋刊本（书名为《新刊黄帝内经灵枢》）以及日本宽文三年（1663）刊本、清代咸丰二年（1852）钱氏守山阁刊本、1928 年中国医学会影印本。② 12 卷本系统，这是元代以后刊刻《灵枢》最多的一类。主要有元代至元五年（1339）胡氏古林书堂刊本，此后又有明代成化十年（1474）种德堂刊本、嘉靖间（1522—1566）赵府居敬堂刊本、万历二十九年（1601）吴勉学《古今医统正脉全书》本以及清代《四库全书》本等。此类刊本只是将 24 卷合并为 12 卷，内容文字同 24 卷本。③ 其他卷本系统，主要包括 9 卷（白文）本和 23 卷道藏本。其中，9 卷（白文）本有清代刊本及日本刊本数种。23 卷道藏本有涵芬楼影印本（书名为《黄帝素问灵枢集注》，实无《素问》及集注），内容与原 24 卷白文本同。

（3）《太素》传本：《黄帝内经太素》简称《太素》，是《黄帝内经》的另一类早期传本，原书 20 篇，隋唐时经杨上善重加编次分类，并加注释，扩充为 30 卷。唐代中期传入日本，并出现了多种早期传本。但至南宋以后，此书流传渐微，内容大半缺佚。明代以后，国内已不见《太素》传本。至 15 世纪左右，日本也已不见《太素》传本。19 世纪初，日本学者从仁和寺等地陆续发掘出此书的残卷，清代光绪年间杨守敬（惺吾）将仁和寺古本《太素》抄本影录回国，但只有 23 卷。此后，国内出现了多种复刊本及影印本。如清代光绪二十三年（1897）通隐堂刊 23 卷本，民国初期四川存古书局刊本（书名为《隋·杨上善奉敕撰注太素足本》）20 册，1924 年兰陵堂刊肖延平校勘 23 卷本，1935 年汉口余生印刷社铅印线装 23 卷本（书名为《黄帝内经太素补注》）等。1979 年中国中医科学院王雪苔从日本带回盛文堂刊印的《缺卷复刻黄帝内经太素》3 卷，补充了部分残缺和内容。迄今为止所发现的《太素》共 25 卷，其余 5 卷均已失传。《太素》传本保存了《黄帝内经》原文的较早形态，在考校字义、诠释发挥和引录古医书佚文等方面，对研读《黄帝内经》有一定的参考价值。

2.《难经》的传本系统 《难经》是《黄帝八十一难经》的简称，又称《八十一难》，原题"卢国秦越人撰"，然《史记·扁鹊传》及《汉书·艺文志》均未载。关于本书的作者及成书年代，历代有不同看法。《难经》之名首见于张仲景《伤寒杂病论》自序，但未载何人所著。唐代杨玄操《难经注》始云秦越人撰，《旧唐书·经籍志》沿袭。王叔和在《脉经》中也引用了

《难经》原文,但其与现存本《难经》有出入。目前多数学者认为《难经》是东汉时期的医家托名秦越人(扁鹊,字越人)之作,此书大抵成于《黄帝内经》之后《伤寒杂病论》之前。

《难经》一书的古传本早已亡佚,流传于世的为该书的各种注本。现知三国时期东吴吕广的《黄帝众难经》是《难经》最早的注本,但其书早佚。自此以后,注者代不乏人。存世的注本中以王惟一重校《王翰林集注八十一难经》(现称《难经集注》,5卷)对后世较有影响,保存了北宋以前的吕广、杨玄操、丁德用、虞庶、杨康候等人的注文,为现存最早的集注本,其祖本成书年代有宋明两说,今倾向为宋代。此注本明代以后国内失传,约南宋传入日本后在日本一直有流传,现存主要刊本如日本庆安五年(1652)武村市兵卫刊本,日本文久三年(1863)林衡辑《佚存丛书》本(1924年上海涵芬楼及1956年人民卫生出版社均有影印本)等多种刊本。清代此书传回我国,载入《守山阁丛书》[初刊于清代道光十二年(1832),有商务印书馆据此本的1955年排印本],民国期间收入《四部丛刊》(商务印书馆1919年出版)及《四部备要》(中华书局1922年出版)中。

南宋以后注本不下数十种,主要有南宋时期李駉的《黄帝八十一难经纂图句解》[又名《难经句解》,8卷,成书于咸淳五年(1269)],现存最早版本为元代刊本(书名为《新刊晞范句解八十一难》,8卷),尚有《道藏》7卷本。元代滑寿的《难经本义》[2卷,成书于元末至正二十一年(1361)],广采各家注文,疏通本义,并结合个人见解予以发挥,对于后世影响较大,该注本现有明代万历十八年(1590)刊蓝印本、万历二十九年(1601)吴勉学《古今医统正脉全书》本等。明代熊宗立的《勿听子俗解八十一难经》[又名《新编俗解八十一难经图要》,6卷(卷首1卷),撰于正统三年(1438)],有日本翻刻明代成化八年(1472)鳌峰熊氏中和堂本;张世贤的《图注八十一难经》[又名《图注八十一难经辨真》,8卷,刊于明代正德五年(1510)],该注本是后世流传最广的一种注本。

3.《神农本草经》的传本系统 《神农本草经》又称《本草经》或《本经》,托名神农氏作,或谓成于秦汉时期,或谓成于战国时期。《神农本草经》早期有多种传本,但南北朝后虽然诸家综合性本草皆录有此书,原书却渐次失传。经过三国、两晋到南北朝,至陶弘景所见已是"三品混糅,冷热舛错,草石不分,虫兽无辨,且所主治,互有多少,医家不能备见"。陶弘景把各种传本的《神农本草经》收集起来,进行校勘整理著《本草经集注》,后世所采用的《神农本草经》实际上主要是指陶弘景整理后的《本草经集注》中的《神农本草经》文字。

(1)《本草经集注》:南北朝时期陶弘景《本草经集注》,是《神农本草经》早期重要注本,其内容除《神农本草经》365种药物之外,又增入了《名医别录》所载药物365种,加上陶氏本人注说编成,共计收药730种。本书是南北朝时药物学的一部重要著作,对后世影响深远,唐代《新修本草》就是在本书的基础上修订、增补而成,此后历代重要的本草著作如《蜀本草》《嘉祐补注神农本草》《证类本草》《本草纲目》均有征引。《本草经集注》有3卷本和7卷本,在陶弘景时期文字应无不同,只是7卷本为大字本,而且两者分卷方式不一。3卷本早佚,自唐代起后世均以7卷本为研究对象。原书现存敦煌出土的唐以前写本残卷,1955年上海群联出版社曾据此出版影印本。另有日本森立之等人所辑《重辑神农本草经集注》(7卷,成书于1849年)。又尚志钧辑《本草经集注》(成书于1961年),有油印本传世,1994年人民卫生出版社出版铅印竖排本。

(2)《神农本草经》辑本:《神农本草经》原书及其各种早期传本虽已失传,而其较完整的佚文则被《本草经集注》《新修本草》《开宝本草》《嘉祐本草》《证类本草》《本草品汇精要》

《本草纲目》等书保存下来。南宋以后由于《嘉祐本草》以前的上述本草也均失传,所以《证类本草》成为保存《本经》佚文最早且最全的一种。此外,在宋代以前古医籍及某些非医书(以类书为主)中,也收载了很多佚文。

由于历代本草书籍的转引,使《本经》内容得以保存,后代传本都是根据佚文而编成的辑本。宋元以后很多医家在辑佚复原《神农本草经》一书方面做了大量工作,已知最早的辑本是南宋时期王炎的《本草正经》(3卷),原书只存书目及自序。现存均为明代以后学者从《太平御览》及《证类本草》等有关文献辑复而成,其中最早的辑本是明代卢复辑本,而流传较广的为清代孙星衍等辑本、顾观光辑本及日本森立之辑本。

明代卢复辑《神农本草经》[1卷,成书于万历四十四年(1616)],所用目录是取于《本草纲目》卷二所载的本经目录,但药物条文仍用《证类本草》中的白字,现存有天启四年(1624)初刊《医种子》本、日本复刊本及抄本等。清代孙星衍、孙冯翼等辑《神农本草经》[3卷,成书于嘉庆四年(1799)],是从《证类本草》上的白字辑出,并在每条正文之后引用了《吴普本草》《名医别录》《淮南子》《抱朴子》《太平御览》《尔雅》《说文》等古书详加考证,是较好的一种辑本。清代乾隆、嘉庆年间,考据学风很盛,孙氏辑本亦受考据学的影响,在辑校时比较严谨。该书除孙氏原刻本外,还有多种复刊本及《周氏医学丛书》《中国医学大成》《四部备要》《丛书集成》等丛书本,是同类辑本中流传最广的一种。顾观光辑《神农本草经》[4卷,成书于道光二十四年(1844)],分序录、上品、中品、下品四部分,药物次序是依照《本草纲目》卷二所载本经目录排列的,辑文采于《证类本草》,唐宋类书所引有出于《证类本草》之外的也一并辑入,顾氏对辑文亦多加考证,与孙氏辑本互有优劣。此书原刻本收入《武陵山人遗书》[光绪九年(1883)刊于上海]中,有1955年人民卫生出版社影印本。日本森立之辑《神农本草经》[3卷,附序录1卷,考异1卷,成书于嘉永七年(1854)],其内容主要依据《证类本草》,并参考《新修本草》残卷、《真本千金要方》《医心方》《本草和名》等古医书做了相应的校勘,把校勘结果写成校记,名之曰"考异",附在书末,现有日本嘉永七年(1854)温知药室重刊本及上海卫生出版社据此本影印本等。此外,还有清代王闿运《神农本草》[4卷,成书于光绪十一年(1885)]、尚志均《神农本草经校点》(1983年皖南医学院铅印本)、曹元宇《本草经》(3卷,上海科学技术出版社1987年初版)、王筠默等《神农本草经校证》(4卷,1988年吉林科学技术出版社出版)、马继兴《神农本草经辑注》(1995年人民卫生出版社出版)等多种辑本。

各家辑本所据资料不同,因而各种辑本的形式和某些内容有一定的差异。其中以孙氏辑本、顾观光辑本、森立之辑本流传较广,影响较大。马继兴《神农本草经辑注》不仅进行辑录校注,而且做了专题研究,卓然自成一家。

4.《伤寒论》的传本系统　张仲景《伤寒杂病论》约成书于公元3世纪初,是一部阐述外感疾病及杂病辨证论治的专著,以六经论伤寒,以脏腑论杂病,提出了包括理法方药在内的辨证施治的医疗原则,是我国古代重要的医学文献,唐代以前为医家秘籍,虽有各种传抄,但公开流传于世的极少。隋唐之后《伤寒杂病论》基本上没有完整的传本,尤其是原书的伤寒部分与杂病部分多单独流传。伤寒部分经晋代太医令王叔和整理编次,复经北宋校正医书局校定。北宋校正医书局校定仲景医书时,将伤寒部分的不同传本整理成《伤寒论》10卷、《金匮玉函经》8卷,将杂病部分整理成《金匮要略方论》3卷,从此结束了从汉末至宋代八百余年间《伤寒杂病论》传本歧出、条文错乱的局面。

《伤寒论》一书的早期传本很多,但自北宋校正医书局校刊《伤寒论》和《金匮玉函经》后,其传本内容再未有大的变动,文字也基本定型。此后金代成无己的全文注释本《注解伤寒论》10 卷问世,遂形成了《伤寒论》在后世的 3 种主要传本系统,即宋本《伤寒论》系统、《金匮玉函经》系统和《注解伤寒论》系统。

(1) 宋本《伤寒论》系统:北宋治平二年(1065)由林亿等人将《伤寒论》校定成 10 卷,凡 22 篇,附加校注,刊刻印行。此书开始刊刻时版式及书中字体均较大,是为大字本,其后不久又有国子监刻的小字本和浙路小字本两种行世,统称宋本《伤寒论》。但该类刊本到了南宋以后已流传不广,元明以后宋本《伤寒论》就更为罕见。明代万历二十七年(1599),赵开美将影宋本收入《仲景全书》行世,赵开美本逼真宋版,后世也多称此本为宋本,今世间流传宋本多为据赵氏影宋本的复刻本。赵开美原刊本现存世者仅有数种,但据赵本影刻、复刻及影印本现存很多,如 1912 年柯逢时仿宋刊《武昌医学馆丛书》本、1923 年恽铁樵影印赵开美本等。此外,日本方面还存有多种赵本的复刻本,如 1856 年日本崛川济的影刻本。

(2)《金匮玉函经》系统:北宋校正医书局林亿等人在整理校刊医书时,对《金匮玉函经》内容采取了审慎态度,认为"其文理或有与《伤寒论》不同者,然其意义皆通圣贤之法,不敢臆断,故并两存之",所以没有将《伤寒论》与《金匮玉函经》合并到一起,以便使后人"互相检阅,而为表里",于治平三年(1066)将《金匮玉函经》整理校定刊行于世,形成了《伤寒论》后世流传的又一刊本系统。《金匮玉函经》的第 2 次刊行是在 1086—1094 年,但北宋的这两次刊本均佚。南宋以后,历元明各代均未再见有本书的复刻本。至清初康熙五十六年(1717),本书才再有陈世杰刊据何焯手抄宋本校勘本(有 1955 年人民卫生出版社据此本影印),此外该书现还存有道光十二年(1832)刊本及日本 1746 年成美堂刊本等。

(3)《注解伤寒论》系统:自北宋治平二年后的百余年间,所流传的《伤寒论》主要为北宋校正医书局治平二年校定的白文本。至金代皇统四年(1144)成无己对《伤寒论》进行全文注释,撰成《注解伤寒论》10 卷,为已知最早的《伤寒论》全文注释本。由于白文本没有注释,对于初学及临床应用颇多不便,因此很快被《注解伤寒论》一书所取代,成为宋代以后《伤寒论》广泛流行的主要传本。《注解伤寒论》于金代大定十二年(1172)首次刊行,此后历代均有刊本,如元代有 1304 年孝永堂刊本(今佚),及年代不详的元代刊本(今存);明代有正德四年(1509)熊氏种德堂刊本、嘉靖二十四年(1545)汪济川刊本、万历二十七年(1599)赵开美《仲景全书》本、万历二十九年(1601)吴勉学《古今医统正脉全书》本等;清代以后有多种刊本,兹从略。

除上述三类主要传本系统外,现存还有康治本《伤寒论》和康平本《伤寒论》两种古传本。康治本《伤寒论》是 19 世纪中叶在日本发现的一种唐人手抄《伤寒论》卷子本,因抄录于日本康治二年(1143),故冠以"康治"以别其他版本。日本安政五年(1858)京都书林据此本影抄加注后刊行(1982 年中医古籍出版社据影印发行),1965 年日本民族医学研究所又将此书影印(中国中医研究院图书馆有藏)。康平本《伤寒论》是日本康平六年(1063)侍医丹波雅忠抄录的《伤寒论》卷子本,其后于日本贞和二年(1346)和气朝臣又重新抄录,但均未刊行。直至 1937 年经大家敬节参考宋本、成本《伤寒论》加以校勘,增入眉注,由日本汉方医学会印行(有上海千顷堂书局 1947 年及 1954 年排印本、湖南科技出版社 1988 年铅印本)。据有关专家考证,康平本不避宋讳,其原始传本当在宋本以前,有一定的历史价值。

5.《金匮要略》的传本系统 《金匮要略》又称《金匮要略方论》《金匮玉函要略》,简称

《金匮》,为《伤寒杂病论》中杂病部分。其内容以内科杂病为主,兼及外科、妇科疾病,以及有关急救、脏腑经络病脉和食禁等。北宋仁宗时,翰林学士王洙在翰林院所存的残旧书籍中检得《金匮玉函要略方》,此为张仲景《伤寒杂病论》古传本之一,共有3卷,上卷辨伤寒,中卷论杂病,下卷载方剂及妇科理论。林亿等以伤寒部分已有刊本,故采其中、下卷整理编次,并附后世医家所引张仲景治杂病方于后,成《金匮要略方论》3卷。经北宋校正医书局林亿等人校定刊行后其文字基本定型,历代均有刻本传世。后世流传的是经过林亿等校定的白文本和注解本两类刊本系统。

(1) 白文本系统:该类刊本大约初刊于北宋治平三年(1066),原版已佚,此后历代均有刊本。如现存有元代至元六年(1340)邓珍刊本,明代嘉靖间(1522—1566)俞桥刻本(今存《四部丛刊》初印本)、万历二十七年(1599)赵开美《仲景全书》本(有1956年人民卫生出版社有据此本影印本)、万历二十九年(1601)吴勉学《古今医统正脉全书》本,清代康熙二十二年(1683)文瑞堂刊本、康熙六十年(1721)宝纶堂刊本、光绪二十年(1894)成都邓氏崇文斋刊本等。此外,日本方面有宽文间(1661年左右)刊本、宽保三年(1743)刊本、天明八年(1788)刊本等。

(2) 注解本系统:《金匮要略》除上述各种白文刊本外,后世还流传有各种注解本。其中最早的全注本是元末明初赵良仁(以德)的《金匮方论衍义》[3卷,约成书于明代洪武元年(1368)],此书原本已佚,今仅存有旧抄本。清代周扬俊在赵以德注本基础上增入补注,题为《金匮玉函经二注》[又名《金匮要略心典二注》,22卷,刊于康熙二十六年(1687)],方使该书得以流传。该注本亦成为后世通行本。

(二) 相关研究著作简介

中医经典问世后,除了出现很多的传本外,还出现了大量的对原书的研究性著作,其中较为重要的如下。

1. 《黄帝内经》的有关研究著作　与《黄帝内经》有关的研究著作种类很多,可以概括为注释(包括按原编次注释、重新分类注释及节要注释)、校勘释译(包括校勘考证、校释语译)以及研究(包括全面研究、专题研究)三大类。

(1) 注释类:① 按原编次注释的,除了上述全元起、王冰、林亿等人的注本外,主要有明代马莳的《黄帝内经素问注证发微》及《黄帝内经灵枢注证发微》[各9卷,刊于万历十四年(1586)],吴崑的《黄帝内经素问吴注》[24卷,刊于万历二十二年(1594)];清代张志聪的《黄帝内经素问集注》《黄帝内经灵枢集注》[各9卷,刊于康熙九年(1670)],高士栻的《素问直解》[9卷,刊于康熙三十四年(1695)],张琦的《素问释义》[10卷,刊于道光九年(1829)]。② 重新分类注释的,除了上述杨上善的注本外,主要有明代张介宾的《类经》[32卷,刊于天启四年(1624)],清代黄元御的《素问悬解》[13卷,刊于乾隆二十一年(1756)]、《灵枢悬解》[9卷,刊于乾隆二十一年(1756)]。③ 节要注释的,主要有元代滑寿的《读素问钞》[3卷,滑寿注,明代汪机续注,续注本刊于明代正德十四年(1519)];明代黄球的《黄帝内经素问节文注释》[10卷,刊于万历四十七年(1619)],李中梓的《内经知要》[2卷,刊于崇祯十五年(1642)];清代汪昂的《素问灵枢类纂约注》[3卷,刊于康熙二十八年(1689)],薛雪的《医经原旨》[6卷,刊于乾隆十九年(1754)],陈念祖的《灵枢素问节要浅注》[又名《灵素节要浅注》,12卷,刊于同治四年(1865)],唐宗海的《中西汇通医经精义》[2卷,刊于光绪十八年(1892)]。

(2) 校勘释译类：① 校勘考证的，主要有清代俞樾的《内经辨言》[1卷，成书于道光三十年(1850)]，胡澍的《内经素问校义》[1卷，约成书于同治十一年(1872)]，孙诒让的《素问王冰注校》[1卷，载于《札迻》第6册，成书于光绪十九年(1893)]；日本丹波元简的《素问识》[8卷，撰于日本文化三年(1806)]、《灵枢识》[6卷，成书于日本文化五年(1808)]。② 校释语译的，主要有山东中医学院、河北医学院的《黄帝内经素问校释》(1982年人民卫生出版社出版)，河北医学院的《灵枢经校释》(1982年人民卫生出版社出版)，郭霭春的《黄帝内经素问校注语译》(天津科学技术出版社1981年出版，1999年第2版；云南人民出版社2010年出版)、《黄帝内经灵枢校注语译》(天津科学技术出版社1989年出版，贵州教育出版社2010年出版)，张登本的《白话通解黄帝内经》(世界图书出版西安公司出版2000年出版)，南京中医学院编著的《黄帝内经素问译释》(上海科学技术出版社1959年初版，1981年修订重刊，1991年第3版，2009年第4版)。

(3) 研究类：① 全面研究的，影响较大的著作主要有清代罗美的《内经博议》[4卷，刊于康熙十四年(1675)]，黄元御的《素灵微蕴》[4卷，刊于嘉庆五年(1800)]；民国时期恽铁樵的《群经见智录》(3卷，刊于1922年)；新中国成立后龙伯坚的《黄帝内经概论》(1980年上海科学技术出版社出版)，王琦主编的《黄帝内经专题研究》(1985年山东科学技术出版社出版)，雷顺群主编的《内经多学科研究》(1990年江苏科学技术出版社出版)，程士德主编的《内经理论体系纲要》(1992年人民卫生出版社出版)，王洪图主编的《黄帝内经研究大成》(1997年北京出版社出版)。② 专题研究的，其中有关内经哲学思想研究影响较大的著作主要有清代唐宗海的《医易通说》[2卷，刊于光绪十八年(1892)]；当代刘长林的《内经的哲学与中医学的方法》(1982年科学出版社出版)，王全志等人编著的《内经辨证法思想研究》(1983年贵州人民出版社出版)。有关内经经脉学说研究影响较大的著作主要有元代滑寿的《十四经发挥》[3卷，刊于元代至正元年(1341)]；明代李时珍的《奇经八脉考》[1卷，刊于万历六年(1578)]，徐春甫的《内经脉候》[成书于嘉靖三十五年(1556)，收入《古今医统大全》]。有关内经病机学说研究影响较大的著作主要有金代刘完素的《素问玄机原病式》[1卷，约成书于天德四年(1152)]，民国时期秦伯未的《内经病机十九条之研究》(1932年上海中医书局出版)，当代任应秋的《病机临证分析》(2009年上海科学技术出版社出版)。有关内经运气学说研究影响较大的著作主要有北宋刘温舒的《素问入式运气论奥》[3卷，撰于元符二年己卯(1099)]，明代汪机的《运气易览》[3卷，成书于正德十四年(1519)]，清代陆懋修的《内经运气病释》[9卷，撰于同治五年(1866)]、《内经运气表》[1卷，刊于光绪十年(1866)]，当代任应秋的《运气学说》(上海科学技术出版社1960年初刊，1982年增刊)。其他研究如钱超尘的《内经语言研究》(1990年人民卫生出版社出版)等。

2.《难经》的有关研究著作　与《难经》有关的研究著作，可分为注解阐释、校释语译以及日本学者的研究著作三大类。

(1) 注解阐释：主要有清代徐大椿的《难经经释》[2卷，刊于雍正五年(1727)]，丁锦的《古本难经阐注》[4卷，撰于乾隆元年(1736)]，黄元御的《难经悬解》[2卷，刊于乾隆二十一年(1756)]，叶霖的《难经正义》[6卷，撰于光绪二十一年(1895)]，孙鼎宜的《难经章句》[3卷(末1卷)，撰于宣统元年(1909)]；民国时期张山雷的《难经汇注笺正》[3卷(卷首1卷)，刊于1923年]，黄竹斋的《难经会通》(撰于1945年)。徐大椿的《难经经释》多以《黄帝内经》理论为本，阐发《难经》义理和学术渊源，按语多有发明，学术价值较高。

(2) 校释语译：主要有南京中医学院的《难经校释》(1979年人民卫生出版社出版)，郭霭春等的《八十一难经集解》(1984年天津科学技术出版社出版)，凌耀星主编的《难经校注》(1991年人民卫生出版社出版，2013年重刊)、《难经语译》(1990年人民卫生出版社出版)。

(3) 日本学者的研究著作：主要有玄医氏的《难经注疏》[撰于日本延宝七年(1679)]，滕万卿的《难经古义》[2卷，撰于日本宝历十年(1760)]，丹波元胤的《难经疏正》(又名《黄帝八十一难经疏正》，2卷，撰于1819年)。日本学者的多种补注本，以1819年丹波元胤的《难经疏证》成就最大。

3. 《神农本草经》的有关研究著作　与《神农本草经》有关的研究著作，主要是辑注本，即在辑佚的基础上附加注释，多见于明代以后。较为重要的有明代滕弘的《神农本草经会通》(10卷，辑于15世纪末)，缪希雍的《本草经疏》[30卷，约成书于天启三年(1623)]、《续神农本草经疏》[12卷，撰于天启五年(1625)]；清代张志聪、高世栻的《本草崇原》[3卷，刊于乾隆三十二年(1767)]，张璐的《本经逢源》[4卷，刊于康熙三十四年(1695)]，徐大椿的《神农本草经百种录》[1卷，刊于乾隆元年(1736)]，陈念祖的《神农本草经读》[4卷，刊于嘉庆八年(1803)]，郭汝聪的《本草经三家合注》[又名《神农本草经三家合注》《本草三注》，6卷，附1卷，刊于嘉庆三年(1803)]，吴世铠的《本草经疏辑要》[10卷，刊于嘉庆十四年(1809)]，邹澍的《本经疏证》[12卷，附《本经续疏》(6卷)、《本经序疏要》(8卷)，刊于道光十二年(1832)]，汪宏的《注解神农本草经》[10卷，辑注于光绪十一年(1885)]，莫文泉《神农本草经校注》[3卷，校注于清代光绪二十六年(1900)]，仲学辂《本草崇原集说》[3卷，撰刊于宣统二年(1910)]，戈颂平的《神农本草经指归》[4卷(附录1卷)，现存光绪十一年(1885)抄本]等。日本有森立之的《本草经考注》[18卷，成书于日本安政五年(1858)]等。

4. 《伤寒论》的有关研究著作　后代注释与研究《伤寒论》的医家辈出，著名学者就达百余家，有关著作较多，可以概括为注释与研究两大类。

(1) 注释类：对《伤寒论》进行注释始于宋代之后，这些著作大致可分为原文注释、分类注释、考证注释、校勘译释四类。① 原文注释的，这类注本的原文编排依照王叔和整理、北宋校正医书局校订本为准，对原文编次不做大的改动，只进行注释。除了上述成无己的全文注释本《注解伤寒论》外，主要有明末清初张遂辰的《张卿子伤寒论》[7卷，成书于天启四年(1624)]；清代张志聪的《伤寒论集注》[6卷，成书于康熙二十二年(1683)]，张锡驹的《伤寒论直解》[6卷，刊于康熙五十一年(1712)]，陈念祖的《伤寒论浅注》[6卷，刊于嘉庆八年(1803)]；日本有丹波元简的《伤寒论辑义》(7卷，成书于1801年，收入《聿修堂医学丛书》)等。② 分类注释的，这类注本避开错简之说，从辨证论治的角度来阐发《伤寒论》的原旨，多将仲景原文按照方剂、治法重新编次分类，加以注释。其中主要有清代柯琴的《伤寒来苏集》[包括《伤寒论注》4卷，成书于康熙八年(1669)；《伤寒论翼》2卷，成书于康熙十三年(1674)；《伤寒附翼》2卷，成书于康熙十三年(1674)]，钱潢的《伤寒溯源集》[原名《重编张仲景伤寒论证治发明溯源集》，10卷，成书于康熙四十六年(1707)]，尤怡的《伤寒贯珠集》[8卷，成书于雍正七年(1729)]，徐大椿的《伤寒论类方》[4卷，刊于乾隆二十四年(1759)]，沈金鳌的《伤寒论纲目》[16卷，成书于乾隆三十九年(1774)]，陈念祖的《伤寒医诀串解》[6卷，约成书于嘉庆八年(1803)]。③ 考证注释的，这类著作对《伤寒论》原文逐条考证，重新编排，然后再进行注释。重编原文从宋代开始，而明清盛行，其中主要有明代方有执的《伤寒论条辨》[8卷,撰于万历十七年(1589)];清代喻昌的《尚论篇》[原名《尚论张仲景伤寒论重编三百九十七法》,又名《尚论张仲景伤寒论》,简称《尚论篇》,8卷,刊于顺治五年(1648)],张璐的《伤寒赞论》《伤寒绪论》[各2卷,刊于康熙六年(1667)],程应旄的《伤寒论后条辨》[又名《伤寒论后条辨直解》,15卷,成书于康熙九年(1670)],周扬俊的《伤寒论三注》[16卷,撰于康熙十六年(1677)],沈明宗的《伤寒六经辨证治法》[8卷,成书于康熙三十二年(1693)],黄元御的《伤寒悬解》[14卷,撰于乾隆十三年(1748)];民国时期吴考槃的《百大名家合注伤寒论》(16卷,刊于1924年)等。④校勘译释的,主要有南京中医学院编著的教学参考书《伤寒论译释》(上海科学技术出版社1959年出版,1980年第2版,1992年第3版),刘渡舟、傅士垣主编的《伤寒论诠解》(1983年天津科学技术出版社出版),刘渡舟等主编的《伤寒论校注》(人民卫生出版社1991年出版,2013年重刊)。

(2)研究类:这类著作不采取逐篇逐句的注释形式,而是对《伤寒论》全书的有关内容采用分析、论辨、发挥、解疑、补订、提要、归纳整理等方式研究。此类著作中,较著名的有北宋韩祗和的《伤寒微旨论》[2卷,刊于元祐元年(1086),原书已佚,现存辑录本],庞安时的《伤寒总病论》[6卷,约成书于元符三年(1100)],朱肱的《伤寒类证活人书》[初名《无求子伤寒百问》,又名《南阳活人书》《无求子伤寒活人书》,简称《类证活人书》,22卷,成书于大观二年(1108)];南宋时期许叔微的《伤寒发微论》[又名《张仲景注解伤寒发微论》,2卷,成书于绍兴二年(1132)]、《伤寒九十论》[1卷,成书于绍兴二年(1132)],郭雍《伤寒补亡论》[20卷(现存19卷),成书于淳熙八年(1181)];金代成无己的《伤寒明理论》[4卷,约成书于皇统二年(1142)以前],刘完素的《伤寒标本心法类萃》[约成书于大定二十六年(1186)]、《伤寒直格》[又名《刘河间伤寒直格方论》,3卷,约成书于大定二十六年(1186)];元代王好古的《阴证略例》[1卷,成书于南宋端平三年(1236)];明代王肯堂的《伤寒证治准绳》[《六科证治准绳》之一,8卷,刊于万历三十年(1602)];清代俞根初的《通俗伤寒论》[12卷,俞根初原著,成书于乾隆四十一年(1776)。近人曹炳章又补其缺漏,徐荣斋复予重订,改名为《重订通俗伤寒论》,于1956年由新医书局出版];当代李克绍的《伤寒解惑论》(山东科学技术出版社1978年出版,中国医药科技出版社2012年修订出版),高德辑的《伤寒论方医案选编》(1981年湖南科学技术出版社出版),吴元黔等的《伤寒论症状鉴别纲要》(1991年上海中医学院出版社出版),钱超尘的《伤寒论文献通考》(学苑出版社1993年出版,2001年重印),关庆增等的《伤寒论古今研究》(1994年辽宁科学技术出版社出版),夏洪生的《伤寒论训解》(1988年中医古籍出版社出版)等。

5.《金匮要略》的有关研究著作 自宋以后,注释研究《金匮要略》者代不乏人,但数量远不及《伤寒论》,除上述赵以德、周扬俊的全注本外,主要有清代徐彬的《金匮要略论注》[24卷,刊于康熙十年(1671)],程林的《金匮要略直解》[3卷,刊于康熙十二年(1673)],沈明宗的《张仲景金匮要略》[24卷,又名《沈注金匮要略》,刊于康熙三十一年(1692),次年重刊时改题名为《金匮要略编注》],魏荔彤的《金匮要略方论本义》[22卷,刊于康熙五十九年(1720)],尤怡的《金匮要略心典》[3卷,成书于雍正七年(1729)],吴谦的《订正金匮要略注》[全称《订正仲景全书金匮要略注》,8卷,刊于乾隆七年(1742),收于《医宗金鉴》中],黄元御的《金匮悬解》[22卷,刊于乾隆二十九年(1754)],陈念祖的《金匮要略浅注》[10卷,刊于嘉庆八年(1803)];民国时期黄竹斋的《金匮要略方论集注》(25篇,成书于1925年),吴考槃的《金匮要略五十家注》(24卷,刊于1929年),曹家达的《金匮要略发微》(22篇,成书于1931年),陆渊雷的《金匮要略今释》(8卷,成书于1934年);当代秦伯未的《金匮要略简释》(原系《中医杂志》连载稿,1958年由人民卫生出版社出版单行本),刘献琳的《金匮要略语释》(山东科学技术出版社1981年出版,中国医药科技出版社2014年第2版),刘渡舟等的《金匮要略诠解》(25篇,天津科学技术出版社1984年出版,人民卫生出版社2013年出版),何任的《金匮要略校注》(1990年人民卫生出版社出版)。日本有丹波元简的《金匮玉函要略辑义》[6卷,成书于日本文化四年(1807),收入《聿修堂医学丛书》],其子丹波元坚著《金匮玉函要略述义》(又名《金匮要略述义》,简称《金匮述义》,3卷,成书于1842年,收入《聿修堂医学丛书》)等。

第二节 中医药专题资料检索

在学习和研究中医药学的过程中,经常需要查阅某一专题的古代资料,如历代有关中医理论的论述、疾病诊疗及方药的应用情况,或某一医家的临证经验、传记资料等。这些专题资料大多分散在历代各类医学著作中,若要从中采撷所需内容,利用工具书是较为有效的方法。工具书中保存原始资料量最大,使用也比较方便的当属类书。

类书是我国古代百科全书式的资料汇编,保留了我国古代的宝贵文化遗产,其内容广泛,材料丰富,并且以类相从,因而能为人们检索和利用分散的文献资料提供方便。类书不仅可作为工具书供查阅资料,更重要的是由于类书保存了大量亡佚的古籍资料,所以后世学者还常以类书作为辑佚、校勘古籍,考镜学术之用。类书始于三国,盛行于唐宋,完备于明清。三国魏文帝时的《皇览》开启了中国类书编纂的先河,以后历代均有编纂,但多亡佚。现存较著名的类书有唐代的《北堂书钞》《艺文类聚》《初学记》,宋代的《太平御览》《册府元龟》,明代的《永乐大典》,清代的《古今图书集成》等。其中明代的《永乐大典》是历史上最大的类书,现仅存残卷;清代的《古今图书集成》是现存最大的类书。类书多为兼收各类,也有专收一类的。类书所征引的古籍,有不少现在已经散佚,赖类书得以保存其部分内容。

中医药类书汇编了多种古医籍的内容,是查考古代医药专题资料的首选工具书。综合性类书,内容丰富,门类齐全,一般都包含中医内容,也是查考古代医药专题资料的常用工具书。

此外,一些汇编性医学全书,中医药各种专题辞典、索引,以及史书、方志等也是经常需要利用的工具书。

一、医理和临证资料检索

查阅中医理论和临证资料,如阴阳五行、藏象经络、气血津液、病因病机、论治原则、五运六气、四诊、脉学等理论,以及内外妇儿各科疾病的证治、方药、针灸、推拿等方面的内容,除了利用有关专著外,主要是借助有关类书。

1.《古今医统大全》 又名《古今医统》,100卷。明代徐春甫辑,成书于嘉靖三十五年(1556)。该书辑录明代以前医籍及经史百家有关文献282种,包括医家传略(明初以前历代医家共270人)、《黄帝内经》要旨、各家医论、脉候、运气、经穴针灸、各科病证诊治、医案、验方、本草、制药及养生等内容。各科病证诊治包括中风、伤寒、暑证、湿证、内伤证、瘟疫、皮肤与妇、儿科疾病及老年保养等,每一病证基本上载有病机、脉候、治法、方药、灸法、导引法等项。

该书除引古说外,也有徐氏自己在医理方药上的阐发。有些病证还附有验案,有助于领会全文。本书资料丰富,既有基础理论,又有临证各科内容。全书分类编排,所采用的古代医书及有关经史古籍,均附有简介,引录文献均注明出处,方便查考。

2.《六科证治准绳》 又名《证治准绳》,44卷。明代王肯堂编撰,刊于万历三十年(1602)。该书以证论治,故总称《证治准绳》。全书内容包括杂病、杂病类方、伤寒、疡医、幼科、女科六个部分。论及的科目和病种广泛,每一证先综述历代医家治验,同时附以己见,次列方药经验,条理分明,且立论平正,不偏执于一家,故广为流传,多为历代医家所崇尚。

书中"医家五戒""医家十要"为医师制定守则,提出医德、医术等方面的行为准则,在中国医德史上颇有影响。本书内容广博宏丰,理法方药齐备,体例井然有序,不仅有"医家圭臬"之称,还可使"不知医不能脉者,因证检书而得治法"。

3.《古今图书集成医部全录》 520卷。清代陈梦雷等编,刊于康熙四十五年(1706),1949年后有排印本。《古今图书集成》初名《古今图书汇编》,后由蒋廷锡等"重加编校",改名为《古今图书集成》,雍正四年(1726)用铜活字排印64部。全书1万卷,目录40卷。以编、典、部三层列目,共6个汇编,32典,6 109部,约1.6亿字。每部按汇考、总论、图表、列传、艺文、选句、纪事、杂录、外编等顺序细分。由于《永乐大典》已残缺,《古今图书集成》便成了我国现存古代规模最大的类书。此书收罗宏博,内容丰富,所辑入的资料,往往将原书整部、整篇、整段录入,因而完整地保存了许多资料,而且引征均详注出外,是查找清代康熙以前各类学科的资料以及寻检典故出处的重要工具书。

《医部全录》是《古今图书集成》的抽印本(原隶属于《古今图书集成》博物汇编艺术典医部下),共520卷,其取材广泛,辑录自《黄帝内经》至清初康熙年间120余种医学文献,分门别类归纳集成,有医学百科全书之称。医部全录分为以下8个部分:

(1)医经注释(卷1~70):内容包括《素问》《灵枢》《难经》3部医经的注释。

(2)脉法、外诊法(卷71~92):共汇集了34种重要医籍的有关内容,按内容和时间先后系统地介绍望、闻、问、切等中医诊断方法。

(3)脏腑身形(卷93~216):共汇集了58种重要医著中的有关内容,系统地论述了中医的脏腑、经络、运气及身形等学说,详细阐发了中医基础理论的精华内容。

(4)诸疾(卷217~358):收辑了各种内科疾病的证治,分为风、寒、暑、湿、咳嗽、呕吐、泄泻、霍乱等52门,将历代重要医籍的有关论述依次列出。在治疗方面,除介绍方药外,还有针灸、导引、医案等内容。

(5)外科(卷359~380):包括外科的一般疾病,分为痈疽、疔毒、附骨流注、游风丹毒、疠疡癜风、浸淫疥疮等11门。在治疗方面,除介绍有关复方外,还有单方、针灸等。

(6)妇科(卷381~400):主要包括妇科的有关疾病,分为经脉(月经)、子嗣、胎前、产后、崩漏、带下、乳疾等11门。辑录的文献除取材于医学名著外,还有一部分录自比较少见的妇科专著。

(7)儿科(卷401~500):主要为小儿一般疾病,包括未生胎养、出生护养、诊视、脏腑身形、初生诸疾等25门,并有痘疹专论,详细地叙述中医对天花、麻疹的治疗经验。辑录的文献除来自医学名著外,亦有一部分录自现已少见的古代儿科名著。

(8)总论、医术名流列传、艺文、纪事、杂录、外编(卷501~520):总论是从《易经》《周礼》《素问》《灵枢》等经典著作中辑录的有关医学的概论性资料,医术名流列传是从史书、地方志及有关医学著作中辑录的清初以前的著名医家的传记(1 200多则),艺文是历代医药书籍中的有研究价值的序和医学家的诗文,纪事是历代史书、笔记中有关医药的记事,杂论即有关书籍中记载的医学事迹和寓言,外编是非医学书籍中记载的有关医学的传说等。

该书的编辑在纵的方面,按一般中医书的体例,从基础理论到临床各科,使该书成为包括内、外、妇、儿各科的实用医书;在横的方面,以各科疾病为主,引录有关历代医学文献(凡引用文献,都标明出处),前为医论,后为方药,眉目清晰,条理分明,查考方便。

4. 《中华大典》 任继愈总主编,2009年起由云南教育出版社、江苏古籍出版社、上海古籍出版社等陆续出版。《中华大典》是以国家的名义和力量来组织编写的一部全面的中华古籍大型系列类书,全面辑录上至先秦、下迄辛亥革命(1911)的文献资料,并尽量收入经过整理的古籍版本和考古学成果以及散在国外的资料,是从前人积累的文献典籍中,选录最有价值、最具代表性的整部、整篇或整段原始资料,分门别类地加以汇编,涵纳了儒家、诸子百家、佛道诸教以及志书等优秀文献资料,是一部中国历代汉文字古籍的新型类书。采用现代科学分类法进行编纂,全书类分为《文学典》《医药卫生典》《哲学典》等24个典,典以下以分典、总部、部、分部分级。

《医药卫生典》是《中华大典》的重要组成部分,由傅世垣等编著,包括《医学分典》《药学分典》《卫生学分典》,目前已部分由成都巴蜀书社出版。《医药卫生典》不仅博采医学、药学及卫生学等有关学科资料,还包括中医文化等方面的内容,收编先秦至清末期间医药卫生及经史百家典籍中重要的医药卫生文献资料,共约5 000万字。查阅文献达13 000余种,引用典籍7 000种以上。有多种目录、索引、书目表等供查检,具有广泛的实用性。

5. 《中国医药汇海》 民国蔡陆仙编辑,1936年中华书局出版。该书采集上自炎黄、下迄民国,包括历代医家数百人的医学论著,摘其精要,汇集成24册出版。分为经部、史部、论说部、药物部、方剂部、医案部和针灸部7编,其中药物部附于经部《神农本草经》之后。每部又细分若干类,层次清晰。经部详列原文,广搜博引,互相引证,以辨其真伪。论说部取各家理旨纯正、切合初学者,去其芜杂,撷其精要,熔各家学说于一炉。医案部以病分类,精选各家医案,相互校勘,取其有效者而录之。凡引用文献,都注明出处,方便查考。

6. 《永乐大典医药集》 萧源等辑,1986年人民卫生出版社出版。《永乐大典》是我国明代永乐年间由政府指定解缙、姚广孝等2 000余人编纂的我国古代最大的类书,初稿完成于永乐二年名为《文献大成》,永乐五年定稿时明成祖改赐名《永乐大典》,清抄至永乐六年(1408)冬完成。全书缮写成22 877卷,目录60卷,成书11 095册。其收编范围极为广博,采集内容上自先秦,下迄明初,天文地理、人事名物无所不包。其所汇集的资料,全都照录原文,注明出处,有许多资料往往是整篇、整卷乃至于整部书加以辑录。所引用的各类古籍,总数量有七八千种之多。体例以《洪武正韵》为纲,用韵以统字,用字以统事,保存了我国宋元以前大量的文献资料。《永乐大典》编成后,从未刊刻,先后抄录了正副两部。正本毁于明末,副本入清改存翰林院敬一亭,清代中叶以后,屡遭盗窃和劫掠,几乎遗失殆尽。今存800余卷,不足400册,散藏于世界10多个国家和地区的图书馆。新中国成立以后,经多方搜集共得795卷。

《永乐大典》残本中有关医药方面的内容,淹没在其他内容之中,零章碎简,极难查找。为便于查阅和利用,萧源等从搜集到的795卷中,将其中72卷列载有关医药学的内容辑录出来,按原书卷次顺序编成《永乐大典医药集》。书中辑录的均为宋元时期医籍,涉及的范围包括医经、著名医籍、临床各科证治、法医学、中药、养生、保健、名医传记、医疗掌故等。特别是《永乐大典》的监修和编修者,多为当时的大儒名医,因而取材严谨,所取医籍的版本多为善本,且标明出处,便于查考核对。

7.《十部医经类编》 任应秋等主编,2001年学苑出版社出版。全书分为上、下编。上编系将《素问》《灵枢》《难经》《针灸甲乙经》《伤寒论》《金匮要略》《脉经》《中藏经》《诸病源候论》《神农本草经》十部医经原有的篇章结构打散,按中医学的理论体系进行综合分类,共分为阴阳五行、五运六气、人与自然、藏象、病因、病机、疾病、诊法、辨证、论治、本草、方剂、针灸、预防、护理等16大类,其下再分二级类目78个,三级类目568个,四级类目480个,五级类目328个。其下编为上述十部医经原文,为了便于分类和检索,将各书原文按篇分为若干小段,并按次第编号,与上编相辅而行,以便前后核查。

本书属于全文分类,故十部医经的内容条贯有序,纲目分明,便于观览,易于检索,利于应用。

检索医理和临证专题资料,还可查阅下列参考书:

《备急千金要方》30卷,唐代孙思邈撰,成书于永徽三年(652)。

《千金翼方》30卷,唐代孙思邈撰,成书于永淳元年(682)。

《医学纲目》40卷,明代楼英辑,初刊于嘉靖四十四年(1565)。

《类经》32卷,明代张介宾编,刊于天启四年(1624)。

《杂病源流犀烛》30卷,清代沈金鳌编著,刊于乾隆三十八年(1773)。

《医钞类编》24卷,清代翁藻编,刊于道光十年(1830)。

二、本草和方剂资料检索

(一) 本草资料检索

查阅历代有关本草研究资料,如中药性味、产地、炮制、功效以及临床应用等,除了利用有关类书外,常借助于综合性本草著作和有关的中药学参考工具书。

1.《经史证类备急本草》 简称《证类本草》,宋代唐慎微撰。本书是在掌禹锡《嘉祐本草》和苏颂《本草图经》基础上,收集民间验方,又参考了247种医药文献以及经史传记、佛书道藏中的有关本草学记载,整理编著而成的。书中对于本草学的基本理论有较为详细的记载,药物各论按属性分为玉石、草、木、人、兽、禽、虫鱼、果、米谷、菜10类,每类又按上、中、下三品排列;每药首列该药图形,次引历代文献中有关该药的记载,内容包括正名、别名、性味、毒性、药效、主治、产地、形态、采制方法以及临床有效方剂、医案等。

《证类本草》总结了北宋以前的药物学成就,是我国以完整的原书形式流传至今的最早一部本草著作。在它之前的《神农本草经》《本草经集注》和《新修本草》等本草文献的原书均未能完整保存下来,但这些典籍的全部内容均记录在《证类本草》中,可从其引文中略窥梗概,是检索古代本草资料的重要参考书。在明代《本草纲目》问世之前500多年时间,一直是本草学的重要文献。

《证类本草》初稿完成于北宋元丰五年(1082),32卷,收载药物1 558种,医方3 000余首,方论1 000多条。徽宗大观二年(1108)经医官艾晟等重修之后,改名为《经史证类大观本草》,简称《大观本草》,从此成为官修本草,颁行全国。《大观本草》31卷,补入陈承《本草别说》内容,收药1 746种。此后曾多次修订易名,政和六年(1116),医官曹孝忠等校订合并为30卷,改名为《政和新修证类备用本草》,简称《政和本草》;南宋高宗绍兴二十九年(1159),王继先等再次校订增补为32卷,名《绍兴校定经史证类备急本草》(简称《绍兴本草》);至淳祐九年(1249)平阳张存惠将寇宗奭的《本草衍义》随文散入书中作为增订,又改名为《重修政和经史证类备用本草》。此后迭经刊印,版本甚多,但基本内容无大变化。现有人民卫生出版社《重修政和经史证类备用本草》影印本。

2. 《本草纲目》 52卷。明代李时珍撰,成书于万历六年(1578)。该书是在继承和总结明代以前本草学成就的基础上,结合广泛采访,实地调查所积累的大量药物学知识,并参考各类著作,历时数十年而编成的一部药物学巨著。全书引据历代本草凡84家,古今医家书目277种,经史子集各部著作800余种,收载药物1 892种,收录方剂11 096首,插图1 109幅。以《证类本草》为蓝本,采用"物以类从,目随纲举"的编撰体例,将各种资料加以分类。其中卷1~2辑录各家本草序例,内容为引用书目和药性理论。卷3~4为百病主治药,列病证110多种。卷5~52为药物各论,按药物自然属性分为水、火、土、金石、草、谷、菜、果、木、服器、虫、鳞、介、禽、兽、人16部,每部又分小类,共60类。每药则按释名、集解、正误、修治、气味、主治、发明、附方等项详细论述。

《本草纲目》内容广博,收罗繁复,纠正了历代本草书籍中的不少讹误,为集明以前本草学之大成。1954年商务印书馆根据万有文库本重印此书时,附编有本草纲目索引,提供从药品的正名及异名查找的途径。

3. 《中华本草》 35卷。国家中医药管理局主持编纂,宋立人总编。《中华本草》是迄今为止所收药物种类最多的一部本草专著,全面总结了中华民族两千多年来的传统药学成就,并集中反映20世纪中药学科发展水平。全书共35卷,前30卷为传统中药,1999年上海科学技术出版社出版。内容涉及中药品种、栽培、药材、化学、药理、炮制、制剂、临床应用等中药学科的各个方面。分总论、药物各论、附编、索引四大部分,引用古今文献1万余种。其中总论部分,包括本草发展史、中药资源、中药栽培与养殖、中药采集、中药贮藏、中药分类、中药品种、中药鉴定、中药化学、中药药理、中药炮制、中药制剂、中药调剂、中药药性等14个专题,系统论述中药学各分支学科的学术源流与主要内容。药物各论部分共载药8 980种,插图8 534幅;分为矿物药、植物药、动物药三大类别,每味药物分列正名、异名、释名、品种考证、来源、原植(动、矿)物、栽培(养殖)要点、采收加工(制法)、药材及产销、药材鉴别、化学成分、药理、炮制、药性、功能与主治、应用与配伍、用法与用量、使用注意、附方、制剂、现代临床研究、药论、集解23个项目依次阐述,资料不全者项目从略。附编部分,编辑备考药物、本草序例、历代本草要籍解题和历代本草书目。索引部分,包括中文名称索引,药用植物、动物、矿物学名索引,化学成分中英名称对照索引,化学成分英中名称对照索引,化学成分结构式,药理作用索引,药物功能索引,药物主治索引。该书内容之丰富、体例之严密、篇幅之浩瀚,以及采用文献之广博,均远远超过了迄今任何一部本草著作。

上海科学技术出版社1998年出版了传统中药卷精选本,分概论、药物、索引三部分,选集常用中药536种,药物分类法和药物条目设项与《中华本草》传统中药卷基本相同。

后5卷为民族药专卷,分为"藏药卷""蒙药卷""维吾尔药卷""傣药卷"和"苗药卷",收载临床上常用、疗效确切的民族传统药材,并配置插图。其中,藏药卷收藏药材396味,2002年上海科学技术出版社出版;蒙药卷收传统蒙药材422味,2004年上海科学技术出版社出版;维吾尔药卷收载药物423味,2005年上海科学技术出版社出版;傣药卷共载傣药400味,2005年上海科学技术出版社出版;苗药卷收药391味,2005年贵州科技出版社出版。

检索本草专题资料,还可查阅下列参考书:

《本草品汇精要》42卷,明代刘文泰等编撰,成书于弘治十八年(1505)。

《本经疏证》12卷,清代邹澍撰,刊于道光十二年(1832)。

《群芳谱》28卷,明代王象晋编,刊于天启元年(1621)。

《中华海洋本草》,管华诗、王曙光主编,2009年上海科学技术出版社出版。

(二) 方剂资料检索

查阅历代有关方剂的研究资料,如方剂来源、组成、用法、用量、功用、主治以及配伍、临证应用等,多借助于大型综合性方书和有关的方剂学参考工具书。

1.《外台秘要》 40卷。唐代王焘撰,成书于天宝十一年(752)。该书是集我国唐代以前医学大成的综合性方书,载方6 000余首,分为1 104门(今本为1 048门,或有散佚),内容包括内、外、妇、儿、五官等各科病证,对伤寒、温病等论述尤详,并重视灸法。每门首列有关病候、次叙各家方药,所录医方大多采自官藏前代名家方书,并且选收民间有效的单验方。收罗宏富,内容广博,所引录的医学著作均注明出处,为医学著作中最早标明资料来源的著述。该书所集资料皆属于唐以前被视为"秘密枢要"的秘方,许多古医籍如《范汪方》《小品方》均赖以保存下来。本书流传颇广,对国内外均有较大影响,如日本的《医心方》、朝鲜的《医方类聚》等都引用了书中大量资料。

2.《太平圣惠方》 100卷。宋代王怀隐等编,成书于淳化三年(992)。简称《圣惠方》。该书是我国第一部官修方书,由北宋翰林医官院王怀隐等奉诏编辑。本书依据医局所藏北宋以前各种方书、名家验方并宋太宗亲验医方,又广泛收集民间效方加以整理而成,且收录了相当部分前朝医籍中的有关论述,还收录了一些外来药品和少数民族的用药经验,是唐宋以前各家验方的汇编。全书分1 670门,收方16 834首。首列为医之道,次详诊脉辨阴阳虚实法,再叙处方用药之法则,以后则按类分述各科病证。每一病证先论后方,记载病因、病机以及方剂的适应证、药物、用量及其他有关治疗方法。方随证设,药随方施,以说明病因、病机、症候与方剂药物的关系。所论病因、病机多出自《诸病源候论》,间亦引录了《黄帝内经》《伤寒论》等诸家论述。该书虽为方书,实为一部理论联系实际,具有理、法、方、药完整体系的医药著作,美中不足的是所收医论和医方均未注明出处。

3.《圣济总录》 200卷。宋徽宗(赵佶)敕撰,编于政和年间(1111—1117)。该书原名《政和圣济总录》,是在广泛收集历代方书及征集民间与医家所献医方的基础上,结合"内府"所藏的秘方经整理汇编而成。全书内容有运气、叙例、治法及临床各科病证证治,分为66门,载方20 000余首,所载病证涉及内、外、妇、儿、五官等多科疾病。每一病证先论病因病理,次列方药和治法。以证带方,以方附药,类例分明,条理井然。全书除引据《黄帝内经》《伤寒论》等经典医籍,亦注意结合当时的各家论说,并加以进一步阐述,所选之方以民间经验良方及医家秘方为主,疗效比较可靠,有不少方剂至今仍用于临床治疗中。书中还列导引、服气,记载了大量的古代气功资料,以及针灸、杂治、养生等内容。

4.《普济方》 明代朱橚等编,刊于永乐四年(1406)。该书是我国现存最大的一部以收集方剂为主的综合性医书,原作168卷,清初《四库全书》改编为426卷,分为方脉运气脏腑、身形、诸疾、诸疮肿、妇人、婴孩、针灸等7个部分100余门,共1 960论,2 175类,载方61 739

首。本书对于所述病证均有论有方,兼述按摩、针灸、罨敷诸法,可辅方药之不备。此外还附有本草药品畏恶和药性异名2卷。

原刻本今仅存残本,唯《四库全书》收录为全。该书博引历代各家方书,保存了明代以前许多已散佚的方书内容,所引古医籍不见于《永乐大典》者有50余种,并兼收其他传记、杂说以及道藏、佛书等有关资料,采撷繁复,编次详析,所引资料大多注明出处,为古代方书最为完备者。

5.《医方类聚》 朝鲜金礼蒙等编集,初刊于李朝世宗二十七年(1445)。该书据我国明初以前152部医书和朝鲜高丽中期著名医书《御医撮要》中的方剂分类整理而成,汇辑医方50 000余首,分为总论、五脏、诸风、伤寒等共92门,包括医学总论、藏象、诊法、临床各科证治、急救及养生等内容。分类详细,有论有方,诸方以朝代先后,分门编入,每方悉载出处。每门除收录论治方药外,并附食治、禁忌、导引等。书中除博引历代各家方书外,亦兼收其他传记、杂说及道藏、佛书中有关医药的内容。其辑录的多为原文,明代以前中医学重要医籍几乎包罗无遗,尤其是许多已佚著作,多赖以保存,堪称集明代以前中医医方之大成,对了解明代以前的中医学情况、文献考证校勘等均是不可缺少的重要参考书。

原书365卷,在朝鲜早已散佚。19世纪中叶日本丹波元坚将家藏的残本请人参考诸书加以补缺,并仿朝鲜原本于1861年用活字刊印了266卷本,即江户学训堂本,此本现存262卷。1979年人民卫生出版社据日本江户本校点排印,分12册陆续出版。

6.《中华医方》 孙世发主编,2015年科学技术文献出版社出版。全书共12册,分列伤寒温病、内科、外科、妇科、儿科、骨伤科、五官科、眼科等篇,每篇以中医病证为目,兼及部分现代西医疾病。每病证首先简介其病因病机、治疗大法等,继之以原载方剂文献时间为序,共收载方剂88 489首。每方载有来源、别名、组成、用法、功用、主治、宜忌、加减、方论、实验、验案等项,无内容之项目从缺。清代以前的方剂几近收罗殆尽,清代以后特别是现代书刊所载方剂则有所选择。本书是迄今为止内容最新、信息最全、收方最多、分类最详以及临床实用性最强的中医方剂类书,填补了《普济方》问世至今620余年以病证列方之大型方书的历史空白。

检索方剂专题资料,还可查阅下列参考书:
《备急千金要方》30卷,唐代孙思邈撰,成书于永徽三年(652)。
《千金翼方》30卷,唐代孙思邈撰,成书于永淳元年(682)。
《太平惠民和剂局方》10卷,宋代太平惠民和剂局编,初刊于元丰年间(1078—1085)。
《奇效良方》69卷,明代董宿撰,成书于正统十四年(1449)。

三、针灸推拿和养生资料检索

(一) 针灸推拿资料检索

针灸推拿是中医学独特的医疗方法,其内容主要包括经络、腧穴理论和针法、灸法及其适应病证。在中医历代文献中,针灸推拿类文献数量很多,既有专著,也有散见于其他医学著作中的有关资料。因此要查阅历代有关针灸推拿方面的研究资料,除了利用相关类书外,还需要借助一些综合性针灸著作。

1.《针灸甲乙经》 晋代皇甫谧编撰,成书于三国时期魏甘露四年(259)。亦名《黄帝甲乙经》,宋代称《黄帝三部针灸甲乙经》,简称《甲乙经》。原书10卷,以天干编次,故名"甲乙经",南北朝时期被析为12卷,现今通行本亦为12卷。

该书是在《灵枢》《素问》《明堂孔穴针灸治要》三书的基础上分类编撰而成,全书128篇,其内容可分为两大类:其一为中医基本理论和针灸基本知识,其二为各科病证的针灸治疗。书中首次将人体经穴在四肢以手足三阴、三阳经脉排列,面部及躯体部位以头、面、胸、腹分部予以记录,并明确载述腧穴名称和部位,记录了各穴位的适应证与禁忌证。创立针灸治疗处方,记载了百余病证之治疗,针刺兼述针灸深浅、艾灸壮数及补泻手法。其内容丰富,系统连贯,在全面总结晋代以前针灸治病经验的基础上多有发明。

《针灸甲乙经》是现存最早的较完整的针灸学专著,也是研究《黄帝内经》古传本的重要文献,唐代太医署将《针灸甲乙经》列为医科必修书。全书结构谨严,先总论,后分论,先医理,后临床,非常实用,为医学典籍中的楷模,被尊为中医针灸学的开山之作,在中医发展史上具有十分重要的地位,对后世针灸学的发展产生了深远的影响。

2.《针灸大全》 又名《徐氏针灸大全》。6卷,明代徐凤编,成书于正统四年(1439)。该书是一部介绍针灸资料为主的著作,收录前人有关针灸理论与临床论述,同时也参合了徐氏本人对针灸学的论述。书中对经络、腧穴、手法、禁忌、治疗等内容都有记载,并配有插图。所择资料,多为针灸歌赋,内容既丰富又简要,切合临床实用,是明代最早的一部汇集类针灸专书,其内容被明代《针灸聚英》《针灸大成》等书大量引录,对明代以后的针灸学产生了较大影响。

3.《针灸大成》 又名《针灸大全》。10卷,明代杨继洲撰,靳贤校正,刊于万历二十九年(1601)。本书是靳贤在杨继洲家传《卫生针灸玄机秘要》的基础上,选录明代以前20余种医籍中有关针灸内容,并结合杨氏诊治经验编辑而成。内容包括针道源流、征引原文、针灸歌赋、针刺补泻理论及方法、经脉及经穴部位与主治、诸证针灸取穴法、各家针法及灸法(附杨氏验案),历代名家针灸医案等。书后附录《陈氏小儿按摩经》。

是书以《黄帝内经》《难经》为源,历代诸家之说为流,全面总结了明代以前针灸学的经验与成就,内容丰富,别具特色,是查考明代以前针灸学资料的重要参考书。

4.《针灸集成》 又名《勉学堂针灸集成》。4卷,原作佚名,复经清代廖润鸿补撰考订而成,初刊于同治十三年(1874)。该书为收集历代医书中的针灸内容分类编撰而成,其中卷1~2为针灸集成,载针法、灸法、点穴、辨穴、针刺补泻等针灸学基本知识,以及各种疾病的针灸疗法;卷3~4为经穴详集,详述十四经穴和奇穴的位置、主治及腧穴配伍的治疗作用,并摘要节录历代有关某穴的歌赋作为治疗的验证。在每一经穴条目之下,选附前贤歌赋中有关章句,并引据各书,对某些穴位做了考证。

检索针灸专题资料,还可查阅下列参考书:

《圣济总录》200卷,宋徽宗(赵佶)敕撰,编于政和年间(1111—1117)。

《针灸资生经》7卷,宋代王执中撰,初刊于嘉定十三年(1220)。

《针灸聚英》4卷,又名《针灸聚英发挥》,明代高武纂集,初刊于嘉靖八年(1529)。

《针灸逢源》6卷,清代李学川辑,刊于嘉庆二十二年(1817)。

(二)养生资料检索

中国养生学内容广泛,方法众多,除药物外凡有益于身体健康,如气功、饮食、文娱、体育活动,以至艺术欣赏,性情陶冶等无所不包。其中怡精神、调饮食、慎起居、适劳逸,是养生学的基本观点,而导引、按摩、食疗、服药等则是常用的养生方法。这些资料,不仅量多而且分散,在中国传统儒、释、道各家以及各类文、史古籍中均有记载。查阅有关养生学的专题资料,主要利用综合性的养生著作以及有关辞典类参考工具书。

1.《养生类纂》 南宋周守忠编撰,成书于嘉定十三年(1220)。《养生类纂》是一部综合性养生著作,现存有22卷与2卷两类。原书当为22卷,包括养生、天文、地理、人事、屋寓、服章、食馔、羽禽、毛兽、鳞介、米谷、果实、菜蔬、草木、服饵15部,涉及养生理论以及导引、适时、起居、食疗、服药等具体方法。2卷本经明代胡文焕整理而成,内容有残缺。

本书推崇道家观点,征引历代养生学典籍130余种,是对南宋以前养生学成就的一次系统整理,资料丰富,繁简得宜,条理清晰,便于实用,不少亡佚的养生古籍资料亦借此书得以保存。

2.《遵生八笺》 又名《雅尚斋遵生八笺》。20卷(含目录1卷),明代高濂撰著,刊于万历十九年(1591)。全书以遵生为主旨,从清修妙论、四时调摄、却病延年、起居安乐、饮馔服食、灵秘丹药、燕闲清赏、尘外遐举八个方面论述养生的方法、途径以及饮食、起居、药物补身等必须注意的事项。是书内容广泛,对于各种养生方法、饮食记述颇详,对于古器物、单方验方等也详加记录。书中融汇了传统中医以及佛家道家的养生知识,杂合成了一套自成体系的修身养性的方法,内容丰富,博而不杂,编排得当,所有引文均注明出处,是集明代以前养生学大成之作,也是查考养生专题资料的重要参考书。

3.《中国养生说辑览》 民国沈宗元编,成书于1929年。全书计18篇,以历代著作和人物为纲,前15篇辑录《庄子》《吕氏春秋》《素问》《灵枢》以及董仲舒、张仲景、葛洪、孙思邈、苏轼、李东垣、汪昂、石成金、曾国藩诸家养生学说与方法。后3篇采录、汇集各家养生格言、名言以及历代养生诗歌。是书精选切实可行之说,摒弃虚玄不经之论,理法兼备,儒道兼容。

4.《中华养生大全》 颜德馨、夏翔主编,2001年上海科学技术出版社出版。该书共三篇,上篇为养生基础,主要概述了中医养生学的起源、发展、充实、争鸣,上下五千年的历史,以及各个历史时期著名人物的学术思想和学术贡献;中篇为养生方法,主要从精神调摄、生活起居、运动锻炼、房室、针灸、推拿、药物、食疗、外治法九个方面,具体介绍了140多种有助于修身养性、祛病强身的自我保健方法、养生健身之道;下篇为养生应用,主要按内、外、妇、儿、骨伤、五官等科分类,介绍了300多种常见病证和疾病的临床表现、辨证分型、养生及治疗原则、养生及保健方法、注意事项。

检索养生专题资料,还可查阅下列参考书:
《养生四要》5卷,明代万全撰,成书于嘉靖二十八年(1549)。
《中华养生大辞典》,王者悦主编,1990年大连出版社出版。
《中华养生实用宝典》,高宏存主编,1999年中国检察出版社出版。
《中华实用养生宝典》,张湖德、马烈光主编,2008年中国旅游出版社出版。

四、医案和医话资料检索

(一) 医案资料检索

医案是中医诊疗实践的记录,综合体现了中医理法方药的应用。《史记》记载西汉名医淳于意《诊籍》25例,是我国现存最早的病案材料。后世医家有将自己的病案记录整理为个人医案的,也有专门选取古今名家医案汇编成册的,前者如《吴鞠通医案》,后者如《名医类案》等。在众多的医案中,既有丰富的医学理论,又有大量的医疗经验;既有成功的案例,又有失败的教训;既有常见病证的不同诊治方案,又有疑难杂证的独特治疗方法。因此,学习和研究医案不仅能丰富和深化中医理论知识,而且可以开阔视野,启迪思路,有利于临证诊疗水平的提高。大多数中医书目都设有医案、医话类目,可用于检索医案著作。但是要查阅历代医案资料,尤其是散见于经典、临床各类医著中的医案资料,则需借助于综合性医案著作。

1.《名医类案》 12卷。明代江瓘编辑,其子应宿增补,成书于嘉靖二十八年(1549)。后经清代乾隆年间魏之琇等重校,即今流通本。该书是我国第一部带有总结性质的大型综合性医案类书。全书辑录自《史记》迄明代嘉靖前历代医学著作和经、史、子、集所载验案2 400余则,引用《素问》《难经》《备急千金要方》《伤寒论》《本草经》以下书目共150种。按病证分为205门,以内科病案为主,兼及外、妇、儿、五官、口腔等病症。所辑医案,上自秦越人、淳于意,下至无名诸家,凡辨证精详、治法奇验者,皆予收录。每病下列若干案例,同一医家抑或数案并载,以便比较异同,触类旁通。案中记录或详于脉、或详于证、或详于因、或详于治,均有依据。江氏父子并常于案前、案中、案后一些紧要处采用出注、按语、圈点等方式阐发己见,以明诊断之精、遣方之妙、治验之所在、失误之因由,指点迷津,方便后学,不仅对历代临床医家有较大的指导作用,而且对医案学的发展亦有十分重要的意义。

2.《续名医类案》 又名《名医类案续编》。原书60卷,后人改编为36卷,清代魏之琇编,成书于乾隆三十五年(1770)。该书是明代江瓘《名医类案》的续补,编写体例悉依《名医类案》,是我国现存最大的一部医案著作。是书补辑《名医类案》遗漏之古代医案,增录当时各家医案,选案以明代以后各家医案为主,包括外感、内、外、妇、儿、五官科等疾病。全书分345门,载病案5 800多则。以病名为纲,以病案为目,每病常列数家医案,兼收并存不同学术观点的案例,互相参证,颇能启发临证思路。诊治方法各异,既有成功经验,也有失败教训。魏氏所加夹注和按语,着重发现、辨析有关案例证治的异同,议论较为平正可取,对各科临床颇有启发。全书分类清楚,选案广泛,特别是对温热病的病案记载更为详细,反映了各种流派的学术经验。

3.《宋元明清名医类案》 徐衡之、姚若琴主编,成书于1934年。该书收辑自南宋许叔微起,迄于近代丁甘仁,共46位名医医案。全书以人为纲,以证为目,每家医案之前,各冠列传一篇,介绍医家生平事迹、师承关系、学术特点,供研读医案时了解其学术渊源。书中所收录的医案,多辑自丛书典籍,家藏秘本,十分珍贵,且各具特点。案后多附前人评注,阐发医理,评析其利弊,使读者易于掌握治案用意。但所附医家传略及某些治案,或有荒诞迷信的论述。

4.《清代名医医案精华》 秦伯未撰辑,成书于1928年。此书专就清代名医医案择优选辑,民国以来著名医家亦附选于后。全书选辑清代叶桂、薛雪、吴瑭、张聿青等20多位医家医案,以内科杂病为主,兼及他科病证。采其理法并重,案语透辟精警的医案2 069则。以医家为纲,以病证为目,每家冠以小传,藉考师承及学术渊源。每家均按其特点收集数十种病证,包括常见病及疑难杂证。选案多属记录简要,方治切于病情者。每病案前又均加按语阐发病机、分析证治要点,颇能启迪后学。是书撷精采华,列案广备,充分反映了清代名医的学术特点和治病经验。

5.《二续名医类案》 鲁兆麟主编,1996年辽宁科学技术出版社出版。该书收集了清代中叶至中华人民共和国成立初期已故的名医医案,也收录了部分《续名医类案》成书之前未收之医案,共选录200余部医案专著中近300位名医医案约15 000则。医案的排列和体例仿《名医类案》和《续名医类案》,按内科、外科、骨伤科、妇科、儿科、眼科、耳鼻喉科、口腔科为序,各科下按病分类,各病医案按成书年代先后编排,系后人整理的医案按医家卒年排入。为了形成一个完整的医案体系,该书又将《名医类案》《续名医类案》二书简体横排,并予点校,附于书后,为读者全面检索中医医案史料提供了很大方便。

检索医案专题资料,还可查阅下列参考书:

《古今医案按》10卷,清代俞震纂辑,成书于乾隆四十三年(1778)。

《古今女科医案选粹》4卷,民国严鸿志纂辑,成书于1920年。

《全国名医验案类编》14卷,民国何炳元辑,成书于1927年。

《历代针灸名家医案选注》,李复峰主编,1985年黑龙江科学技术出版社出版。

《历代儿科医案集成》,何世英等主编,1985年天津科学技术出版社出版。

《清宫医案研究》,陈可冀主编,1990年中医古籍出版社出版。

《中医古今医案精粹选评》,彭建中主编,1998年学苑出版社出版。

(二)医话资料检索

医话(又称医论)是历代医家的随笔记录,内容包括读书体会、临证心得、学术评论等,如清代陆以湉《冷庐医话》、王士雄《潜斋医话》等。尤其是以学术评论为主的医话,或阐发经旨,或辨别是非,或提出新论,或质疑旧说,均足以补群经之缺,正先贤之误,发前人未发,开启研究思路。多读医话能增长知识、广开视野,常可得到意外收获。要检索历代医话,尤其是散见于临床各类医著以及文、史、哲等非医学文献中的医话资料,需要借助综合性医话著作。

1.《医说》 10卷。南宋张杲撰,成书于淳熙十六年(1189)。该书广泛收集南宋以前我国文史著作及医籍中有关医学人物、典故、传说、轶事方药、疗法等资料,并及个人经历或耳闻之医事,是现存最早的综合性医话著作。共分为49门,943条。包括历代医家、医书、本草、针灸、诊法以及临床病证、食忌、服饵、养生等。全书内容丰富,史料翔实,所集资料分类编排,且注明出处,有较高的文献参考价值。《慈云楼藏书志》赞曰:"读之足以扩充耳目,增长知识,诚医部中益人神智之书。"书中反映出作者崇尚医德、隐恶扬善思想,也有因果报应、荒诞不经之谈。

2.《医说续编》 又名《续医说会编》。16卷。明代周恭著,成书于弘治六年(1493)。是书为补充宋代张杲《医说》而著,着重从医书、针灸、脉法、用药、养生等多方面论述了作者的学术见解,同时介绍了50多种疾病证治经验。周氏强调医者既应有良好的医德,又须精于医术,对现代医者也不失为一本较好的医德教材。书中医案所占篇幅较多,在叙述中多插有议论,且较精辟独到,对医者尤多启迪。

张杲之书多采自医书之外各种典籍,载辑罕见之证,以广异闻。周恭续补则多采通行医书,与张氏《医说》配合互补。

3.《续医说》 10卷。明代俞弁撰,初刊于嘉靖元年(1522)。该书仿宋代张杲《医说》体例,选录历代文献中所载医学掌故且未见于《医说》者,及个人耳目所及之医学奇闻轶事,是为《医说》续集。全书分为原医、医书、古今名医等27门,载历代医话228则,内容涉及医德医事、医家医著、诊法辨证、治疗原则、处方用药、临床各科证治及本草性味功用等。全书搜罗广博,内容丰富,叙述简练,编排有序,出处明确,既补《医说》之未备,又多作者之阐发,实为学医者之良师益友。该书属于医史及医论杂著。对于了解部分医家生平及古代医德规范等具有重要的参考价值。

4.《医衡》 4卷。清代沈时誉述,梅鼎等辑,约成书于顺治十八年(1661)。著者喻病为物,喻药为权,而医者为持衡者,故取书名为《医衡》。该书是一部综合性医论著作,系摘取李南丰、张景岳等39人的81篇医论编辑而成,主要收集有关医理、临证等方面的论述,分为统论、证论、附论3部分。首为统论,凡11篇,论述养生、运气、奇经八脉等总旨;次为证论,凡68篇,以风、寒、暑、湿、燥、火、气血、痰积、虚损等为序,列论真类中风、伤寒调理、霍乱本于脾湿感邪、南北脚气异同、肿胀等病证;末为附论2篇,论述生育、养生之道。是书选辑前人有关病脉证治之精论,删繁补缺,诸篇均附有沈氏及其门人所写按语。是书网罗宏富,抉择精严,所选医论大多立论持平公允,较少偏激之词。

5.《清代名医医话精华》 秦伯未撰辑,成书于1928年。该书是秦氏辑成《医案精华》一书后,嫌其为体例所拘,未能详备,爰择清代名医喻嘉言、魏玉璜、张石顽、徐灵胎等医案以笔记体出之者,凡20家,编辑成书,名曰《医话精华》。全书以医家为纲,以病证为目,分类编辑。所述内容以内科杂病为主,其余各科亦有所涉猎。每证分析较详。所选治例大多在病因、证候及辨证、立法处方等方面有所阐发者。前附小传,与《医案精华》允称双璧。

6.《中医历代医话精选》 王新华、潘秋翔编,1998年江苏科学技术出版社出版。本书是在查阅了两千多种中医药书籍的基础上,从其中四百多种医药书籍里选录了医话2500余则,经分类整理而成。全书分上下两篇。上篇为理论探讨与学术论辨,内容包括脏腑经络、气血津液、病因病机、诊法、辨证辨病、治则治法、本草方剂、养生康复、医家医书;下篇为临证心得与治验纪实,包括内、外、妇、儿及五官诸科病证。所选内容,皆为历代医家对中医理论研究的精辟论说,或陈述自己的学术观点和独特见解,以及临证的心得体会和经验结晶。

检索医话专题资料,还可查阅下列参考书:

《冷庐医话》5卷,清代陆以湉撰,刊于咸丰八年(1858)。

《鲟溪医论选》6卷,陆平一选辑,成书于1922年。

五、中医药人物传记资料检索

传记是记载人物生平事迹的一种文体,纪实性是传记的基本要求。中医学是以个性化治疗为特色,对个人经验和技艺的高度依赖是其学术承传的重要特征。正是这一特征,决定了历代名医的传记资料如别名、字号、籍贯、历史背景、生平经历、师承脉络、学术专长、行医风范、社会交往、重要著作及近人研究成果等,对于后学有着重要的参考、研究价值,因此掌握中医药人物传记资料的检索途径也是必要的。

(一)利用人名辞典

1.《中医人物词典》 李经纬主编,1988年上海辞书出版社出版。该词典收录与中医有关的古今人物词目共6 200余条,上自远古,下迄近现代著名已故医家,兼收近现代中国港澳地区著名医家及在医学史上有贡献的少数民族医家(近百人)。释文以浅近文言表述,介绍有关人物的生卒年(或朝代)、字号、别号、籍贯、主要学历和经历、学术思想及医学成就、著作、授徒门生、学医亲属等。词目释文的详略,主要依人物贡献大小、学术成就及著作多少而定。素材多取自历代医著、经史典籍、文集笔记、簿录方志、佛书道藏等,特别对现存中医药古籍的作者都依据原书做了分析考订。书末附有人名、字号、别名及师徒、后裔索引,中医书名索引。

2. 《中医人名辞典》 李云主编,1988年北京国际文化出版公司出版。本书以陈邦贤《中国医学人名志》为基础,广泛查阅历代正史、野史、人物传记、笔记、书目、地方志、医史专著、古医书,从中收录中医人物共 10 500 余名,重点是清代以前医家,现代医家凡在世者未收。用浅近文言行文,扼要介绍人物姓名、生卒年、字、号、籍贯、著作、师承关系等情况。每个条目后均列有资料出处。所录人物按姓氏笔画排列,冠有姓氏首字索引,附有别名索引。

3. 《中国历代医家传录》 何时希编,1991年人民卫生出版社出版。该辞典引据了正史、通志、类书、医书、辞书、地方志、传记等有关文献 3 000 余种,介绍了自上古至清末民初间 20 000 多名医家的生活年代、师承脉络、学术专长、道德操行等。所录医家之多,收集资料之丰,均为前所未有。书前编有首字检索及目录,书后附有历代医家师承传受表、医家别名斋号表、历代医书存目。

检索医学人物资料的人名辞典还有:

《中国医学人名志》,陈邦贤、严菱舟主编,1956年人民卫生出版社出版。

《中国历代名医百家传》,张志远主编,1988年人民卫生出版社出版。

《当代名老中医风采》,王琴、朱建平主编,1999年中国古籍出版社出版。

《中医人物荟萃》,吴崇其等主编,1991—1993年中国科学技术出版社出版。

《中国中医人名辞典》,史宇广主编,1991年中医古籍出版社出版。

《中国当代中西名医大辞典》,李庆飞、谷向阳主编,1995年中国中医药出版社出版。

(二) 利用中医药类书

历代出版的中医药类书也辑有医家人物资料,尤以清代陈梦雷等编的《古今图书集成医部全录》最为丰富。该书卷 504~517 "医术名流列传"中收录史书、地方志及有关医学著作中清初以前著名医家的传记资料共 1 200 多则,对重要医家引用的资料尤为详多。例如介绍后汉医家华佗时,引用了《后汉书·方术传》《三国志·本传》《华佗别传》《魏志》《中藏经·序》《甲乙经·序》《志怪》《襄阳府志》等书中有关的记载;介绍明代医家滑寿时,辑录了《明外史·本传》《仪真县志》《浙江通志》《绍兴府志》《医学入门》等书中有关内容的原文。

(三) 利用史书、方志

我国古代许多著名的医家传记在正史中有记载,例如《史记》有《扁鹊仓公列传》,《三国志》有《华佗传》,《金史》有《刘完素传》《张元素传》,《元史》有《李杲传》《滑寿传》等。查找正史中有关医学人物的资料,可利用各种史书人名索引,也可通过陈邦贤编撰的《二十六史医学史料汇编》等查找。

方志即地方志,是我国传统的记述地方情况的志书,综合记载一地自然、社会、人文诸事的历史与现状。方志源于古代史书中的地理志,大约到了宋代才逐渐定型化。明清两朝,特别清代是中国方志发展的繁盛时期,现存旧方志以清代为多。方志以地区为中心,内容广泛,遍及各地,有总志、通志,还有州、郡、府、县、乡、镇等不同的地方志,材料比一般正史更为丰富。方志特别重视记载本地人物及与本地有关的人物,所记事项一般都比较翔实,对于研究地方的历史事件、历史人物,常能提供十分珍贵的资料。检索方志中的医学人物资料,可通过其籍贯和生平活动的地区去查阅相关的地方志。

(四) 利用书目、索引

要深入了解医家的学术思想及医学成就,必须研读其著作。一般的图书目录都附有著者索引,通过著者索引即可检索到该医家的所有著作。

各种各样的中医报刊也载有研究历代名医的有关论文,提供近现代研究医史人物的新成果。检索这些论文,可利用有关的中医药论文检索工具。详见其他有关章节。

第三节 中医药字词术语检索

阅读古代中医药书籍时,常常会遇到一些不认识或不理解的字词术语,有时还需要查找某一经典文句的出处等,通常利用字词典、百科全书和文句索引类工具书来解决。工具书可以为人们提供资料线索,扩大知识视野,帮助学习和解答问题。随着工具书的不断发展,种类也变得越来越多,既有综合性的,也有专科性或专题性的,既有学术性的,也有生活方面的。各类工具书有一定的适用范围和使用对象,可根据需要选择使用。

一、中医疑难字与词语检索

(一) 中医疑难字检索

中医古籍中存在许多疑难字、冷僻字,或者虽是常见字,但在中医药书籍特定的语言环境下具有特殊的音义,这些在一般字典中很难查到。如《素问·八正神明论》"慧然独悟"中的"慧然",在《中华大字典》和《辞源》中就未能查到确切的解释,而在《中国医籍字典》中就录有王冰注:"慧然,谓清爽也。"因此掌握中医疑难字特殊音义的检索方法也是必要的。查阅中医疑难字特殊音义,首选中医药专科字典。

1.《中国医籍字典》 上海中医学院中医文献研究所编,1989年江西科学技术出版社出版。该字典从中医古籍及其他古籍中采集常见医用单字、疑难单字和古病名、古药名等,收录字目6 100余条,其中正字约4 400余条,繁体字和异体字1 700余条。正字条目每字均注音并释义,释义时侧重医学意义,兼及常用古义和今义,以及引申义、通假义。引用书证一般注明出处。正文按部首笔画排列。附有笔画检字表、药用衡量折算表、历代尺度比较表、历代容量比较表、历代重量比较表等。

2.《实用中医字典》 王晓龙主编,2001年学苑出版社出版。该字典收录中医经典名著及历代各家医著中常用字、疑难字(含异体字)共计4 186个。按汉语拼音字母、声调顺序排列,多音多义字一般排在现代常用音之下。以简化字为字头,繁体字和异体字加圆括号附后。正文字头下按注音、义项、书证、注释和译文的次序叙述。注音用汉语拼音字母、注音字母,有时还用直音字加以注音;义项以汇集医用专科义为主,先列本义,后列引申义、假借义;书证引文使用医药书籍通行本并注明篇章,力求典型、简练,酌加注释、疑问。书前有"音序检字表"和"笔画检字表",以便检索。

3.《简明中医字典》 杨华森等编,贵州人民出版社1985年出版,2002年第2版。本书从《内经》《伤寒论》《脉经》等数百种中医药古籍中选辑冷僻疑难字词,以及在中医学中具有特殊音义的常用字词共4 000余条,予以注音、释义,并佐以书证。正文前有笔画检字索引,后附汉语拼音方案、古今度量衡标准参照表、中国医学大事年表、中国历史纪元表、干支次序、古今昼夜时间对照表和节气表。

检索中医疑难字的字典还有:

《中医经典字典》,刘世昌等编,1990年重庆出版社出版。

《中医药通假字字典》，李戎编，2001年上海科学技术文献出版社出版修订本。
《中医中药医古文难字字典》，李顺保、林霖编，2001年学苑出版社出版，2004年第2版。
《中医难字字典》，李戎主编，1986年四川科学技术出版社，2001年上海科学技术文献出版社修订本。

(二) 中医术语检索

中医术语是中医药学科中专门用语，在中医药学科中常具有特定的意义，这些名词术语只有极少数被综合词典收录，而且其释词深度远远不能满足中医药专业的要求，因此掌握中医术语特定意义的检索也很有必要。查阅中医术语特定意义，主要是利用中医辞典。

1. 《中国医学大辞典》 谢观编，上海商务印书馆1921年初版，1954年重版。该辞典从3 000多种中医药文献中收集各种名词术语70 000余条，堪称中国近现代第一部大型的中医学权威辞典。全书分为病名、药名、方名、身体、医家、医书、医学理论7大类。病名类录源流、治法；药名类录其形态、性质、功用、炮制；方名类录通用方，详述其出处、功用、组成及临证加减诸法；身体类集录古今医籍中有关脏腑骨肉、经络俞穴、脉象及舌苔等词目；医家类，凡六朝以前者有见必录，唐代以后的择著名者录之，述其生平事略；医书，标明书名、卷数、作者、年代及内容提要等；医学名词，如汗、和、下、消等八法解释，源本而详释。对每一词条都进行了比较详细的注释，难字注释音义，重要名词附图说明。词目按笔画顺序排列，后附四角号码索引。

《中国医学大辞典》曾被多家机构翻印或修订出版，如1988年中国书店影印出版等。1994年中国中医药出版社出版了修订本，将原4册合为1册，繁体竖排改为简体横排，并加汉语拼音索引，更便于阅读检索；1994年辽宁科学技术出版社改名为《中华医学大辞典》，分为上、下两卷出版了修订本；1998年天津科学技术出版社又重新整理出版；2003年商务印书馆国际有限公司更名为《中医大辞典》出版等。

2. 《中医大辞典》 李经纬等主编。人民卫生出版社1995年出版，2004年第2版。该辞典是新中国成立以来由十多家高校及科研机构合编的第一部中医药学大型词典，原由中国中医研究院、广州中医药大学主编，人民卫生出版社1981年起曾以"试用本"分8册陆续出版，包括《中医基础理论分册》《医史文献分册》《中药分册》《方剂分册》《内科分册》《妇科儿科分册》《外科骨科五官科分册》《针灸推拿气功养生分册》，以收集古典医籍词汇为主，兼收现代中医发展过程中及中西医结合的新词目，收载词目约4万余条。由于试用本各分册词目重复现象较多，且释文也不尽相同。1995年在分册的基础上进行全面修订，删并、修订词目达48.6%，合为1册出版。

修订合编本收录词目36 300条，插图140幅，着重扩大了收载文献的范围，发掘传统的治疗方法，并在现代中医术语和养生、气功、食疗等领域进行了较大充实，增补了藏、蒙、维等少数民族医家、医著词条，选词、释文、编排更严谨、规范。

本书较真实、全面地反映了中医药体系的内涵和中医药学发展的历史继承性，同时又反映了当代中医药学的面貌及中西医结合的状况，是目前比较权威和全面的中医药辞典。正文前有笔画检字表和词条目录。

3. 《中医辞海》 袁钟等主编，1999年中国医药科技出版社出版。该辞典是一部大型综合性的中医药辞典，收词5万余条(包括互见条)，内容包括中医基础理论、中医诊断学、古典医籍、医史、中药学、方剂学、中西医结合、内科学、外科学、骨科学、妇科学、男科学、儿科学、皮肤科学、耳鼻喉科学、针灸学、推拿学、药膳学、养生学、气功学等。全书共3册,每册均有所收词条的汉语拼音索引,上册附古今度量衡比较表,下册附中国医史年表和全国中医机构及刊物简介。

4.《简明中医语词辞典》 达美君主编,2004年上海科学技术出版社出版。该辞典以古医籍中有特殊意义的、与医学有关的词组及典故、成语为主,辅以古医籍中广泛引用的常见词组及生、冷、僻、难的词组作为条目,共收入1.2万余条。条目使用规范简体字,相应繁体字用括号括出附后,不收异体字。对于改为简体字可能影响含义的文字,仍保留原来的字形。书中正文按部首排列,书末附有笔画索引。

5.《中国中医药学术语集成》 曹洪欣、刘保延总编,2006年中医古籍出版社出版。该集成是基于中医药学语言系统的基础词库的内容加工而成,涵盖可控词表与中医药学科系统及与中医药学科相关联的生物、植物、化工等自然与人文科学专业词汇。该集成分为基础理论与疾病(1册)、治则治法与针灸学(1册)、中药(2册)、方剂(4册)、中医文献(2册)5个专题10册,收词约10万条。

该集成以中医药学概念为中心,将各种术语表达汇集在一起,系统编排,使读者可以方便地查询到同一中医药概念的各种不同表达方式。

6.《中国医学百科全书》 该书编委会编,1980年起上海科学技术出版社分卷陆续出版。该书是一部大型医学百科全书,内容包括祖国医学、基础医学、临床医学、预防医学和军事医学5大部分。以疾病防治为主体,全面地概述中西医药科学中的重要内容和最新成就。

全书按学科分卷,不列卷数,各卷只标学科名称。在分卷本的基础上,又出版了《中国医学百科全书·中医学》《中国医学百科全书·军事医学》《中国医学百科全书·预防医学》《中国医学百科全书·基础医学》《中国医学百科全书·临床医学》5部综合本。全书以条目形式撰写,每一条目包括基本概念、重要事实、科学论据、技术要点和肯定结论,间附参考书目。卷首设条目目录,卷末附条目索引,英汉、汉英名词对照索引等,便于查阅。

检索中医词语的词典还有:

《实用中医词典》,朱文峰主编,1992年陕西科学技术出版社出版。

《中医名词术语精华辞典》,李经纬等主编,1996年天津科学技术出版社出版。

《简明中医辞典》,李经纬主编,2001年中国中医药出版社出版。

《中医药常用名词术语辞典》,李振吉主编,2001年中国中医药出版社出版。

《中国传统医学百科词典》,李慕才主编,2014年中医古籍出版社出版。

二、中药、方剂词语检索

(一)中药词语检索

1.《中药大辞典》 初版由江苏新医学院编,上海人民出版社1977年出版正文上、下册,上海科学技术出版社1979年出版附编1册。第2版由南京中医药大学编,上海科学技术出版社2006年出版。该辞典初版载中药5767味,其中植物药4773味,动物药740味,矿物药82味,做单味使用的传统加工制成品172种。全书以中药的正名为辞目,按笔画字顺排列,下列异名、基原、原植(动、矿)物、栽培(饲养)、采集、制法、药材、成分、药理、炮制、性味、归经、功用主治、用法与用量、宜忌、选方、临床报道、各家论述、备考等项,其中功用主治为必备,其余资料不全者则从缺,并附图数千幅。附编收录了各种药用植、动物拉丁学名及药用矿物英文名索引,化学成分中英名称对照以及各种成分、药理、临床报道、参考文献等。该辞典内容详备,检索方便,是一部颇为实用的专业工具书,并具有一定的国际影响,在中国台湾、中国香港也有出版,在日本出版有日文译本。

第2版增加了药物条目,共收载药物6 008味,并调整了部分药物品种来源,增补了近30年来有关栽培(饲养)技术、药材鉴定、化学成分、药理作用、炮制、现代临床研究等方面的中药研究成果,反映了当代中药学的研究水平。

2.《中药辞海》 中国药科大学、中国医药科技出版社主编,1993—1998年中国医药科技出版社出版。该辞海共4卷,收录中药条目和综合条目约4万余条,正文按笔画顺序排列。中药条目按概论、生药、化学、药理、临床应用、历代医药家论述等分别叙述。综合条目主要收载与中药学有关的其他内容,包括古今本草著作和方书、中成药、中药资源与鉴定、中药分析、药化药理、保管等内容,以及专业名词解释,并对我国中医高校的重要专业设置情况、培养目标、学习课程也做了介绍。

附录包括:古代中医药学家事迹简介、现代中药学家事迹简介、中药生产企业名录、中药辞海收载历版中国药典的中药页码对照表、中药辞海、历版中国药典收载的中药成方制剂及页码对照表、中药辞海中属野生药材资源保护范畴的中药一览表、国家基本药物中药制剂品种目录、卫生部部颁标准中成药目录和卫生部公布已撤销的中成药目录。

书末还有中文名总索引、拉丁学名总索引和主要参考书目。中文名称总索引分别按笔画排序和按汉语拼音排序。

检索中药词语的参考工具还有:

《中国药学大辞典》,陈存仁等主编,1935年世界书局出版,1956年人民卫生出版社重新修订出版。

《中药别名速查大辞典》,李顺保主编,1997年学苑出版社出版。

《现代中药学大辞典》,宋立人等主编,2001年人民卫生出版社出版。

《实用中药辞典》,田代华主编,2002年人民卫生出版社出版。

(二) 方剂词语检索

1.《中医方剂大辞典》 彭怀仁主编,人民卫生出版社1993—1997年出版,2015年第2版。第1版收载秦汉至1986年底的1 800余种中医药及有关文献中有名称的方剂96 592首,以1911年以前的为重点收录对象,以后的则择优选录。是书以方剂名称作为辞目,按笔画笔形及时间先后顺序排列。辞目分正辞目与副辞目。每条正辞目内设方源、异名、组成、用法、功用、主治、宜忌、加减、方论选录、临证举例、现代研究及备考等项目。其中方源、组成、功用和主治为必备项,其余若无资料则从缺。对每一首方剂的方源进行认真的考证,并注明其原始出处。副辞目仅列名称与出处,及其与相关正辞目的关系。全书正编10册,每册均有本册的方名目录,按笔画多少为序,并编有顺序号;附编1册,设有方名总目录、病证名称索引、参考书目索引、古今度量衡对照表等,便于检索利用。

1999年出版了精选本,选收第1版方剂15 430首,附有异名方索引、主治病证索引、古今度量衡对照及主要引用书目等。

第2版主要对书中的脱、衍、倒、讹进行了修订,并补充了1986年以后方剂研究的新成果等,增收部分方剂,全面反映每首方剂的文献研究、理论研究、临床研究、实验研究等方面的历史成就和现代成就。

2.《方剂大辞典》 孙玉信等主编,2014年山西科学技术出版社出版。收辑经典方剂（包括佚方）共3万余首,按方名笔画排序。每首方剂载有方名、出处、主治、功效、药物与剂量、炮制、用法等项。为了保持原貌,大部分方剂未做大的改动,但方药组成及用量在不同版本著作中有所不同者则稍做调整,更加切合现代临床使用。书中附有常用中药别名。

检索方剂词语的参考工具还有：

《中国方剂精华辞典》,张浩良主编,1996年天津科学技术出版社出版。

《中医方剂现代研究》,谢鸣主编,1997年学苑出版社出版。

《简明方剂辞典》,江克明、包明蕙主编,1989年上海科学技术出版社出版,2002年第2版。

三、针灸、养生词语检索

1.《中国针灸辞典》 高希言主编,2002年河南科学技术出版社出版。该辞典共收词目5 000余条,其中正词目3 890条,副词目1 200余条。包括经络、腧穴、针法、灸法、针灸器具、治则治法、配穴、常见病针灸治疗、历代针灸人物、著作、歌诀及与针灸有关的基础理论术语、解剖名称等。释文力求简明准确,言之有据,一般均引用较早的文献,近代出现的词目则按有关文献及临床实践扼要介绍。是书解释了经穴、奇穴、头穴、耳穴等穴位的归经、别名、定位、局部解剖、主治、刺灸法、现代机制研究及有关古典文献记载,并收部分临床有效的现代针灸医疗器械和少数民族医疗法,如壮医药线灸等,突出临床,注重实用。书中收载内科、外科、妇科、儿科、五官科等科常见病、疑难病的针灸治疗法,是以往针灸工具书中没有的内容。

该辞典编有词目笔画索引、词目分类索引、历代针灸大事表、经络穴位图、针灸歌赋等。

2.《针灸推拿学辞典》 梁繁荣主编,2006年人民卫生出版社出版。该辞典是一部较全面反映针灸推拿学术的大型综合性辞书,不论古今,凡编者目力所及、已成定论者,均予采撷。共收词目10 422条,其内容包括了经络、腧穴、刺法、灸法、针灸治疗、推拿穴位、推拿手法、推拿功法、推拿治疗、小儿推拿、针灸推拿医籍和医家以及相关的中医学内容,涵盖了从先秦至当今文献所记载的与针灸推拿学有关的名词术语和短语。

该辞典所收词目的释文,力求客观、全面、准确、规范,对有疑义的地方,则列"辨误"。同一词目,有多种含义或有不同解释者,则兼收并蓄,供读者抉择。书前编有汉字笔画检字表,书后编有汉语拼音索引。

3.《中国疗养康复大辞典》 张愈、伍后胜主编,1993年中国广播电视出版社出版。该辞典中西兼顾,以疗养康复医学为主线,兼收基础、临床、预防、传统医学以及营养学、管理学与特种医学等80多个相关学科的名词术语。全书收词3 764条,分为9篇。正文按内容分类编排,书前有词条目录和汉字笔画索引,书末附中英文对照目录索引和英文字母索引等。

4.《中国针灸学词典》 高忻洙、胡玲主编,2010年江苏科学技术出版社出版。本词典以传统针灸理论和治法为主,兼收现代针灸医学发展过程中出现的新词目,还收载部分中医学基础词目,力求反映针灸学的全貌,包括学术源流、基础理论及临床实践等相关内容,计收词目7 266条,是目前国内影响较大的一部针灸专业工具书。书末有常用医学缩略词中英对照表、常用针灸名词术语中英文对照及常用针灸名词术语日汉文对照等附录,以适应针灸国际化的需要。

本书原名《实用针灸学词典》，由江苏科学技术出版社于1996年出版发行，2010年新版更为现名。新版在原版基础上增删和修订了1 000多条词目，较前版内容更加丰富。

检索针灸、养生词语的参考工具还有：

《新编针灸大辞典》，程宝书主编，1995年华夏出版社出版。

《中国药膳大辞典》，王者悦主编，1992年大连出版社出版。

《中国气功辞典》，吕光荣主编，1988年人民卫生出版社出版。

《简明气功辞典》，黄健主编，2000年上海科学技术出版社出版。

四、中医经典词语和文句出处检索

(一) 中医经典词语检索

中医经典著作内容丰富，蕴义精深，因而在研读时，经常会遇到一些不明其义的词语，需要查清含义才能准确理解原文的意思。查阅经典词语含义，主要利用有关的经典专用辞典。

1.《黄帝内经词典》 郭霭春主编，1991年天津科学技术出版社出版。该词典以人民卫生出版社1963年版的《黄帝内经素问》《灵枢经》为文字依据，收录其全部单字和词语编成。共收录单字2 747个（含繁体字、异体字608个）、词语7 118条（单字条2 139条、复词条4 979条），使用简化字，词目按首字笔画排列。用汉语拼音注音，释义简明扼要，引用书证时一律标明篇句。音义有歧义之处，先列通行说法，兼存不同。正文前有单字笔画索引、单字音序索引、词目检索表，辅助索引较齐全。附有《黄帝内经书目汇考》及《黄帝内经论文索引（1910—1988）》。

2.《内经词典》 张登本、武长春主编，1990年人民卫生出版社出版。该词典吸收了前人训诂及历代注家研究成果，全面对照分析《黄帝内经》的字词语义，对《黄帝内经》所用全部2 286个汉字、5 580个词目（包括少数短语）进行简明扼要、深入浅出的解释。本书以字系词，每字头下列字形、字频、现代音、中古音、上古音、词目、词频、释义等项，后附《黄帝内经》语证、训诂书证或《黄帝内经》注家书证等，并注明书名篇章，还对一些难字、难词提出了新的见解。该书字目按部首、笔画顺序编排，字目下分列词目，单音词在前，复音词在后，检索较为方便。书中内容主要是中医基础理论，还涉及了我国古代天文、历法、气象、物候、哲学等很多学科。

3.《黄帝内经大词典》 周海平、申洪砚、朱孝轩主编，2008年中医古籍出版社出版。共收词条10 900余条，是目前收词数量最多、词义新解最多的一部大型《黄帝内经》专用工具书。解释词义以词性为纲，各项具体含义为目。在解释义项之后，引录《黄帝内经》原文，并将其标出。书后附有汉语拼音索引，便于查找。该词典考据、参考了大量的古今注家之说以及古代文史训诂、字书、辞书等资料，使不少难读、难懂、历代争议之词得到了通俗明了的解释，对《黄帝内经》的学习、临床应用、科研等有所裨益。

4.《伤寒论研究大辞典》 傅延龄主编，1994年山东科学技术出版社出版。共收载《伤寒论》研究有关的词目3 677条，其中上编收《伤寒论》原文词目1 800条；下编分为人物、著作、方剂、方证、病证、基础理论6类，收词目1 877条。除《伤寒论》原文外，该辞典尚收录了《平脉法》《辨脉法》《伤寒例》三篇中的词条，对数百部伤寒类原著的学术特点及其作者均有相应介绍，并将出现于各种文献中属于《伤寒论》方面的名词术语都摘录出来，予以注释。词典正文前为词目表,正文后附历代《伤寒论》类著作名录729种,另有日本医家所著89种《伤寒论》类著作名录,以备查阅。书末尚有笔画索引,方便检索。

5.《伤寒杂病论字词句大辞典》 王付编著,2005年学苑出版社出版。该辞典是第一部解读《伤寒杂病论》字、词、句在辨证论治中的准确含义及其应用价值,指导学生学习、临床医师应用《伤寒杂病论》的重要工具书。该词典参考了数百种相关著作,并融入编者多年研究、运用《伤寒杂病论》的心得,既重视医理,又兼顾文理,条目释义准确,解说科学实用,说理有根有据。借助该辞典既能从辨证论治角度理解字、词、句的准确含义,又能从字、词、句的角度明白辨证论治的精髓奥妙。

(二) 中医经典文句出处检索

在研读当代的中医著作或论文时,经常会看到引用的经典文句,有的并不注明出处,是非对错难以判断,要深究其理,常需查阅原书,核对原文。另外,自己著书立说时,往往需要引用经典文句,要做到正确引用,也必须知晓出处。查核经典文句出处,主要借助于文句索引类工具。

1.《黄帝内经章句索引》 任应秋主编,1986年人民卫生出版社出版。该书由原文、索引两部分组成。原文部分采用1956年人民卫生出版社影印的顾从德《素问》、史崧《灵枢经》为底本,进行点校、断句、分章,并于各篇、章、节前简述其大意。索引部分以原文的句子为单位立目,句中有单独意义的词亦分别列出,词目按笔画为序排列。通过索引可以很快查检到原文的有关内容。

2.《中医经典索引》 顾植山主编,1988年安徽科学技术出版社出版。该索引为《素问》《灵枢》《难经》《伤寒论》《金匮要略》5部中医典籍的综合索引。全书分文句和词语两部分,收载词条约3万条,并附有药名、方名、穴名等专题索引。末附四角号码检字表、汉语拼音检字表、繁体字、异体字、通假字、简化字对照表和五种医经篇目表。该索引对于检索5部中医经典的文句、语词、方剂、药名、穴名,提供了方便。

检索中医经典语句的参考工具还有:

《伤寒论辞典》,刘渡舟主编,1988年解放军出版社出版。

《中医百家医论荟萃》,黄自力主编,1988年重庆出版社出版。

《温病学大辞典》,李顺保主编,2007年学苑出版社出版。

五、古汉语字词和百科词语检索

(一) 古汉语字词检索

中医药古籍中除了专业词汇外,还有大量的非专业字词和冷僻字词,如《灵枢》叙云"不读医书,又非世业,杀人尤毒于梃刃","梃刃"一词现已很少用。另外,在阅读古医籍时经常会遇到有关古代名物制度及典故,如《素问·阴阳应象大论》云"天有八纪,地有五里",这里的"八纪""五里"所指是什么。查阅非中医药专业字词含义,多借助于有关的古汉语字词典。

1.《汉语大字典》 汉语大字典编辑委员会,第1版1986—1990年湖北辞书出版社、四川辞书出版社出版;第2版2010年武汉崇文书局、四川辞书出版社出版。该字典收字以历代辞书为依据,并从古今著作中增收部分单字,根据存字、存音、存源的原则在单字下酌收少数复词,按200个部首及笔画笔形排列。单字条目的组成,一般包括字头、解形、注音、释义、引证。以汉字楷书体为字头,并根据阐明形音义的需要,酌附字形解说,注重反映形体演变的关系。在字音方面,对所收列的楷书单字尽可能地用汉语拼音注出现代读音,并收列了中古的反切,标注了上古的韵部。在字义方面,不仅注重收列常用字的常用义,而且注意考释常用字的生僻义和生僻字的义项。多义字一般先列本义,然后依次列出引申义和通假义。引证包括书证和例证,均标明详细出处。本书比较全面地反映了汉字形音义的发展,是迄今收字最多、义项最完备、书证最丰富,体例最严谨的大型汉语字典。

第1版中8卷本是最早问世的版本,内容上最为完整、齐备,收录单字54 678个。正文7卷,每册前有该册部首表、检字表。第8卷是各种附录、分卷部首表、全书笔画检字表和补遗。除8卷本外,第1版还出版过简编本、袖珍本和普及本等其他版本。

第2版收楷书单字60 370个。不仅对首版中注音、释义、文例等方面存在的讹误进行更正,还对缺漏意义、例句等进行必要的增补。为适应现代阅读方式,新版增加了难检字表和音序检字表,并重新编制了笔画检字表。

2.《汉语大词典》 汉语大词典编委会编,罗竹风主编,1986—1994年出版。上海辞书出版社出版了第1卷,其余各卷由汉语大词典出版社出版。还出版有缩印本和简编本。该词典是一部字词兼收、以词为主的巨型汉语语文词典。全书正文12卷,另有检字表和附录1卷,收单字22 000个、词语375 000余条,插图2 253幅。编排以字带词,单字按200个部首编列,各字头下词语按字数及笔画排列。词汇古今兼收,源流并重,集古汉语和现代汉语词汇之大成。既释词又注音,词义解说着重从词语的演变过程加以全面概述,义项齐全,书证丰富,在一定程度上反映了语词的历史源流演变。各卷正文前有该卷部首表、难检字表、部首检字表,第1卷还冠有汉语拼音方案、《广韵》韵目表、繁简字对照表,以方便检索。

附录收中国历代度制演变测算简表、中国历代量制演变测算简表、中国历代衡制演变测算简表等10种附录及单字笔画索引和汉语拼音索引。

该词典已被联合国教科文组织列为世界权威参考工具之一。

3.《辞源》 商务印书馆编辑出版。《辞源》是中国现代史上第一部大型语文性工具书,也是商务印书馆的标志性品牌辞书,初版于1915年,其后几经增修。现在通行的是修订版,其中1979年版由广东、广西、湖南、河南《辞源》修订组编,2015年版由何九盈、王宁、董琨主编。

根据与新版《辞海》《现代汉语词典》分工的原则,新版《辞源》修订本侧重收载古汉语词语典故和古代名物典章制度等方面的内容,收词下限截止于1840年鸦片战争。删去旧辞源中的现代自然科学、社会科学和应用技术等条目,纠正了旧版注释和体例中的一些错误,对引文进行核实。将辞源修订为阅读古籍用的工具书和古典文史研究工作者的参考书。全书使用繁体字,所收单字按部首编排,词条随字,在汉字头下先注音,后释义及引书证,再列词条。注音用汉语拼音、注音字母、《广韵》反切,标出声调、韵部、声纽。释义用浅近文言,征引书证均注明出处。多义字词解释按本义、引申义、假借义及时代先后排列,特别注意语词的来源出处和使用过程中的发展演变。每册正文前有该册的部首目录及难检字表等。

1979年版共4册,收单字12 890个,复词84 134条,共计97 024条目。

2015年版(第3版)共2册,收字头14 210个,复词92 646个,插图1 000余幅,约1 200万字。增收典章制度、宗教器物类条目6 500余个,突出百科知识的贮存功能,揭示中华传统文化的历史渊源。

检索古汉语字词的参考工具还有：

《说文解字》，东汉许慎撰，成书于东汉建光元年(121)，今有 1979 年中华书局排印本。

《经籍籑诂》106 卷，清代阮元等撰集，刊于嘉庆三年(1798)，今有 1982 年中华书局校正影印本。

《尔雅》，传为周公所作，约成书于公元前 2 世纪，今有 1936 年中华书局本。

《中文大辞典》，中文大辞典编纂委员会编，1968 年台北"中国文化研究所"出版，1982 年大陆曾经翻印。

《古代汉语虚词通释》，何乐士等主编，1985 年北京出版社出版。

(二) 百科词语检索

中医药学不是一门孤立的学科，它与许多学科如哲学、史学、社会科学、文学艺术、文化教育、自然科学、工程技术等各个学科和领域都有关系，因此还要掌握百科知识的检索。查阅百科词语主要利用百科词典和百科全书。

1. 《辞海》 《辞海》编辑委员会编，上海辞书出版社出版。《辞海》是以字带词，兼有字典、语文词典和百科词典功能的大型综合性辞典。1936 年由中华书局初版于上海，曾多次修订，新版《辞海》1979 年正式出版。按照辞海编辑委员会十年一修订的制度，此后出版了 1989 年版、1999 年版、2009 年版，并有缩印本。根据与新版《辞源》《现代汉语词典》的分工原则，新版《辞海》修订成综合性词典，包括语词和各学科名词术语。

2009 年版(第 6 版)彩图本为国际标准大 16 开 5 卷本(正文 4 卷、附录索引 1 卷)，由夏征农、陈至立担任主编。收单字字头 17 914 个，附繁体字、异体字 4 400 余个，词条 127 200 余条，字数 2 300 余万字；书中有彩图近 18 000 余幅。其篇幅较第 5 版略增，词目改动幅度超过 1/3。在常用汉字、汉字字形、注音、异形词规范、数字用法、量和单位、科技名词等方面均按国家统一规定处理。第 6 版突破以往只收古代汉语的惯例，除了新增条目 5 000 余条(约 2 万个义项)，内容有大量修订。在原有条目中，大量援引新的提法，做出新的解释，反映新的情况，执行新的规范，运用新的数据。在增补以前遗漏的词目、音项、义项和释文内容，改正解释、资料、文字、符号等差错，精简不必要的词目和不合适的释文等方面亦着力甚多。该书充分反映新中国成立六十年，特别是改革开放三十年的新事物、新成果，反映国内外形势的变化和政治、经济、科学、文化等方面的发展。

第 6 版附录有中国历史纪年表、中华人民共和国行政区划简表、中国少数民族分布简表、世界国家和地区简表、世界货币名称一览表等。每卷书前有部首表。索引包括笔画索引、四角号码索引、词目外文索引等。

第 7 版预计于 2019 年出版，计划收单字约 1.8 万个，条目约 12.7 万条，彩图 1.8 万幅，总字数约 2 000 万字。

2. 《中国大百科全书》 中国大百科全书出版社编辑出版。该书是我国第一部大型综合性百科全书，全书内容包括哲学、社会科学、文学艺术、文化教育、自然科学、工程技术以及军事科学等各个学科领域。全书不仅涵盖全人类科学文化成果，同时注重对悠久的中国各民族历史文化遗产和科学技术成就的传承，尤其是充分反映了我国在建设中国特色社会主义事业过程中取得的重要成果，形成了具有鲜明中国特色的百科知识宝库。全书内容以条目形式编写，并附有适量的随文黑白图、线条图和彩色插页，比较详细地叙述和介绍其基本知识，并重视我国历史文化遗产和科学技术成就的介绍。

第 1 版是按学科分类陆续分卷出版的,1980 年开始出版,1993 年出齐。全书按学科或知识门类分为 74 卷,涵盖内容包括 66 个学科和领域。共收 77 895 条,12 568 万字。各学科分卷的条目按汉语拼音顺序排列。在正文条目前有介绍该学科卷内容的概述,并附有反映该学科体系的条目分类目录。在正文条目后有介绍对该学科发展有重大影响的事件的大事年表和供寻检的条目汉字笔画索引、条目外文索引、内容索引,以及繁简字对照表,以便读者检索。卷内条目有完备的参见系统,部分条目附有参考书目。重要条目在释文之后还附有参考书目。与中医药学相关的学科卷,主要为中国传统医学卷,包括汉族医学、藏族医学、蒙古族医学、维吾尔族医学和朝鲜族医学等。

第 2 版于 2009 年出版,涵盖 80 余个学科和知识门类,全书总卷数为 32 卷,其中正文 30 卷,索引、附录 2 卷,共选收条目约 6 万条,插图 3 万幅,地图约 1 000 幅,总篇幅约 6 000 万字,采用文图混排,按条目标题的汉语拼音字母顺序排列,是中国第一部按国际惯例编写的大型现代综合性百科全书。在继承第 1 版的编纂原则和编写理念的基础上,设条和行文更注重综合性和检索性,介绍知识既坚持学术性、准确性,又努力做到深入浅出,具有可读性。

(陈守鹏　郝桂荣)

第三章 中文医药论文检索

我国中文医药论文检索系统大多于20世纪80年代起步,经过多年的发展,已具有一定规模并能提供服务的中文医药网站及数据库数千种,内容覆盖自然科学、人文、医药与社会科学各个领域。随着文献信息资源数字化的发展及因特网的普及,中文医药论文检索系统日益增多,为人们获取信息资源提供了新途径。在现有中文检索系统中,由于各自定位不同而各具特点,收录资源的学科范围及年限等方面也不完全相同,可以根据实际需要选择使用。本章重点阐述了常用的中文检索系统,如中国生物医学文献服务系统、中国中医药数据库检索系统、中国知网、维普信息资源系统、万方数据资源系统、中国科学引文数据库以及读秀学术搜索、超星发现系统等的资源概况、使用方法以及检索技巧,其他相关数据库则仅作简要介绍。

第一节 中国生物医学文献服务系统

中国生物医学文献服务系统(SinoMed)由中国医学科学院医学信息研究所(图书馆)开发研制。其学科范围广泛,年代跨度大,是集检索、免费获取、个性化定题服务、全文传递服务于一体的生物医学中外文整合文献服务系统。

一、系统资源简介

中国生物医学文献服务系统资源分中文和英文两大类,共8个文献数据库,其中3个中文库、5个外文库。

1. 中国生物医学文献数据库(CBM) 收录1978年以来1 800余种中国生物医学期刊,以及汇编、会议论文的文献题录900余万篇,全部题录均进行主题标引和分类标引等规范化加工处理。年增长约50余万篇,每月更新。学科范围涉及基础医学、临床医学、预防医学、药学、口腔医学、中医学及中药学等生物医学的各个领域。

2. 中国医学科普文献数据库 收录2000年以来国内出版的医学科普期刊近百种,文献总量20万余篇,重点突显养生保健、心理健康、生殖健康、运动健身、医学美容、婚姻家庭、食品营养等与医学健康有关的内容,每月更新。

3. 北京协和医学院博硕学位论文库 收录1981年以来协和医学院培养的博士、硕士研究生学位论文,学科范围涉及医学、药学各专业领域及其他相关专业,内容前沿、丰富,可在线浏览全文,每季更新。

4. 西文生物医学文献数据库(WBM) 收录7 200余种世界各国出版的重要生物医学期刊文献题录2 400余万篇,其中馆藏期刊4 800余种,免费期刊2 400余种;年代跨度大,部分期刊可回溯至创刊年。年增文献100余万篇,每月更新。

5. 英文文集汇编文摘数据库 收录馆藏生物医学文集、汇编,以及能够从中析出单篇文献的各种参考工具书等240余种(册)。报道内容以最新出版的文献为主,部分文献可回溯至2000年,每月更新。

6. **英文会议文摘数据库**　收录2000年以来世界各主要学协会、出版机构出版的60余种生物医学学术会议文献,部分文献有少量回溯,每月更新。

7. **俄文生物医学文献数据库**　收录1995年以来俄国出版的俄文重要生物医学学术期刊30余种,部分期刊有少量回溯,每月更新。

8. **日文生物医学文献数据库**　收录1995年以来日本出版的日文重要生物医学学术期刊90余种,部分期刊有少量回溯,每月更新。

二、系统功能与特点

1. **数据深度加工,准确规范**　SinoMed根据美国国立医学图书馆《医学主题词表(MeSH)》(中译本)、中国中医科学院中医药信息研究所《中国中医药学主题词表》以及《中国图书馆分类法·医学专业分类表》对收录文献进行主题标引和分类标引,对文献内容进行更加全面、准确的揭示。同时,CBM还对作者机构、发表期刊、所涉基金等进行规范化加工,以逐步提升机构、期刊及基金查询分析的准确性与全面性。

2. **检索功能强大,方便易用**　系统在继续支持快速检索、高级检索、多内容限定检索、主题词表辅助检索、主题与副主题扩展检索、分类表辅助检索、作者机构限定、定题检索、多知识点链接等检索功能的基础上,优化智能检索,新增机构检索(含第一机构检索)、基金检索、引文检索三大功能,使检索过程更快、更高效,检索结果更细化、更精确。

3. **学术分析内容丰富、准确客观**　在原有检索结果集聚类分析的基础上,重点围绕CBM新增了多项学术分析功能:引文分析、机构(和第一机构)、基金分析、第一作者分析以及期刊分析功能。除统计各检索结果的发表文献和被引情况外,各分析功能提供第一作者/机构主要研究领域、主要合作作者、主要合作机构、期刊发文机构、引用期刊、机构高产作者的深度分析。

4. **全文服务方式多样、快捷高效**　在整合各类原文链接信息的基础上,借助协和医学院图书馆丰富的馆藏资源和与维普等数据服务商的合作,同时依托NSTL,建立全文传递服务系统。通过SinoMed,用户能阅读协和医学院硕博士学位论文、直接获取免费期刊文献原文、获得外文非免费原文链接及申请付费式原文索取等全文服务。

5. **个性化服务**　个性化服务是SinoMed为用户提供的一项非常重要的功能。用户注册个人账号后便能拥有SinoMed的"我的空间"权限,享有检索策略定制、检索结果保存和订阅、检索内容主动推送及邮件提醒、写作助手、引文追踪、使用统计等个性化服务。通过"我的空间",用户还能为SinoMed提供宝贵的反馈意见和建议。

三、检索途径和方法

SinoMed检索时,可以根据需要,进行若干个子数据库之间的跨库检索,默认是跨库检索。跨库检索能同时在平台集成的多个数据库进行检索,默认状态是选中3个中文数据库。也可选择单个数据库进行检索。

这里以CBM为例,介绍其使用方法。CBM的检索途径主要有快速检索、高级检索、主题检索、分类检索、期刊检索和作者检索等。

（一）快速检索与智能检索

1. **快速检索** 登录系统首页，选择"中国生物医学文献数据库"，系统默认在快速检索下进行检索（图3-1）。

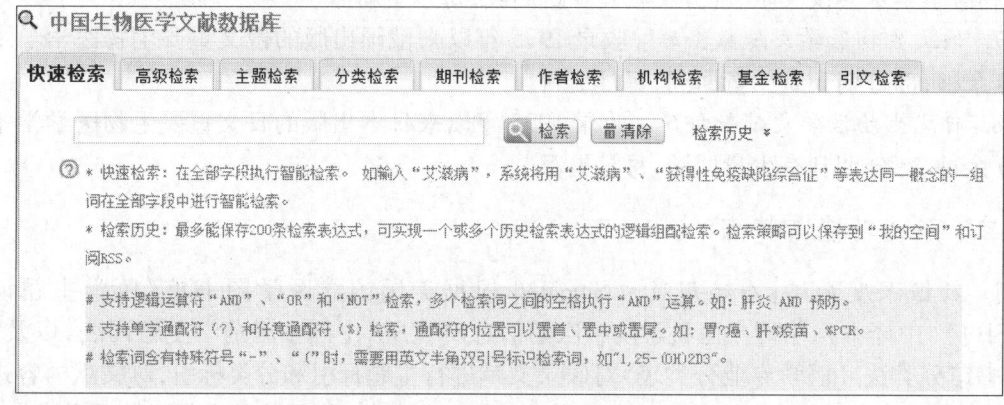

图3-1 快速检索界面

快速检索是在数据库的全部字段内执行检索，且集成了智能检索功能。

2. **智能检索** 智能检索基于自由词-主题词转换表，能将输入的检索词转换成表达同一概念的一组词的一种检索方式，即自动实现检索词、检索词对应主题词及该主题词所含下位词的同步检索。

例：输入"艾滋病"，系统将用"艾滋病""获得性免疫缺陷综合征""后天性免疫缺陷综合征""AIDS"等表达同一概念的一组词在全部字段或主题词字段中进行智能检索。

3. **检索规则** 支持逻辑运算符"AND""OR"和"NOT"检索，多个检索词之间的空格默认为"AND"逻辑组配关系。如：肝炎 预防。

支持单字通配符（?）和任意通配符（%）检索，通配符的位置可以置首、置中或置尾。如：胃?癌、肝%疫苗、%PCR。

检索词含有特殊符号"-""（"时，需要用英文半角双引号标识检索词，如："hepatitis B virus""1,25-$(OH)_2D_3$"。

（二）高级检索

高级检索支持多个检索入口、多个检索词之间的逻辑组配检索，方便构建复杂检索表达式（图3-2）。

基本检索步骤：选择检索入口，在检索式输入框输入检索词，选择（或不选择）"智能检索"方式，点击"检索"按钮完成检索。

1. **选择检索入口** 高级检索的检索入口为系统默认的"常用字段"状态，常用字段由中文标题、摘要、关键词、主题词四个检索项组成。也可根据实际情况限定字段进行检索。全部字段检索表示在所有可检索的字段检索；限定字段检索指仅在某一指定字段内检索。

2. **智能检索** 实现检索词及其同义词（含主题词）的扩展检索。

3. **精确检索** 检索结果与检索词完全匹配的一种检索方式，适用于关键词、主题词、作者、分类号、刊名等字段。如不选择精确检索，系统默认模糊检索。模糊检索亦称包含检索，

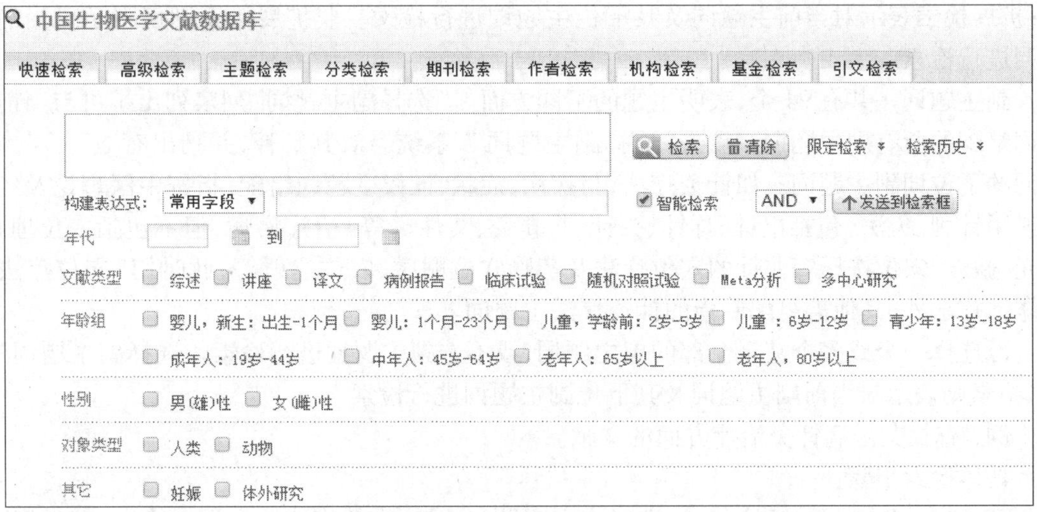

图 3-2　高级检索界面

指检索词包含于命中文献的检索字符串中。所有字段均可进行模糊检索,模糊检索能够扩大检索范围,提高查全率。

4. 限定检索　限定检索把年代、文献类型、年龄组、性别、对象类型、其他等常用限定条件整合到一个表单中以供选择,用于对检索结果的进一步限定,可减少二次检索操作,提高检索效率。一旦设置了限定条件,除非用户取消限定条件,否则在用户的检索过程中,限定条件一直有效。

5. 逻辑组配检索　逻辑运算符有"AND"(逻辑与)、"OR"(逻辑或)和"NOT"(逻辑非)三种,三者间的优先级顺序为：NOT > AND > OR。

6. 二次检索　是在上一个检索结果范围内进一步检索,逐步缩小检索范围。与上一个检索词之间的关系为逻辑与。

(三) 主题检索

所谓主题检索,指采取规范化的主题词基于主题概念进行检索。与关键词检索相比,主题检索能有效提高查全率和查准率。

可用中文主题词或英文主题词及同义词查找对应主题词,也可以通过主题导航逐级展开查找,浏览主题词注释信息和树形结构,确定恰当的主题词。具体检索步骤：

第一步：选择"中文主题词"或"英文主题词"。

第二步：输入检索词,点击"查找"命令,进入主题词轮排表选词。

第三步：选择所需主题词,进入主题词显示状态。此页面包括检索选项、副主题词选择,以及主题词的中文名称、英文名称、款目词、树状结构号、相关参见、标引注释、标引回溯注释、历史注释、树状结构。

第四步：选择副主题词。

第五步：点击"发送到检索框"按钮。

第六步：点击"主题检索"按钮,得到检索结果,完成检索。

检索选项有加权、扩展检索两个选项,系统默认状态为非加权、扩展检索。

加权检索表示仅对加星号(*)主题词(主要概念主题词)检索,可提高检索结果的相关性;扩展检索表示对当前主题词及其下位主题词进行检索。非扩展检索则仅限于对当前主题词进行检索。

副主题词一共有94个,表明主题的不同方面。"选择副主题词"列表列出了可与当前主题词组配的所有副主题词。点击"选择副主题词",系统会对其解释,并列出有"(+)"副主题词的下位词副主题词。如针灸疗法,与疾病、症状、证候主题词组配,指按中医理论及经络学说用针刺、灸法(包括电针、耳针、头针、艾卷灸、艾炷灸等)治疗疾病,但不包括穴位埋藏、激光、微波、穴位按压等非针的穴位疗法及药物穴位贴敷、穴位注射等,此时用"穴位疗法"。除体针疗法外,其他需组配专指的针灸疗法主题词。

可选择一个或多个甚至全部的副主题词,或不选副主题词进行检索。选择副主题词"扩展"检索则表示对当前副主题词及其下位副主题词进行检索。

例:查找艾滋病针灸治疗方面的文献。

具体检索步骤:

第一步:在"主题检索"状态,选择中文主题词入口,在检索式输入框中输入"艾滋病"后点击旁边的"查找"按钮。

第二步:系统进入主题词轮排索引浏览状态,查看后发现"艾滋病"规范的主题词是"获得性免疫缺陷综合征"。

第三步:点击"获得性免疫缺陷综合征",系统弹出主题词显示列表,在"选择副主题词"中选择"针灸疗法",按"添加"按钮或双击添加至选定副主题词框中。

第四步:分别点击"发送到检索框""主题检索"按钮,系统开始检索。

(四)分类检索

分类检索,即从文献所属的学科角度进行查找,能提高族性检索效果。《中国图书馆分类法·医学专业分类表》是CBM分类标引和检索的依据。分类检索单独使用或与其他检索方式组合使用并且通过类号或类名进行检索,通过选择是否扩展、是否复分会使检索结果更为准确。

欲查找某学科文献时,可以通过两种方式实现:在类名、类号输入框输入学科类名或类号来实现;通过分类导航逐级展开来实现。

1. 类名或类号检索

第一步:进入分类检索界面,选择"类名"检索字段并输入检索词。

第二步:从系统返回的命中类名列表中选择准确类名。

第三步:在注释详细页面,显示了该分类可组配的复分号、详细解释和所在的树形结构。可以根据检索需要,选择是否"扩展检索";对于可复分的类号,选择复分组配检索(可选择多个复分号)。

第四步:点击"分类检索"按钮,完成检索。

2. 分类导航浏览检索

第一步:依据分类树逐级展开,直至浏览到所需要的类目后点击进入。

第二步:根据需要,选择是否扩展检索;对于可复分的类号,选择复分组配检索(可选择多个复分号)。

第三步:点击"分类检索"按钮完成检索。

"扩展检索"表示对该类号及其下位类号进行查找。系统默认为"扩展检索"。

(五)期刊检索

期刊检索提供从期刊途径获取文献的方法,并能对期刊的发文情况进行统计与分析。一般经过两个步骤:① 目标期刊定位,可通过检索入口处选择刊名、出版地、出版单位、期刊主题词或者 ISSN 直接查找期刊,也可通过"期刊分类导航"或"首字母导航"逐级查找浏览期刊;还可通过"期刊主题词"检索或"分类导航"来获取涵盖或涉及该学科领域的所有期刊信息。② 期刊文献查找,通过期刊信息详细列表,可以了解目标期刊的学科主题信息、出版频率、编辑部联系方式等,并可以直接指定年、卷期进行浏览,也可以输入欲检索的内容后,在指定的年卷期中查找浏览具体文献。

(六)作者检索

通过作者检索,可以查找该作者署名发表的文献,还能查找该作者作为第一作者发表的文献,并能通过指定作者的单位,准确查找所需文献。

(七)机构检索

机构检索可以了解指定机构及作为第一机构时论文发表情况和被引用情况。可通过输入机构名称、分类导航逐级查找、机构名首字母导航三种方式查找所需机构。

(八)基金检索

基金检索可查找特定基金项目成果发表情况。可通过输入基金名称或者基金项目("项目名称"或"项目编号")直接查找基金,也可通过基金分类导航逐级查找浏览。

(九)引文检索

引文检索支持从被引文献题名、主题、作者/第一作者、出处、机构/第一机构、资助基金等途径查找引文,了解感兴趣文献在生物医学领域的引用情况。在引文检索结果界面,还能对检索结果做进一步的限定,包括限定被引频次、被引年代、引文发表年代等。

例:检索 2011—2015 年间被引文献主题包含"胃肿瘤"的引文。

具体检索步骤:

第一步:进入 CBM 的引文检索页面,在被引年代处选择"2011"和"2015"。

第二步:检索入口选择"被引文献主题",输入"胃肿瘤",点击"检索",即可查看到所需结果。

(十)链接检索

在检索结果中,自动实现关键词、主题词、特征词、作者、导师、期刊出处、主题相关、参考文献等知识点的快速检索,可全方位满足检索过程中的新发现、新需求。并可以链接到维普全文数据库获取原文。

(十一)检索历史

CBM 最多允许保存 100 条检索表达式。检索历史的功能主要有:

(1)逻辑组配:可从中选择一个或多个检索表达式并用逻辑运算符 AND、OR、NOT 组成更恰当的检索策略,如#1 and #2 或选择相应的逻辑运算符按钮。

(2)保存检索策略:根据需求选择一个或多个检索表达式保存成特定的"检索策略"。在"我的空间"中可定期调用该检索策略,及时获取最新信息。另外,要保存检索策略,必须先注册、登录后才能使用。

四、检索结果的处理

SinoMed 平台支持多种个性化检索结果浏览和输出设置,在检索结果页面用户可根据需要,点击"结果输出",选择输出方式、输出范围、保存格式。

1. 检索结果分析　检索结果页面右侧,按照主题、学科、期刊、作者、时间和地区6个维度对检索结果进行了统计,以了解该领域的主要研究人员、领域研究热点、领域学科发展轨迹和趋势、领域核心期刊等信息。点击"统计结果数量"可以在检索结果页面中展示所需内容。在CBM和中国医学科普文献数据库最大支持200 000条文献的结果统计,在西文生物医学文献数据库最大支持100 000条文献的结果统计。

主题统计是按照《医学主题词表》(中译本)进行展示的,主题统计最多可以展示到第6级内容。

学科统计是按照《中国图书馆分类法·医学专业分类表》进行展示的,学科统计最多展示到第3级内容。

期刊、作者和地区的统计是按照由多到少的统计数量进行排序的,默认显示10条,点击更多显示统计后的前50条。

时间统计是按照年代进行排序的,默认显示最近10年,点击更多显示最近50年。

点击检索结果界面右侧"统计"按钮,可查看从主题、学科、作者、期刊、时间、地区六方面的分布统计。点击"结果浏览"可查看限定后的结果。系统还通过统计图来展示限定检索后的详细内容,并提供保存或打印功能。

2. 排序方式　支持入库、年代、作者、期刊、相关度五种排序方式。系统支持的最大排序记录数为65 000条。

3. 检索结果分类　CBM对检索结果从三方面进行了详细分类,分别为核心期刊、中华医学会期刊、循证文献。核心期刊指被《中文核心期刊要目总览》或者《中国科技期刊引证报告》收录的期刊;中华医学会期刊是指中华医学会编辑出版的医学期刊;循证文献指SinoMed对检索结果进行循证医学方面的策略限定所得结果。

4. 检索结果显示格式　单页记录显示条数可自主设置每页显示的命中记录数,系统默认每页显示20条。检索结果显示格式有题录格式、文摘格式、自定义格式和参考文献格式四种。

题录格式:显示标题、作者、作者单位、出处、相关链接。

文摘格式:显示标题、作者、作者单位、文摘、出处、相关链接。

自定义格式:显示所有字段,可以自行选定想要保留的字段信息。

参考文献格式:以参考文献的格式显示。

5. 输出范围　可选择全部记录、标记记录、当前页记录以及具体的记录号范围。

6. 输出方式　支持打印、保存和E-mail、写作助手四种检索结果输出方式。单次打印、保存的最大记录数为500条,单次E-mail发送的最大记录数为50条。

五、学术分析

CBM从引证角度开展的期刊分析、第一作者分析、机构分析、基金分析和引文分析学术分析,帮助用户从中洞察隐含的学科领域发展趋势。

1. 期刊分析　期刊分析能提供全面翔实的期刊内容和被引情况统计,可用于医学核心期刊的筛选与评价。查找到所需期刊进入期刊注释详细页面后,点击页面中部的"分析"按钮,即可生成期刊分析报告。期刊分析报告由历年发文和被引情况柱状统计图、分析文献综合统计信息、近10年发文被引情况、近5年发文地区、引用期刊和发文机构分布几大部分组成。

2. 第一作者分析　第一作者分析能分析某机构作者以第一作者身份发表的论文情况。查找到同名第一作者机构分布列表后(见作者检索),点击页面中部的"分析"按钮,即可生成第一作者分析报告。第一作者分析报告由历年发文和被引情况柱状统计图、分析文献综合统计信息、主要研究领域和主要合作作者几大部分组成。

3. 机构分析　机构(第一机构)分析能对各个机构发文及被引情况进行统计分析,可用于机构科研成果的综合评价。查找到机构列表并勾选所需机构后,点击页面中部的"分析"按钮,即可生成机构(第一机构)分析报告。机构(第一机构)分析报告由历年发文和被引情况柱状统计图、分析文献综合统计信息、机构主要研究领域、主要合作机构和机构内主要作者几部分组成。

4. 基金分析　基金分析能对各项基金的发文情况和资助研究概况进行统计分析。查找到所需基金并勾选后,点击页面中部的"分析"按钮,即可生成基金分析报告。基金分析报告由历年发文和被引情况柱状统计图、分析文献综合统计信息、该基金资助的项目、主要资助机构和资助成果的主要学科领域几部分组成。

5. 引文分析　引文分析是 CBM 的一项重要功能。在引文检索结果界面的右上角,点击"创建引文报告",即可对检索结果的所有引文结果进行分析,生成引文分析报告。引文分析报告由检索结果集历年发文和被引情况柱状统计图、分析文献综合统计信息和论文近5年被引用情况统计三部分组成。需要注意的是,当引文检索结果超过 10 000 条时,引文分析报告只分析排序在前 10 000 的记录。

六、我的空间

系统提供独立个人空间,用户注册个人账号后便能拥有 SinoMed 的"我的空间"权限,享有检索策略定制、检索结果保存和订阅、检索内容主动推送及短信、邮件提醒等个性化服务。保存有价值的检索策略,跟踪领域最新发展;保存感兴趣的检索结果,按个人习惯进行组织和再利用。

1. 我的检索策略　用于定期跟踪某一课题的最新文献。从检索历史页面,勾选一个或者多个记录,保存为一个检索策略,并且可以为这个检索策略赋予贴切的名称。保存成功后,可以在"我的空间"里对检索策略进行导出和删除操作。点击策略名称进入策略详细页面,可对策略内的检索表达式进行"重新检索""删除""推送到邮箱"和"RSS 订阅"。通过策略详细页面的"重新检索",可以查看不同检索时间之间新增的文献。

2. 我的订阅　从检索历史页面,可以对历史检索表达式进行邮箱订阅或者 RSS 订阅。邮箱订阅是指将有更新的检索结果定期推送到用户指定邮箱,可以设置每条检索表达式的推送频率,并可浏览和删除任意记录的邮箱推送服务。

3. 我的数据库　用于在检索过程中随时保存检索结果,从检索结果页面,可以把感兴趣的检索结果添加到"我的数据库",供再次查阅或索取原文。可通过标题、作者、标签三个字段查找有关文献,并且可以对每条记录添加标签和备注信息。

4. 引文追踪器　引文追踪器用于对关注的论文被引情况进行追踪。当有新的论文引用此论文时,用户将收到登录提示和邮件提示。对于单篇文献,在登录了"我的空间"的前提下,可以创建"引文追踪器",并发送到"我的空间",追踪该引文的最新被引情况。在"我的引文追踪"页面,可以对创建的引文追踪进行"重新检索"和"删除"操作。

5. 我的写作助手 医学写作助手是一款文献管理与辅助写作的个性化软件工具,依托SinoMed 医学文献资源,能为用户提供专业、全面的医学类文献收集、管理、写作、投稿的一条龙式服务。

医学写作助手具有个性化文献管理、文献收集、参考文献管理与辅助投稿四大功能:① 个性化文献管理("我的文献")提供建立个人文献管理体系,能分类管理收集到的文献题录与全文资料。② 文献收集提供对 SinoMed 以及 PubMed 资源的一站式检索与检索结果保存到个性化文献管理体系中。③ 也可把在 CNKI、维普、万方、Google Scholar 等系统中检索出的文献题录信息导入到文献管理体系中。④ 论文投稿提供按学科领域将相关的核心期刊进行分类查询,并提供该期刊的基本信息和征稿信息以及可以通过邮件和在线投稿的网络链接。除在线系统这四大功能外,还能将医学写作助手嵌入到 Word 里作为插件使用,方便对参考文献进行更好的管理。

网址:http://www.sinomed.ac.cn/

第二节 中国中医药数据库检索系统

中国中医药数据库检索系统是中国中医科学院中医药信息研究所建设的多类型的中医药学大型数据库,创建于 1984 年。目前该系统数据库共有 48 个,数据总量 170 余万条(截止至 2015 年 12 月)。

中国中医药期刊文献数据库是系统中最大最重要数据库之一。该数据库收录了 1949 年至今的有关中医药学内容的期刊文献信息,涵盖了千余种中国国内出版的生物医学及其他相关期刊,包含中医药学、针灸、气功、按摩、保健等方面的内容,其中超过半数附有文摘。该数据库提供有 18 个专题数据库,数据库实行每季度更新,每年约增加文献 6 万篇。

一、检索途径和方法

(一)多库检索

多库整合检索平台是将多个不同类型、不同结构、不同软件支持的本地及异地数据库置于一个统一的检索平台上。在多库融合检索平台有 9 种类型数据库,可以从各个不同的数据库中检索所需要的信息,也可以只选择其中一个数据库进行检索。

在检索首页的检索框中输入检索词,点击"多库检索"按钮,即可检索所有 48 个数据库中的内容。也可点击"全部数据库",进入数据库列表,选择要检索的数据库,在检索框中输入待查信息,点击"多库检索"按钮即可检索。

(二)单库检索

以中国中医药期刊文献数据库为例做介绍。

1. 基本检索 在检索输入框中输入检索词,进行检索词的"模糊""精确"匹配选择,点击"检索"按钮。也可通过"字段选择"下拉框,选择中文题名、作者、单位、期刊、特征词、主题词、关键词、主题姓名、文献类型及分类号等方式来检索特定的字段。得到相应结果后,如需进一步精选文献,则可在输入框中输入检索词,点击"二次检索",如果不选择"字段选择"下拉框内容,所检结果即为所有字段中命中检索词的文献。

2. 限定检索　限定检索是根据检索需要,勾选限定条件后所执行的检索。点击基本检索页面上的"限定检索"即打开界面,只有文献数据库才有限定检索功能。通过数据库选择下拉框可以选择不同的文献数据库来进行检索,限定检索有年代范围、性别、研究对象、资助类型、文献类型、历史年代和历史朝代、年龄、病例数等可供选择。输入检索词后,根据检索需要,确定选择限定的条件后,即可执行检索。限定检索上方的检索词输入框和基本检索输入框的使用方式一样。

3. 主题检索　主题检索是应用中、英文主题词而进行的检索。主题检索可用中文主题词、英文主题词及同义词进行查找,可浏览主题词注释信息和树形结构,确定恰当的主题词以及可以组配的副主题词。

4. 分类检索　在"分类检索"框下输入分类号即可执行检索。

5. 期刊检索　通过从"刊名""主办单位""地址"及"ISSN"等入口检索到期刊,可浏览该刊的基本信息并进行检索。

6. 历史检索　在"历史检索"窗口中不仅能看到前面若干次的检索结果,同时还可以对检索结果进行表达式检索,从列表中选择一个或多个检索式并用逻辑运算符表达新的逻辑关系。

7. 高级检索　可以使用逻辑符及通配符进行组配检索来表达复杂的检索意图。通过字段的选择和逻辑运算符(AND、OR、NOT)、通配符("%",任意位数字符的通配符;"?",任意一位字符的通配符)按钮的选择来生成一个完整的检索表达式进行检索。

二、检索结果的处理

1. 结果显示　中国中医药期刊文献数据库命中的检索结果,仅显示文献的题名,点击题名显示文献的题录内容,如中文题名、作者、第一作者单位、出处、中英文摘要、主题词、特征词、分类号、中西医药理、病例数等内容,其中作者、出处(刊名)字段还可以进行链接检索。

2. 结果保存　要保存指定的内容,可以在选择框上勾选,然后点击"保存"按钮,就可以保存指定的内容到本地。保存时需选择使用的套录模板类型:题录格式(无文摘)、题录格式(有文摘)、一般格式。

网址:http://cowork.cintcm.com/engine/windex.jsp

第三节　CNKI 数据库

中国知识基础设施工程(China National Knowledge Infrastructure,CNKI)由清华大学、清华同方发起,始建于 1999 年 6 月。CNKI 为用户提供资源总库、国际文献总库、行业知识服务平台以及个人/机构数字图书馆等特色服务。CNKI 数据库是 CNKI 主体之一,是文本型全文数据库,大部分文献均采用由期刊、图书、报纸等出版单位和博硕士培养单位直接提供的纯文本数据。CNKI(中国知网)依托 CNKI 知识发现网络平台为用户提供网上信息检索服务。

一、CNKI 资源

(一)资源总库

资源总库是 CNKI 的核心资源,包括源数据库、特色资源、国外资源、行业知识库、作品欣赏和指标索引。其中源数据库包括以下几类数据库:

1. 期刊　中国学术期刊(网络版)、中国学术辑刊全文数据库、世纪期刊(期刊导航)、商业评论数据库、中国学术期刊(网络版)——特刊。

(1) 中国学术期刊(网络版):世界最大的连续动态更新的中国学术期刊全文数据库,以学术、技术、政策指导、高等科普及教育类期刊为主,涵盖自然科学、工程技术、农业、哲学、医学、人文科学等学科领域的中国学术期刊全文数据库。截至2015年12月,收录国内学术期刊8 115种,文献总量达4 500余万篇,收录自1915年至今出版的期刊,部分期刊回溯至创刊。

(2) 中国学术辑刊全文数据库:辑刊是指由学术机构定期或不定期出版的成套论文集,具有较强的学术辐射力和带动效应。中国学术辑刊全文数据库是目前国内唯一的学术辑刊全文数据库,共收录1979年至今国内出版的重要学术辑刊607种,累积文献总量19余万篇。

(3) 商业评论数据库:收录了《商业评论》中文杂志自2002年9月以来的所有文章,内容涵盖管理学主要学科,文章体现第一手研究材料,具有相当的前瞻性和权威性。

(4) 中国学术期刊(网络版)——特刊:中国学术期刊(网络版)的一个子集,收录独家授权数字出版的学术期刊文献。内容涉及科技、医学及人文社会科学等各个领域。目前已收录出版期刊1 609种,累计文献总量889万余篇。

2. 学位论文　中国博士学位论文全文数据库、中国优秀硕士学位论文全文数据库。

(1) 中国博士学位论文全文数据库:收录1984年至今国内426家培养单位的博士学位论文(涉及国家保密的论文除外)27万余篇,内容覆盖基础科学、工程技术、农业、医学、哲学、人文、社会科学等各个领域。

(2) 中国优秀硕士学位论文全文数据库:收录1984年至今国内684家培养单位的优秀硕士学位论文240多万篇,内容覆盖基础科学、工程技术、农业、哲学、医学、人文、社会科学等各个领域。

3. 报纸　中国重要报纸全文数据库。

4. 会议　中国重要会议论文全文数据库、国际会议论文全文数据库。

(二) 国际文献总库

包括14 000多家国外出版社的文献。

(三) 行业知识服务平台

行业知识服务平台是一个面向行业网络的知识发现及共享平台,其中包括医药卫生、农业、企业、党政机关、法律、基础教育等行业知识服务平台。医药卫生知识服务平台包括中国医院数字图书馆、中国医院知识仓库、人民军医出版社图书数据库、人民军医出版社增值数据库、ProQuest全球博硕士医学学位论文全文数据库、中国典型病例大全和医学手机报。

二、知识发现网络平台

CNKI知识发现网络平台(Knowledge Discovery Network Platform, KDN)实现了知识汇聚与知识发现,结合搜索引擎、全文检索、数据库等相关技术达到知识发现的目的,可在海量知识及信息中发现和获取所需信息。

(一) 检索途径与方法

1. 一框式检索　进入CNKI首页(图3-3)即可在页面上方进行一框式检索。只需在文本框中直接输入自然语言(或多个检索短语)即可完成检索。一框式检索默认为检索"文献",属跨库检索,目前包含文献类数据库如期刊、博士、硕士、国内重要会议、国际会议、报纸库。一框式检索的优点在于简单易用,风格统一。

图3-3 CNKI首页

(1)输入检索词直接检索:选择数据库(默认为文献)以及检索字段,在检索框中直接输入检索词,点击"检索"按钮进行检索。

(2)数据库切换直接检索:选取字段以及输入检索词,切换数据库则直接检索,如果检索框为空,则不检索。

除首页上列出的常用几个数据库可随意切换外,如果想切换其他数据库可以点击"更多>>"进行选择,如点击"更多>>"下面的"更多>>",则进入数据库列表页,点击任一数据库进入检索页面。

此外,在"文献"检索中,提供了跨库选择功能,点击"跨库选择",可以选择想要的数据库进行组合检索。选择完成后,在"跨库选择"后会出现数字以表示已选择的数据库数量。

(3)文献分类检索:文献分类检索提供以鼠标滑动显示的方式进行展开,包括基础科学、工程科技、农业科技等十个专辑,每个专辑又进行了细分,根据需要点击某一个分类,即进行检索。

(4)智能提示检索:系统的检索都有智能提示,提供相关热词,能够快速找到相关检索词。不同检索项提供不同的热点词库。

(5)检索建议:"检索建议"即系统智能地识别用户所输入的检索词是否与检索项对应。如在"文献"中,检索项为"全文",检索词用"中国中医药大学",点击"检索"按钮(或直接回车),则系统会给出智能提示,询问用户。

(6)相关词检索:在检索结果页面的下方,提供了输入检索词的相关词,点击相关词即可进行检索。

(7)检索历史:检索历史位于检索结果显示页面的右侧,是记录用户之前的检索项。

点击任意一个历史检索项,可直接检索。点击"检索痕迹",进入检索痕迹页面,显示每次检索的条件、检索方式和数据库。点击任一检索条件则进入了相应的历史检索结果页面。如果要清除检索历史点击"清空"即可。

(8) 右侧分组:不同的数据库检索之后,检索结果页面右侧出现不同的分组。以数据库"期刊"为例,检索"人参皂苷"。在期刊列表中,选中一个点击之后,检索结果全部来自选中的期刊。点击 ⌄ ,则展开了其他期刊。其他分组包括关键词等,用法相同。

(9) 结果中检索:如果对检索结果不满意,可以选择在结果中检索,这样检索的结果范围缩小,更加精确,符合检索的要求。

(10) 检索结果分组与排序:如果有分组,则在检索结果中显示相关的分组详细情况,默认展开年份分组,且每个分组都显示该组的数量。在分组的下方,可以选择按照某个字段进行排序,默认为"主题排序"降序,再次点击之后则按照升序排列。

(11) 切换显示模式:点击 切换到摘要 ,则可以将检索结果变为摘要模式。

(12) 在线预览:在检索结果页面中, 📖 图标表示预览全文,点击之后进入了预览页面。预览可分为单篇预览和组合预览:

单篇预览可在预览页面下载 CAJ 和 PDF 格式(博硕士和统计数据没有 PDF 格式)的文件。点击 ➡ 可翻页,免费阅读 10%(最大 10 页),超过之后,需登录(包库用户直接预览,个人用户则提示金额,是否继续预览)。在原文显示内,点击鼠标(或者翻页),页面自动定位满屏显示原文,鼠标滑动滚轮可实现翻页。

组合预览可以通过在检索结果页面中选择不同库里文献进行组合得以实现(仅支持期刊、博士、硕士、会议和年鉴组合)。在组合预览的页面里,以目录的形式显示,同一类型的文献进行了归类。

(13) 下载与分享:在检索结果页面中,点击 ⬇ ,可以下载该篇文献。此外,鼠标滑过 ➕ 图标,显示 分享到 😊 ◯ 人 开 多 ,可以实现对该篇文献在新浪微博、腾讯微博、人人网、开心网和网易微博中的分享。

2. 高级检索 高级检索模式适合专业检索和组合检索者。在检索的首页,选择要检索的库(以期刊库为例),再点击"高级检索",进入高级检索页面(图 3-4)。

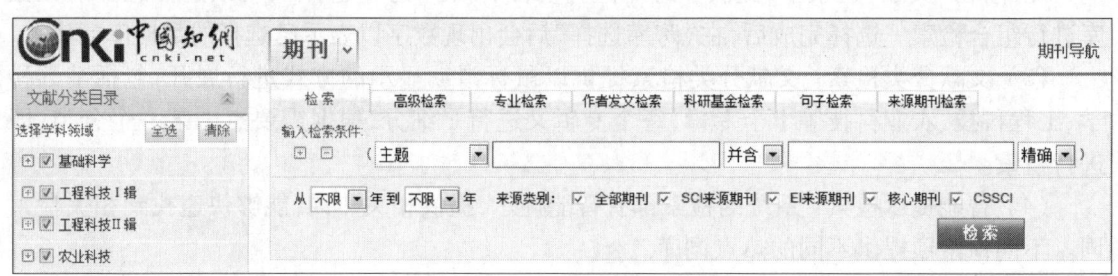

图 3-4 期刊高级检索界面

高级检索模式包括检索、高级检索、专业检索、作者发文检索、科研基金检索、句子检索、来源期刊检索。

(1) 检索:进入高级检索模式之后,默认为"检索"(跨库则默认"高级检索")。检索功能实现了简单的组合检索,图中 ➕ 和 ➖ 按钮,用来添加或者减少检索条件,可以选择年限和期刊的来源类别进行组合检索,同时也提供了精确和模糊的选项,满足用户的需求。

(2) 高级检索:高级检索中,"词频"表示该检索词在文中出现的频次。在高级检索中,还提供了更多的组合条件,来源、基金、作者以及作者单位等。

(3) 专业检索:专业检索是所有检索方式里面较为复杂的一种检索方法。需要用户自己输入检索式并确保所输入的检索式语法正确,这样才能检索到想要的结果。每个库的专业检索都有具体的语法说明,可以点击页面中"检索表达式语法"进行参看。

(4) 作者发文检索:作者发文检索用于检索某作者的发表文献,只要用户输入相应作者姓名、单位即可。

(5) 科研基金检索:科研基金检索用于检索某基金发表的文献。点击 按钮可以进行基金的选择。

(6) 句子检索:用来检索文献正文中所包含的某一句话,或者某一个词组等文献,可以点击 和 按钮,在同一句或者同一段中检索。

(7) 来源期刊检索:主要针对想了解期刊来源的用户,检索某个期刊的文献,包括期刊的来源类别、期刊名称、年限等进行组合检索。

(8) 检索结果:高级检索模式里的检索结果,和此前介绍的一框式检索结果功能类似。在高级检索结果页面的"文献分类目录"中点击任意一个分类,结果会发生相应的变化,选中某个分类,再选择条件检索,将会缩小检索范围、提高检索效率。

3. 出版物检索 在CNKI首页点击"出版物检索"进入导航首页。在该页中有字母导航和分类导航。

(二) 文献知网节

提供单篇文献的详细信息和扩展信息浏览的页面被称为"知网节"。它不仅包含了单篇文献的详细信息,还是各种扩展信息的入口汇集点。这些扩展信息通过概念相关、事实相关等方法提示知识之间的关联关系,达到知识扩展的目的,有助于新知识的学习和发现。在检索结果的页面中,点击文献的题名,则进入知网节页面。

1. 节点文献 以期刊为例,节点文献信息包括:篇名、下载阅读方式、作者、机构、摘要、关键词、文内图片、分类号、被引频次、下载频次、参考文献、相似文献、同行关注文献、相关作者文献、相关机构文献、文献分类导航。不同类型的知网节包含的信息不同。

2. 文献网络图示 "本文链接的文献网络图示"中包含本文的引文网络、本文的其他相关文献两部分,并以图形形式显示出来。

3. 各类文献的含义 在本文的引文网络部分包括:二级参考文献、参考文献、引证文献、二级引证文献、共引文献、同被引文献。

(1) 参考文献:反映本文研究工作的背景和依据。

(2) 二级参考文献:本文参考文献的参考文献。进一步反映本文研究工作的背景和依据。

(3) 引证文献:引用本文的文献。本文研究工作的继续、应用、发展或评价。

(4) 二级引证文献:本文引证文献的引证文献。更进一步反映本研究的继续、发展或评价。

(5) 共引文献:与本文有相同参考文献的文献,与本文有共同研究背景或依据。

(6) 同被引文献:与本文同时被作为参考文献引用的文献。

4. 图形式列表功能　每种文献的数量标示在标题后面,用括号括起来,如:参考文献(21)。点击任意类型文献的题名,该类文献将在图表下面显示出来。涉及的数据库有中国学术期刊网络出版总库、中国优秀硕士学位论文全库、Springer 期刊数据库和外文题录数据库等数据库的文献。每个库中的文献在首页显示 10 条。

网址:http://www.cnki.net

第四节　维普信息资源系统

重庆维普资讯有限公司成立于 1995 年,其前身为中国科技情报研究所重庆分所数据库研究中心。1989 年自主研发并推出了《中文科技期刊篇名数据库》,是中国第一个中文期刊文献数据库。

在《中文科技期刊篇名数据库》的基础上,重庆维普资讯有限公司又研发了中文科技期刊数据库、中文科技期刊数据库(引文版)、中国科学指标数据库 CSI、中文科技期刊评价报告、外文科技期刊数据库、中国基础教育信息服务平台、智立方、中国科技经济新闻数据库、维普期刊资源整合服务平台、维普机构知识服务管理系统、文献共享平台、维普论文检测系统等系列产品。

一、资源简介

1. **中文科技期刊数据库**　是维普公司的主要产品,收录了中文期刊 12 000 余种,其中核心期刊 1 957 种,截至 2015 年 12 月文献总量达 4 000 余万篇,文献回溯到 1989 年,部分期刊回溯到 1955 年。学科范围包括社会科学、自然科学、工程技术、农业科学、医药卫生、经济管理、教育科学和图书情报。更新周期为中心网站日更新。

2. **中文科技期刊数据库(引文版)**　是维普在 2010 年推出的期刊资源整合服务平台的重要组成部分,是目前国内检索期刊种类最多的引文数据库。该数据库收录文摘覆盖 8 000 多种中文科技期刊,引文数据加工追自 2000 年,对文献之间的引证关系进行深度数据挖掘,可用于课题调研、科技查新、项目评估、成果申报、人才选拔、科研管理、期刊投稿等用途。

3. **中国科学指标数据库**　是目前国内规模最大的基于引文评价的事实型数据库,是衡量国内科学研究绩效、跟踪国内科学发展趋势的有力工具。可以通过该数据库查看关于学者、机构、地区、期刊的科研水平及影响力评价,并了解当前国内的科研动态、研究热点和前沿。

4. **中文科技期刊评价报告**　以 8 000 余种期刊作为来源期刊进行引文加工,对总被引频次、影响因子、立即指数、被引半衰期、引用半衰期、期刊他引率、平均引文率七项指标进行评价分析。

5. **外文科技期刊数据库**　提供 1992 年以来世界 30 余个国家的 11 300 余种期刊,800 余万条外文期刊文摘题录信息。对刊名和关键词字段进行汉化,并联合国内 20 余个图书情报机构提供方便快捷的原文传递服务。

6. **中国科技经济新闻数据库**　遴选自国内 420 多种重要报纸和 9 000 多种科技期刊的 305 万余条新闻资讯,包括了各行各业的新产品、新技术、新动态和新法规的资讯报道。

二、维普期刊资源整合服务平台

是维普资讯推出的中文科技期刊资源一站式服务平台,是从单纯的全文保障服务延伸到引文、情报等服务的产品。平台整合期刊文献检索、文献引证追踪、科学指标分析、高被引析出文献、搜索引擎服务五大模块,各模块之间功能互联互通、数据相互印证。本文以期刊文献检索模块介绍其使用方法。

(一)检索途径与方法

期刊文献检索包括基本检索、传统检索、高级检索、期刊导航、检索历史5个检索途径。

1. 基本检索 进入首页,平台默认检索途径为"期刊文献检索"的基本检索,或点击"基本检索"标签,进入基本检索界面。

在基本检索首页使用下拉菜单选择时间范围、期刊范围、学科范围等检索限定条件,选择检索入口后在检索框中输入检索词,点击"检索"按钮进行检索。根据需要点击"+"或"-",可以增加或减少检索条件栏,上限为5个,下限为2个(图3-5)。

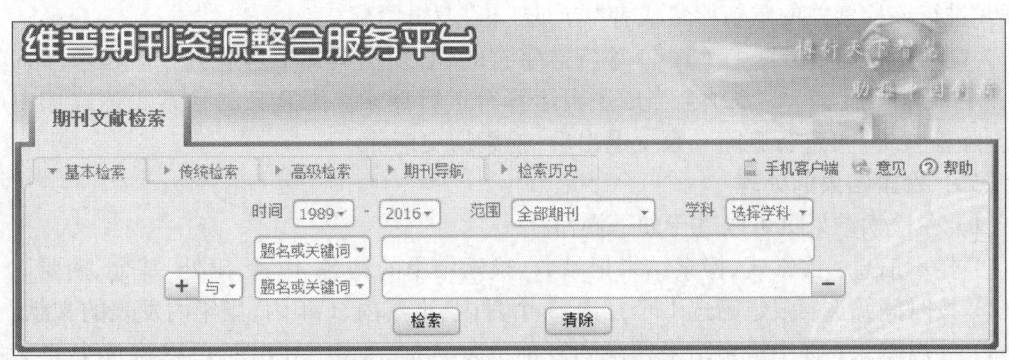

图3-5 基本检索界面

当检索到的数据过多,有些数据不符合需求时,可以考虑二次检索以提高查准率。其中,"在结果中检索"相当于"逻辑与","在结果中添加"相当于"逻辑或","在结果中去除"相当于"逻辑非"。

2. 高级检索 高级检索提供向导式检索和直接输入检索式检索两种方式。运用逻辑组配关系,查找同时满足几个检索条件的文献。

(1)向导式检索:提供分栏式检索词输入方法。除选择逻辑运算、检索项、匹配度外,还可以进行相应字段扩展信息的限定,最大限度地提高了查准率。向导式检索区包括5组菜单式检索字段和条件栏,以及每两组之间的布尔逻辑运算符,其检索操作严格按照由上到下的顺序进行。

在每个检索栏后,有相应的扩展功能按钮,可实现相对应的功能。只需在前面的检索框中输入检索词,再点击相对应的按钮,即可得到系统给出的提示信息。

1)查看同义词:可查看检索词的同义词,以扩大检索范围,防止遗漏关键词。"查看同义词"功能只有在选择了关键词检索入口时才生效。

2)同名/合著作者:输入作者名,点击"同名/合著作者",即以列表形式显示不同单位同名作者,可以选择作者单位来限制同名作者范围。为了保证检索操作的正常进行,系统对该项进行了一定的限制:最多勾选数据不超过5个。"同名作者"功能只有在选择了"作者"

"第一作者"检索入口时才生效。

3)查看分类表:直接点击按钮,会弹出分类表页,操作方法同分类检索。"查看分类表"功能只有在选择了"分类号"检索入口时才生效。

4)查看相关机构:查询检索机构的相关机构名称,可根据需要进行选择,尽量避免出现漏检。为了保证检索操作的正常进行,系统对该项进行了一定的限制:最多勾选数据不超过5个。"查看相关机构"功能只有在选择了"机构"检索入口时才生效。

5)期刊导航:直接点击"期刊导航"按钮,会弹出期刊导航页,操作方法同期刊导航检索。"期刊导航"功能只有在选择了"刊名"检索入口时才生效。

此外,可以通过使用"更多检索条件",以时间条件、专业限制、期刊范围进一步缩小搜索范围,获得更符合需求的检索结果。

(2)直接输入检索式检索:可在检索框中直接输入检索词、逻辑运算符、字段标识等,使用更多检索条件并对相关检索条件进行限制后点"检索"按钮即可。

3. 检索历史　系统自动保存检索历史,但最多允许保存20条检索表达式。点击保存的检索式进行该检索式的重新检索或者"与、或、非"逻辑组配。

关键词中带有*、+、-、()、《》等特殊字符时,必须用英文半角双引号括起来,如:"c++",双引号外的*、+、- 系统会当成逻辑运算符进行搜索。无意义的检索表达式选中后点击"删除检索史"可进行删除。系统退出后,检索历史清除。

(二)检索结果的处理

(1)在检索结果页可以进行如下操作:

1)显示信息:检索式、检索结果记录数、检索结果的题名、作者、出处、基金、摘要。

2)按时间筛选:限定筛选1个月内、3个月内、半年内、1年内、当年内发表的文献。

3)导出题录:选中检索结果题录列表前的复选框,点击"导出",可以将选中的文献题录以文本、参考文献、XML、NoteExpress、Refworks、EndNote 的格式导出。

4)查看细览:点击文献题名进入文献细览页,查看该文献的详细信息和知识节点链接。

5)获取全文:点击"下载全文""文献传递""在线阅读"按钮将感兴趣的文献下载保存到本地磁盘或在线进行全文阅读,其中新增原文传递的全文服务支持,对不能直接下载全文的数据,通过委托第三方社会公益服务机构提供快捷的原文传递服务。

6)检索:可以进行重新检索,也可以在第一次的检索结果基础上进行二次检索(包括在结果中检索、在结果中添加、在结果中去除三种方式),实现按需缩小或扩大检索范围、精简检索结果。

7)页间跳转:检索结果每页显示20条,可以点击页间跳转一行的相应链接,如首页、数字页、下10页等。

8)整合服务:切换标签到"被引期刊论文"等,链向"文献引证追踪"功能,快速检索到最有影响力的相关研究论文。

(2)在文献细览页可以进行如下操作:

1)显示信息:题名、作者、机构地区、出处、基金、摘要、关键词、分类号、全文快照、参考文献、相似文献。

2)路径导航:显示并定位到该文献的刊期。

3)获取全文:同样在文献细览页也可点击"下载全文""文献传递""在线阅读"按钮将

感兴趣的文献下载保存到本地磁盘或在线进行全文阅读。

4) 节点链接:通过作者、机构地区、出处、关键词、分类号、参考文献、相似文献提供的链接可检索相关知识点的信息。

5) 整合服务:"高影响力作者""高影响力机构""高影响力期刊""高被引论文"按钮链向"科学指标分析"模块的相应页面。

网址:http://lib.cqvip.com/

第五节　万方数据资源

万方数据资源系统是中国科学技术信息研究所、北京万方数据股份有限公司联合研究开发的网上数据库检索系统,形成以科技信息为主,集经济、金融、社会、人文信息为一体,实现网络化服务的信息资源系统。2008年万方数据分别与中华医学会、中国医师协会等多个医学领域的权威机构建立了医学期刊全文数据独家战略合作伙伴关系,获得这些医学期刊全文的独家数据库与网络发行权。

万方知识服务平台提供检索、多维浏览等多种信息揭示方法,同时还提供了知识脉络、学术圈、查新咨询等特色增值服务、论文相似性检测等工具类服务共五大服务版块内容(图3-6)。

图3-6　万方数据知识服务平台

一、资源简介

万方数据知识服务平台是一个综合性信息服务系统,包括中外期刊论文、学位论文、中外学术会议论文、法律法规、标准、专利、科技成果、新方志、专家博文等各类信息资源,内容涉及自然科学和社会科学各个专业领域。

1. 中国学术期刊数据库(China Science Periodical Database,CSPD)　收录1998年以来7 600余种期刊上的论文,核心刊3 000种,周更新2次,涵盖理、工、农、医、经济、教育、文艺、社科、哲学政法等学科。

2. 中国学位论文全文数据库(China Dissertation Database,CDDB)　收录始于1980年,并逐年回溯,与国内900余所高校、科研院所合作,占研究生学位授予单位85%以上,涵盖理、工、农、医、人文社科、交通运输、航空航天、环境科学等各学科。

3. 中国学术会议文献数据库(China Conference Paper Database,CCPD)　收录始于1983年,涵盖4 000个重要的学术会议,以国家级学会、协会、部委、高校召开的全国性学术会议为主,每月更新。

4. 外文文献　包括外文期刊论文和外文会议论文。外文期刊论文是全文资源,收录了1995年以来世界各国出版的20 900种重要学术期刊,部分文献有少量回溯。每年增加论文约百万余篇,每月更新。外文会议论文是全文资源,收录了1985年以来世界各主要学协会、出版机构出版的学术会议论文,部分文献有少量回溯。每月更新。

5. 科技报告　中文科技报告收录1966年以来源于中华人民共和国科学技术部的科技报告20 000余份;外文科技报告收录1958年以来美国政府四大科技报告(AD、DE、NASA、PB)1 100 000余份。

6. 中外专利数据库(Wanfang Patent Database,WFPD)　收录1985年以来11国(中国、美国、澳大利亚、加拿大、瑞士、德国、法国、英国、日本、韩国、俄罗斯)、两组织(世界专利组织、欧洲专利局)的4 500余万项专利。

7. 中外标准数据库(Wanfang Standards Database,WFSD)　收录37万余条,全文数据来源于国家指定标准出版单位,专有出版,文摘数据来自中国标准化研究院国家标准馆,数据权威。

8. 中国地方志数据库(China Local Gazetteers Database,CLGD)　新方志收录始于1949年,40 000余册,旧方志收录年代为0—1949年,预计近50 000册。

9. 中国科技成果数据库(China Scientific & Technological Achievements Database,CSTAD)　收录始于1978年,来源于各省、市、部委鉴定后上报国家科技部的科技成果及星火科技成果,涵盖新技术、新产品、新工艺、新材料、新设计等众多学科领域。

10. 中国法律法规数据库(China Laws & Regulations Database,CLRD)　收录始于1949年,数据源自国家信息中心,权威、专业,涵盖国家法律法规、行政法规、地方法规、国际条约及惯例、司法解释、合同范本等。

11. 中国机构数据库(China Institution Database,CIDB)　包括中国企业、公司及产品数据库,国内企业信息,中国科研机构数据库,国内科研机构信息,中国科技信息机构数据库,我国科技信息、高校图情单位信息,中国中高等教育机构数据库,国内高校信息。

12. 中国特种图书数据库(China Special Books Database,CSBD)　图书内容针对性强,来源权威,保持原书原貌。

13. 中国科技专家库(China Experts & Scholar Database,CESD)　收录两院院士、高校博导、高产作者及其他科技专家信息12 000余条,国内理、工、农、医、人文社科等领域的专家名人信息,介绍了各专家在相关研究领域内的研究内容及其所取得的进展。

14. 学者库　学者信息来自万方学术圈。万方学术圈是业内率先实现读者与学者近距离接触的平台,可快速获取学者的新情况、新研究领域、分享学术成果。学术圈的目标是建立学术交流的平台,营造良好的学术生态环境,促进学者间的交流合作。

二、多元化的特色服务功能

1. 知识脉络分析　以主题词为核心,对所发表论文的知识点和知识点的共现关系进行统计分析,使用可视化的方式显示知识点随时间变化的演化关系,揭示知识点发展趋势和共现研究时序变化的一种服务。在万方知识服务平台首页点击"知识脉络分析",进入知识脉络分析界面。例如:以"中医药"为主题词进行检索,分析从 1998 年至 2015 年中医药研究发展趋势,主要研究方向,体现知识点在不同时间的关注度,发现知识点之间交叉、融合的演变关系及新的研究方向、趋势和热点,还可以进行多知识点的比较分析,能够对用户毕业论文选题、科研课题方向提供引导。

2. 论文相似性检测　以万方数据海量学术文献资源(中国学术期刊数据库、中国学位论文全文数据库、中国学术会议论文数据库、中国学术网页数据库)为基础,坚持客观、公正、精准、全面的原则,对学术成果进行相似性检测,为用户提供客观翔实的检测报告,为学术出版、科研管理、学位论文管理等提供支持。在万方知识服务平台主页点击"论文相似性检测",进入论文相似性检测界面。目前包含新论文检测、已发表论文检测和大学生论文检测三个系统。

3. 查新/跨库检索　查新咨询服务是在国内的几十位图情机构专家的指导下完成设计,贴合了图情人的工作任务和行为习惯,根据图情人特有的专业知识背景和需求,打造了多款专用工具。在首页点击"查新/跨库检索",进入查新咨询服务中心界面。用户可以通过系统提供的各种检索以及辅助分析工具,对查新点的新颖性进行查证。

4. 科技文献分析　科技文献子系统由 40 个典型主题数据库组成,主题的选取主要来源于国家中长期科学和技术发展规划纲要——重点领域及其优先主题,侧重关注高的社会焦点、热点问题,兼容国家和社会的重大需求,有未来或当前重要的应用目标。

5. 专题服务　整合万方数据各种类型资源,将其按医药食品、工业技术、文体教育、社会科学、农林渔牧、自然科学、经济与法律、综合专题、持续专题几大类组织成专题。

6. 引用通知　订阅的论文被其他论文引用时,系统通过 E-mail 或 RSS 订阅的方式进行自动通知。

7. 投稿服务　查看某刊的征稿启事,查找与专业方向相关的期刊进行投稿。

8. OA 论文托管服务　OA(Open Access)论文即开放存取论文,是一种重要的文献资源,任何个人和机构都可以通过该服务将符合协议的论文免费发布到 OA 论文托管服务平台上,并及时、免费、不受任何限制地查找、获取平台上的所有 OA 论文。

网址:http://www.wanfangdata.com.cn/

第六节　读秀学术搜索

读秀学术搜索构建在海量全文数据及超大型数据库基础之上,是一个文献搜索引擎及知识服务平台。以九亿页中文资料为基础,为读者提供深入内容的章节和全文检索、部分文献试读、参考咨询等多种功能。同时,一站式检索模式实现了知识、图书、期刊、学位论文等各种学术资源在同一平台的统一检索和获取。

一、主要特色功能

1. 整合资源　整合各种文献资源于同一平台,实现统一检索管理。如图 3-7 所示,知识、图书、期刊、报纸、学位论文、会议论文、文档、电子书以及点击"更多"后的词典、专利、标准等各种文献资源皆整合在这一个平台中。它还可以将检索框嵌入到图书馆等文献服务单

图3-7 读秀学术搜索主页

位门户首页,为读者提供整合多渠道文献资源后的统一检索。

2. 检索资源　突破以往传统的检索模式,让检索深入到内容的章节和全文。利用读秀的深度检索,读者能在毫秒级的响应速度内获得深入、准确、全面的文献信息。在图书检索方面,整合了中文图书资源,实现了文献服务单位纸质图书、电子图书的统一检索,除提供书名、出版社、出版日期、ISBN等基本图书信息外,还提供丰富的图书揭示信息(封面页、书名页、版权页、前言页、目录页、部分正文页),还可通过图书的目次检索,使读者通过检索目次知识点来准确查找图书。在知识(全文)检索方面,打破了传统的文献检索模式的局限,检索结果不仅仅止步于书名、作者、主题词等字段,而是围绕关键词深入到章、节、目乃至全文中进行检索,通过基于内容的检索,提示图书中丰富的知识内容,并可通过"添加文献"上传自己的知识成果供大家交流共享提供便利,还可以通过特定专题对检索范围进行缩小,快速达到特定检索的目的。此外,独有的一站式检索功能,能够帮助读者搜索到文献服务单位内所有学术文献资源。

3. 获取资源　为读者提供多种获取学术资源的捷径,满足读者快速获取知识的需求。如获取图书的途径有阅读本馆电子书全文、借阅馆内纸质图书、网上全文链接、文献传递、其他图书馆借阅、网上购买、按需印刷等。

4. 传递资源　为读者提供即时的参考咨询、文献传递服务。通过E-mail快速高效地为读者提供最全面、最专业的文献资料。

二、检索方法和检索结果的处理

读秀学术搜索提供的是一站式检索模式,因此在选择文献资源类型后可直接在检索框中输入关键词,点击搜索按钮获取检索结果。下面详细介绍知识、图书和期刊文献检索的方法和检索结果的处理,其他文献的检索方法可参考前者。

(一)知识检索

选择知识频道,在搜索框中输入关键词,然后点击"中文搜索",将在海量的图书数据资源中,围绕该关键词深入到图书的每一页资料中进行信息深度查找。

多个关键词中间用空格表示逻辑"与"的关系;逻辑"非"则用"-"表示,支持去除多个关键词,如"数字图书馆-主要特征-社会功能",要注意的是前一个关键词和减号之间必须有空格。

特定年份内检索可在关键词后加上"time:时间",如"失眠 time:2014",注意冒号用英文半角符号。

如果点击"外文搜索",则自动进入到外文期刊频道进行检索。

知识频道的"高级搜索"默认弹出的是"中文专利高级搜索"页面,也就是说读秀尚未开通专门针对知识点的高级检索功能,知识专业检索也未开通。

在检索结果页面,可通过检索框后的"在结果中搜索"进行二次检索来缩小检索范围。在检索结果的上方显示本次检索到的相关条目总条数和用时,还提供了查找相关的外文关键词、近义词、共现词和下位词的扩展。点击"辅助筛选"可进一步限定检索年代和专题聚类。页面中间为检索结果,点击标题或"阅读"按钮即可阅读知识点所在的文献。在标题前的方框内点击选中☑可在注册登录条件下进行收藏,方便下次查阅。点击标题后的"PDF下载"可直接下载 PDF 格式的文件。页面右侧为各频道的相关检索结果,方便对知识进行扩展。页面下方提供可进行相关搜索的多个关键词以供参考。

在文献阅读界面,检索的关键词在文献中标亮显示,并可通过功能按钮进行上下翻页、放大缩小、选取文字(可用鼠标左键选中正文中的任意位置,系统提供复制功能并在最后附上图书书名、作者、出版社等基本信息内容)、查看来源(查看文献资料的出处、作者等信息)、保存和打印(下拉框内可选择打印页数)。

(二)图书检索

选择图书频道,点击"分类导航"可通过列表逐级对图书进行浏览。或者在检索框中直接输入关键词,可以限定关键词出现在全部字段、书名、作者、主题词、丛书名或目次中,还可选择精确或模糊匹配,然后点击"中文搜索"按钮即可实现图书检索。若点击"外文搜索"可获得外文资源。

点击图书频道的"高级搜索"默认弹出"中文图书高级搜索"页面,各检索框之间全部是逻辑"与"的关系,可限定书名、作者、主题词、出版社、ISBN、分类、中图法分类号、年代和搜索结果显示条数,输入检索词后点击"高级搜索"按钮即可实现检索。

点击"切换至专业检索"按钮可编辑检索表达式实现更精确的检索,还可点击右上角"详细说明"查阅详细的专业检索规则。

在检索结果页面,可通过检索框后的"在结果中搜索"进行二次检索来缩小检索范围。在检索结果的上方显示本次检索到的相关中文图书种数和用时,除默认方式排序外还可按时间升序、降序、访问量、个人收藏量、单位收藏量、引用量、电子馆藏和本馆馆藏选择排序方式,同时提供了查找相关的外文关键词、近义词和共现词的扩展。页面中间为检索到的图书信息,可以快速浏览图书的封面、作者、简介、ISBN、主题词、分类、目录、收藏馆、总被引次数和被图书引次数。在书名前的方框内点击选中可收藏该条结果,另外还可以"导出"到本地电脑,选择以引文、EndNote、NoteExpress、查新、自定义或 Excel 格式保存。页面左侧为图书导航、类型、年代、学科、作者的聚类情况,可点击进行限定或查阅。页面右侧为各频道的相关检索结果,方便对图书进行扩展。页面下方提供可进行相关搜索的多个关键词以供参考。

点击检索结果中的书名或封面可查阅图书的详细信息,关于本书的封面、书名、作者、出版发行、ISBN、页数、原书定价、主题词、中图法分类号、内容提要、参考文献格式、被引用指数、被图书引用册数等详细信息将一一罗列。另外还提供在线阅读、图书评论、引用图书和类似图书推荐等功能。详细信息页面右侧则提供了多种获取此书的方式,如本馆电子全文(包库)、图书馆文献传递、相似文档、文献互助、网络书店、本省市馆藏借阅、推荐图书馆购买等。图书阅读页面可通过功能按钮选择或输入页数进行跳转,也支持放大缩小、文字提取、打印、纠错、下载和在书内搜索功能,还可以选择阅读模式和通过"目录"按钮快速浏览目录并实现点击阅读。

(三) 期刊文献检索

在检索框中输入关键词,可以限定关键词出现在全部字段、标题、作者、刊名、关键词或作者单位中,还可选择精确或模糊匹配,然后点击"中文搜索"按钮即可实现期刊文献的检索。若点击"外文搜索"可获得外文资源。点击期刊频道的"高级搜索",默认弹出"中文期刊高级搜索"页面。各检索框之间可以选择逻辑"与"、逻辑"或"、逻辑"非"进行组配,可将检索词限定为全部字段、标题、作者、刊名、关键词、作者单位或内容摘要字段中,还可限定检索的年度范围、期号和搜索结果显示条数,点击"高级搜索"按钮即可实现检索。点击"切换至专业检索"按钮可编辑检索表达式实现更精确的检索,右上角还可点击"详细说明"查阅详细的专业检索规则。此外,可在▼下拉选项处选择"外文期刊高级搜索"进行检索。

在检索结果页面,可通过检索框后的"在结果中搜索"进行二次检索来缩小检索范围。在检索结果的上方显示本次检索到的相关中文期刊篇数和用时,除默认方式排序外还可按时间升序、降序和本馆优先选择排序方式,还提供了查找相关的外文关键词、近义词和共现词的扩展。页面中间为检索到的期刊文献信息,可以快速浏览文献的作者、刊名、出版日期、期号、页码、ISSN 和作者单位等信息。在篇名前的方框内点击选中可收藏该条结果,另外还可以"导出所选记录"到本地电脑,选择以引文、EndNote、NoteExpress、查新、自定义或 Excel 格式保存。页面左侧为类型、年代、学科和期刊刊种等聚类信息,可点击进行限定或查阅。页面右侧为各频道的相关检索结果,方便对结果进行扩展。页面下方提供可进行相关搜索的多个关键词以供参考。

点击检索结果中的篇名可查阅期刊文献的详细信息,本文的作者、刊名、出版日期、期号、页码、ISSN、参考文献格式和摘要等详细信息将一一罗列。可以直接下载的文献提供"文章下载"按钮,若不能直接下载的文献可以选择"邮箱接收全文"以获取全文。详细信息页面右侧则提供了多种获取此书的方式,如电子全文、相似文档和文献互助等。此页面还推送了本期的其他文章、类似期刊推荐和本周热门文章等。

网址:http://www.duxiu.com/

第七节　超星发现系统

超星发现系统以近十亿文献及网络学术资源海量元数据为基础,充分利用数据仓储、资源整合、知识关联、文献统计模型等相关技术,能够解决复杂异构数据库群的集成整合,完成高效、精准、统一的学术资源搜索,进而通过引文分析、分面筛选、可视化图谱等手段,为读者从整体上掌握学术发展趋势,洞察知识之间错综复杂的交叉、支撑关系,发现高价值学术文献提供便捷、高效而权威的学习、研究工具。文献类型包括图书、期刊、报纸、学位论文、会议论文、标准、专利、视频、科技成果、法律法规、信息资讯和特色库。

超星发现系统可将检索框嵌入到文献服务单位门户首页,具有一般搜索引擎的信息检索功能,还能提供深达知识内在关系的强大知识挖掘和情报分析功能。

一、检索方法和途径

1. 基本检索　在超星发现主页（图3-8）的检索框中输入检索词，点击"检索"按钮就可以在海量资源中查找相关的各种类型文献，支持题名、作者、摘要、关键词、出版社、出版物名称、期号、ISBN、标准号和专利申请号等字段。多个检索词中间用空格默认为逻辑"与"的组配。支持google like的检索体验方式，如date、author、title等检索方式，如：date（2015），即可检索出对应年代的结果。

图3-8　超星发现主页

2. 高级检索　点击检索框后的"高级检索"按钮，如图3-9所示，通过各检索框的勾选限定和逻辑组配能更加快速精确地检索出所需资源。

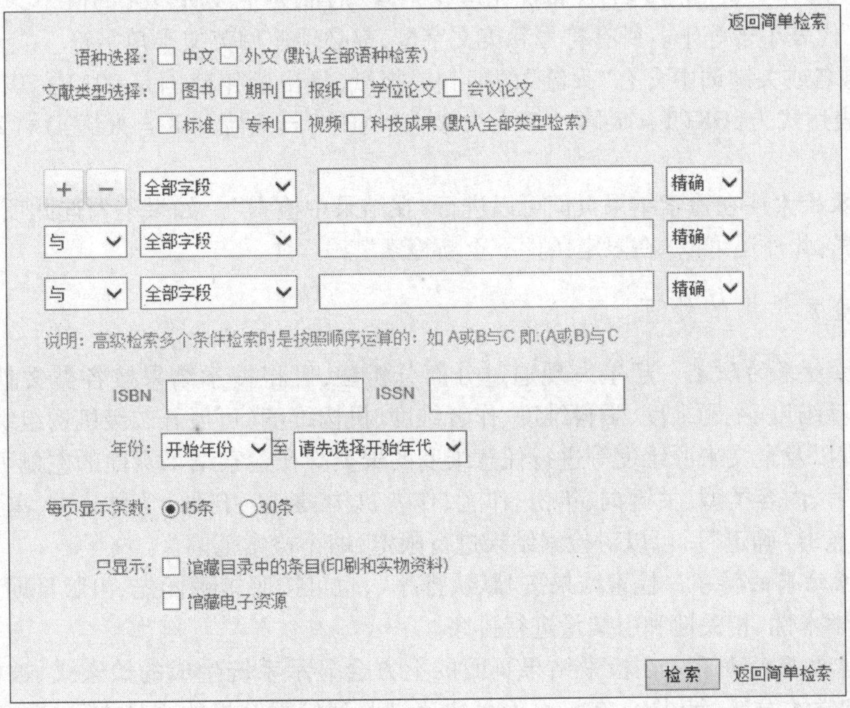

图3-9　超星发现高级检索界面

语种选择：中文、外文（默认全部语种检索）。
文献类型选择：图书、期刊、报纸、学位论文、会议论文、标准、专利、视频、科技成果（默认全部类型检索）。

字段选择：默认全部字段检索，勾选和不勾选文献类型的情况下，字段下拉框提供的选项不同，如：勾选"标准"文献类型，可选择的字段为全部字段、主题、题名、作者、作者机构、关键词、摘要、标准——标准号、标准——发布单位；而当勾选"专利"类型，可选择的字段前面七种是一样的，后面则为专利——申请号、专利——申请人、专利——公开号。

逻辑运算：可对检索框进行逻辑"与""或""非"的组配。多个检索框按照从上到下顺序进行运算。可通过"+""-"按钮添加或减少检索框。可选择"精确"或"模糊"检索。

可输入 ISBN、ISSN 进行检索，可限定年份，可选择每页显示的条数，可只显示馆藏目录中的条目或馆藏电子资源。

3. **专业检索**　在高级检索页面点击"高级检索"旁的"专业检索"按钮，可在检索框内编辑检索表达式实现更精确的检索。通用字段：T＝题名（书名、题名）、A＝作者（责任者）、K＝关键词、R＝文摘（摘要、视频简介）、S＝作者单位（作者单位、学位授予单位、专利申请人）、M＝主题、AF＝全部字段、Y＝年（出版发行年、学位年度、会议召开年、专利申请年、标准发布年）。文献类型：BK＝图书、QK＝期刊、XW＝学位、HY＝会议、ZL＝专利、BZ＝标准、SP＝视频、NP＝报纸。非通用字段（需要加上文献标识才能检索）：图书，P＝出版社（出版发行者），CS＝丛书名；期刊，J＝刊名；学位，F＝指导老师，De＝学位，Te＝英文题名，Re＝英文文摘；会议：Mn＝会议名称；报纸：Nn＝报纸名称。

检索规则：逻辑符号，"*"代表并且，"|"代表或者，"-"代表不包含，" "代表精确匹配；其他符号，"（　）"括号内的逻辑优先运算，"＝"后面为字段所包含的值，">"代表大于等于，"<"代表小于等于。所有符号和英文字母，都必须使用英文半角字符。

如：题名或关键词中含有"火罐"的期刊或报纸，且出版年范围是 2012—2015 年（含边界），检索表达式为（QK(T＝火罐 | K＝火罐) | NP(T＝火罐 | K＝火罐)）*（2012＜Y＜2015）。

4. **二次检索**　在检索结果页面可以进行"在结果中检索"。如果不勾选此项，系统默认"重新检索"，此外还可以"在限定条件下重新检索"。

二、检索结果的处理

1. **检索结果的限定**　超星发现通过分面分析法，可将搜索结果按各类文献的时间维度、文献类型维度、主题维度、学科维度、作者维度、机构维度（可展开二级机构组织）、权威工具收录维度以及全文来源维度等进行任意维度的聚类。在检索结果页面的左侧可以选择精炼检索、语言、内容类型、关键词、年份、作者、作者机构、地区、刊种、学科分类、重要期刊、基金等聚类，点击"确定"后可以对检索结果进行限定，缩小检索范围。

2. **检索结果的排序**　检索结果按"默认排序"，也可按照馆藏优先、出版日期升序、出版日期降序、学术性、相关性和引文量进行排序。

3. **检索结果的查看**　在检索结果页面的上方会显示系统生成的检索式、被检条数、总被引频次和学术发展趋势图。在该页面可快速浏览到检索结果的文献类型、题名、作者、出处、ISSN/ISBN、关键词/主题词、摘要、获得途径等信息。期刊论文还可直接在题名后显示是否被重要期刊如 SCI、中国科学引文数据库（Chinese Science Citation Database，CSSD）、中文社会科学引文索引（Chinese Social Sciences Citation Index，CSSCI）、工程索引（Engineering

Index，EI)、CA、北大中文核心所收录。点击结果列表中某条记录的题名即跳转至详细信息页面,可以查看该条记录的获取途径、题名、作者、作者机构、摘要、出处、ISSN、关键词、文献类型等详细信息。

(1) 参考文献与引证文献：详细信息页面下方为参考文献与引证文献的关系图,实现图书与图书之间、期刊与期刊之间、图书与期刊之间,以及其他各类文献之间的相互参考、相互引证关系分析。同时还可以查看同被引图书、期刊和共引图书、期刊。

(2) 参考引证列表：展示相应的参考引证的详细列表。

(3) 引证趋势图：通过对每年引证数据的曲线图展示,更直观地看到引证半衰期。

(4) 全国馆藏：展示全国范围内收藏有该结果的图书馆。

(5) 相关文章：详细信息页面右侧提供相关主题的文章、相同作者的文章、相同机构文章、相关网页搜索等扩展链接。

4. 检索结果的输出　检索结果提供图书试读、本馆馆藏纸本、保存题录、电子全文、邮箱接收全文、收藏、分享、打印等输出方式。图书试读可以在线阅读部分内容,对了解全文内容有一定帮助。本馆馆藏纸本可跳转至所在学校或图书馆的 OPAC 系统,提供馆藏借阅系统内的信息,方便读者借阅纸本。点击"保存题录"按钮可以选择多种输出方式保存题录信息,还支持选择需输出的字段,输出格式可选择文本、参考文献、Excel、EndNote、NoteExpress、RefWorks、NoteFirst 等。

三、特色功能

1. 可视化说明　在检索结果页右上角点击可视化按钮或者在学术发展趋势图右侧点击"更多可视化"进入可视化页面。主要可以展示与检索结果有关的词谱图、知识点关联图、作者关联图、机构关联图、各频道检索量统计图、各类型文献学术发展趋势图、各类型文献分布情况图等可视化图谱。词谱图：可以根据检索词展示该词语的上位词、下位词、同义词、兄弟词、相关词。知识点关联图：检索词所关联的学科与领域,检索词可以是作者、领域、学科、机构、词语。右侧展示相关的论著,点击某领域则会进入该领域的关联中,更好地展示知识与知识直接关联。作者关联图：可以查看作者与作者之间关联、领域与作者之间关联、机构与作者之间关联等。点击其他作者名字可以进入到该作者关系图中,可以查看与上一位作者或者检索词之间的关联等。机构关联图：可以展示机构与机构关联、作者与机构关联、领域与机构关联等。右侧展示相关论著,点击某机构可以进入该机构的关系图中。

2. 多主题对比　在可视化页面点击右上角的"多主题对比按钮",可以进行单位学术产出、作者影响力、相关领域对比等。可以在年限上进行选择,还可以对数据进行 Excel 格式的导出。

3. 智能检索　在执行基本检索时,系统会自动匹配学名与俗称(如输入"白果"同时可检索"银杏")、简称与全称(如输入"乙肝"同时可检索"乙型肝炎"和"HBV")、人名与机构(如输入"××中医药大学　张三"意味着检索"单位=××中医药大学 AND 作者=张三")、期刊名称(如输入"中草药"可在检索结果上方显示《中草药》期刊导航)。

4. 下位词检索　某些检索词可以进行下位词的扩展,在检索结果页面中结果条数的后面提示有"下位词检索"按钮,通过勾选,可以使下位词参与检索,获得更全面的检索结果。如：输入"中药",点击"检索"按钮后得到检索结果,点击"下位词检索"按钮可弹出对话框,对系统提示的下位词如冲剂、膏剂、热药、凉药、阿胶、巴戟天等等词汇进行勾选,再点击"检索"按钮即可。

5. 学术产出　可以通过作者检索得知该作者在超星发现里被收录的数据总量,总被引频次和单被引频次,以统计其学术产出。

6. 个性化学习空间　可以对检索式进行保存并定期推送检索结果到个性化学习空间,还可以通过日志写下自己的学习感悟留下学习记录,能收藏感兴趣的文献或者制定学习计划、组建学习小组、共享资料等。

网址:http://www.zhizhen.com/

第八节　中国科学引文数据库

中国科学引文数据库(CSCD)是我国第一个引文数据库,创建于1989年。收录我国数学、物理、化学、天文学、地学、生物学、农林科学、医药卫生、工程技术和环境科学等领域出版的中英文科技核心期刊和优秀期刊千余种。

2007年CSCD与美国Thomson-Reuters Scientific合作,以ISI Web of Knowledge为平台,实现与Web of Science的跨库检索,是ISI Web of Knowledge平台上第一个非英文语种的数据库。

一、检索方法

1. 简单检索　简单检索为CSCD默认的检索方式,用户根据下拉菜单,直接在选定的检索字段中输入检索词,进行快捷检索,并可以进行多个检索字段的逻辑与/或组合检索。简单检索提供来源检索和引文检索。

(1) 来源检索:指以本文(来源文献)的作者、第一作者、题名、刊名、ISSN、文摘、机构、关键词、基金名称为检索词来查找文献的检索方法。

检索方法:在检索字段下拉框中选择检索字段。简单检索的字段包括题名、作者、关键词、刊名ISSN、文摘、机构、实验室、关键词、基金名称。在文本框中输入检索词,在限定条件对论文发表时间和学科范围进行限定,然后点击"检索"。

(2) 引文检索:指以参考文献的被引作者、被引第一作者、被引来源、被引机构、被引实验室、被引文献主编为检索词来查找文献的检索方法。具体检索步骤:

第一步:在检索字段下拉框中选择检索字段。引文检索的字段包括被引作者、被引第一作者、被引来源、被引机构、被引实验室、被引出版社、被引主编。

第二步:在文本框中输入检索词。

第三步:选择与其他检索字段的关系,"与"或者"或",进行组合。

第四步:继续在检索字段下拉框中选择检索字段,在文本框中输入检索词,选择与其他检索字段的关系。

第五步:类似操作,直到组合完所有的条件。

第六步:在出版时间的文本框中输入出版时间。

第七步:在被引时间的文本框中输入被引时间,然后点击"检索"。

2. 高级检索　高级检索可以根据检索系统提供的检索点,任意组配检索式进行检索。

高级检索也提供来源检索和引文检索。

（1）来源检索：检索系统提供了11个检索点，在检索框中输入"字段名称"和"布尔连接符"以及检索内容构造检索式；也可以在最下方的检索框填入相应检索词，点击"增加"，将自动生成检索语句。

（2）引文检索：检索系统提供了9个检索点，在检索框中输入"字段名称"和"布尔连接符"以及检索内容构造检索式；也可以在最下方的检索框填入相应检索词，点击"增加"，将自动生成检索语句。

3. **来源期刊浏览** 来源期刊浏览主要是提供中国科学引文数据库来源期刊浏览，页面提供期刊名首字母的选择和刊名、ISSN的检索。找到相应期刊后，点击刊名，可查看该期刊的详细信息，包括题名、作者、机构、文摘、出处、ISSN、关键词、学科、基金、参考文献、引证文献和相关文献。浏览方法：

第一步：选择来源期刊浏览，跳转到期刊浏览的页面。

第二步：选择期刊名称的首字母；或者在期刊检索的下拉框中选择检索字段，"刊名"或"ISSN"，在文本框中输入相应的检索字段，点击"检索"。

第三步：在检索结果页面，点击"刊名"，查看该期刊的详细信息。

第四步：点击该期刊的卷期，查看该期刊相应卷期的具体来源文献信息。

二、检索结果的处理

1. **检索结果的限定** 来源检索和引文检索的检索结果可以通过"结果限定"来限定检索结果。来源检索结果可以从来源、年代、作者和学科四个方面来进行结果限定；引文检索结果可以从被引出处、年代和作者三个方面来进行结果限定。

2. **检索结果的排序** 来源检索和引文检索的检索结果可以进行排序，点击结果输出列表中相应字段名称，可以实现相应字段的排序。来源检索结果可以按照题名、作者、来源和被引频次进行排序；引文检索可以按照作者、被引出处和被引频次进行排序。

3. **检索结果细览页面查看** 点击结果列表中每条记录题名中的"详细信息"，可以查看该条记录的详细信息。结果详细信息页面可以查看该条记录的题名、作者、作者机构、文摘、来源、ISSN、关键词、基金、参考文献、引文文献、相关文献和其他链接。其中，作者、关键词、基金都可以进一步链接，进行检索。

（1）引证文献：通过结果概览页面的被引频次或者结果细览页面右侧的引证文献都可以查看来源文献的引证文献。点击概览页面的被引频次，或者点击细览页面右侧的引证文献进行查看。

（2）相关文献：相关文献包括作者相关、关键词相关和参考文献相关。

作者相关：指与本文（来源文献）的作者共同发表的文献。可以在作者相关选项的弹出作者列表中选择作者。选择一个作者，表示检索所选择的作者发表的所有文献；选择两个或以上的作者，表示检索所选择的两个或以上作者共同发表的所有文献。

关键词相关：指与本文（来源文献）的关键词共同出现的文献。可以在关键词相关选项的弹出关键词列表中选择关键词。选择一个关键词，表示检索所选择的关键词的所有文献；选择两个或以上的关键词，表示所选择的两个或以上关键词共同出现的所有文献。

参考文献相关：指与本文（来源文献）具有共同参考文献的文献。直接点击提交查看与本文具有共同参考文献的文献即可进行查看。

4. 结果输出　检索结果提供三种输出方式：E-mail、打印和下载。检索结果可以通过勾选每条记录前的选择框，也可直接选中"本页"或者"所有记录"进行输出结果的选择，对选中的结果直接点击"E-mail""打印"和"下载"即可进行相应操作。

　　网址：http://sciencechina.cn/

（王喜臣　李　欣　蒋茵婕）

第四章 外文医药论文检索

外文医药论文检索系统分为文摘索引数据库和全文数据库。外文文摘索引数据库比较常用的有 PubMed、Web of Science™核心合集（WOS）等，其中 PubMed 是检索外文医药论文使用频率最高的数据库。外文全文数据库常用的有 ScienceDirect、SpringrLink、OVID、EBSCOhost、Wiley InterScience(Wiley-Blackwell)、ProQuest 检索平台等。

本章重点介绍 PubMed、WOS 和 ScienceDirect，其他只作简介。

第一节 PubMed

一、概况

PubMed 是 NLM 国家生物技术信息中心（NCBI）开发的 Entrez 检索系统中最常用的数据库，主要用于检索 MEDLINE。从 1997 年 6 月开始向全球用户开放免费使用。

1. **PubMed 溯源** PubMed 的前身最早可追溯到 1879 年 NLM 出版的医学文献检索工具《医学索引》(*Index Medicus*, *IM*)。为了实现 *IM* 的自动化编辑，1964 年 NLM 开发了 MEDLARS(Medical Literature Analysis and Retrieval System，医学文献分析与检索系统)，1971 年正式建成该系统的联机数据库 MEDLINE(MEDLARS Online)，并投入联机检索服务。自此，MEDLINE 一直成为 MEDLARS 40 余个数据库中数据量最大、使用频率最高的数据库。20 世纪 80 年代，MEDLINE 光盘数据库问世。20 世纪 90 年代中期，出现了基于因特网的 MEDLINE 网络检索系统 PubMed。

2. **收录范围及更新** 收录从 1947 年以来 80 多个国家 39 种语言的近 4 万种期刊(包括所有更名和停刊后的刊物)，文献总量达到 2 100 多万篇。约 47% 的文献来自美国，约有 92% 是英文刊物，约 82% 有英文摘要。部分可直接获取全文，包括来自 NLM 开发的免费生物医学数字化全文期刊数据库 PubMed Central(PMC，收录期刊 780 余种)的原文，开放获取(Open Access, OA)期刊的原文，以及部分出版商提供的免费原文。

文献更新速度快，每周 5 日更新数据。由于近年来许多出版商通过电子期刊平台发布预出版的论文(记录标记为 Epub ahead of print)，因此 PubMed 收录的文献甚至要早于最新出版的印刷型期刊。

3. **学科范围** 收录文献涉及基础医学、临床医学、护理学、口腔医学、兽医学、营养卫生、药理和药剂学、预防医学、卫生管理、医疗保健和情报科学等领域，收录内容对应以下 3 种印刷型检索工具：*IM*、*Index to Dental Literature*(《牙科文献索引》)和 *International Nursing Index*(《国际护理索引》)。

4. **文献记录标签** PubMed 中每条记录都有一个唯一的识别号，即 PMID(PubMed Unique Identifier)号，用 PMID 号可快速检出该 ID 号对应的文献。PubMed 文献记录有四种

标签,表明记录的数据加工处理状态:

(1)[PubMed-indexed for MEDLINE] 是 PubMed 的主体文献记录,占记录总量的 90%,这些完整的记录(包含所有字段信息)已标引 MeSH、文献类型、物质名词,同时也增加了资助基金信息和在其他数据库(如 Europe PubMed Central、PubMed Central 和 PubMed Central Canada 等)中的访问链接。

(2)[PubMed-in process] 表明记录正在等待标引,收入这部分记录作用在于缩短文献报道时差。此类记录每日(周二至周六)有进有出,新进的记录标引好主题词和文献类型等字段后,记录标签改为[PubMed-indexed for MEDLINE]。

(3)[PubMed-as supplied by publisher] 此类记录未经质量控制,也没有验证文献记录书目信息的准确性。

(4)[PubMed] 此类记录超出 MEDLINE 收录范围,PubMed 中包含此类记录是因为这些论文研究由 NIH 的基金资助。

需要注意,以上四种类型的文献记录,只有第一种类型的记录标引好 MeSH 词,而第二至第四种类型的记录则未做 MeSH 词标引,代表最新和最近发表的文献,用主题词的检索方法无法检索到这些文献。

二、PubMed 主页简介

PubMed 主页面分为检索区、主要功能区及辅助功能区三个部分(图 4-1)。

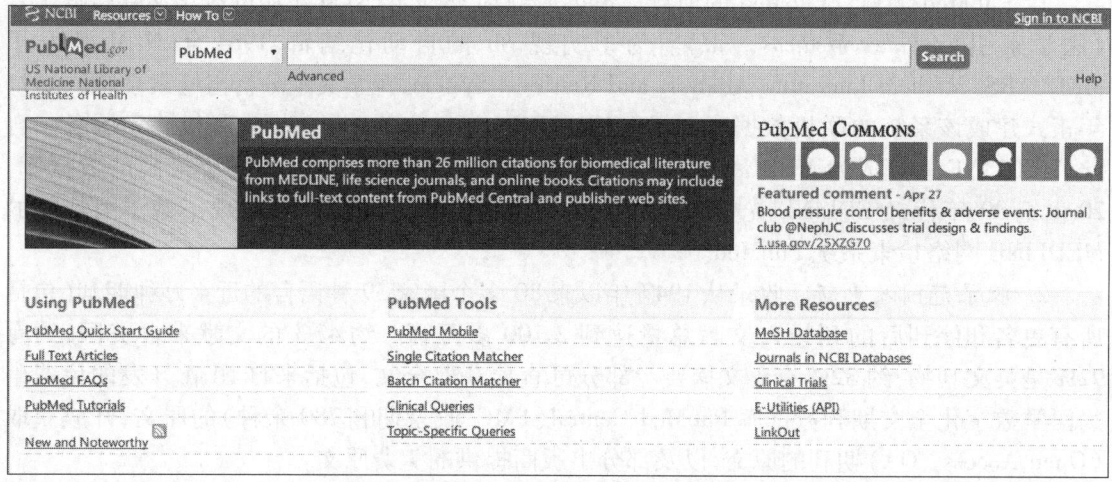

图 4-1 PubMed 主页及基本检索界面

1. 检索区 位于主页上方,通过点击数据库栏列表中"PubMed"旁边的下拉菜单,根据实际检索需要可以更改数据库(主要用来检索的数据库有:All Database、PubMed、Protein、Nucleotide、GSS、EST、Structure、Genome 等)。在检索区可进行基本检索(即首页面检索)、高级检索(Advanced),点击"Help"可查看检索帮助。在检索式输入框中输入检索式,点击"Search"按钮,可执行检索操作。

2. 主要功能区 包括 Using PubMed、PubMed Tools 和 More Resources 三部分。

(1)Using PubMed 主要介绍如何使用 PubMed,分为 PubMed Quick Start Guide、Full

Text Articles、PubMed FAQs、PubMed Tutorials 和 New and Noteworthy 五个部分。其中：PubMed Quick Start Guide 介绍如何快速地掌握使用 PubMed；Full Text Articles 介绍如何获得电子版全文；PubMed FAQs 介绍在使用 PubMed 中的一些常见问题和注意事项；PubMed Tutorials 详细介绍 PubMed 使用指南；New and Noteworthy 是 PubMed 未来更新告示。

（2）PubMed Tools　包括 PubMed Mobile、Single Citation Matcher、Batch Citation Matcher、Clinical Queries 和 Topic-Specific Queries 五个部分。其中 PubMed Mobile 是 PubMed 手机版；Single Citation Matcher 和 Batch Citation Matcher 为单一/批量引文匹配检索工具，是用不完整的文献信息为线索来查特定文献的工具；Clinical Queries 可实现将检索范围限定为与临床相关的诊断、治疗、病因、预后四个方面；Topic-Specific Queries 是指按某一特殊专题来检索文献。

（3）More Resources　包括 MeSH Database、Journals in NCBI Databases、Clinical Trials、E-Utilities（API）和 LinkOut 五个部分。

MeSH Database 是具有检索功能的 MeSH 词表。可实现主题词检索方式，即通过主题词组配副主题词来检索文献。

Journals in NCBI Databases 供查询 PubMed 和 Entrez 其他数据库收录期刊的信息。

Clinical Trials 可浏览定期更新的有关政府和私人资助的临床研究项目信息。

E-Utilities（API）可实现自动化大批量地从 Entrez 数据库下载数据，并且提供了几种常用的程序语言以供选择，像 Perl、Python、Java 和 C++ 等。

LinkOut 是指外部资源链接。

3. 辅助功能区　包括 Getting Started、Resources、Popular、Featured 和 NCBI Information 五个部分。

Getting Started 包括了 NCBI 的帮助指南、NCBI 工具书和 NCBI 的检索练习及检索指南。Resources 列出了除 PubMed 之外的 NCBI 其他类数据库。Popular 列出了比较常用的一些数据库。Featured 列出了 NCBI 的特色数据库。NCBI Information 包含了 NCBI 的相关信息及资源。

三、PubMed 检索规则

1. 自动词语匹配（Automatic Term Mapping）　对检索词进行自动词语匹配是 PubMed 中最令人称道的功能。该功能可以实现检索词的自动转换，其目的是尽可能使文献查全但并不要求复杂的操作。在基本检索界面（图 4-1）输入检索词时，系统按顺序采用以下四个词表对检索词进行自动词语匹配。如想查看检索词的转换情况，并进行调整和保存检索策略，可在检索结果显示页面右下角的"Search details"查看。

（1）主题词转换词表：PubMed 首先将用户输入的检索词与 MeSH 中的词汇对照匹配。主题词转换词表中的词汇包括 MeSH 主题词、副主题词、款目词、一体化医学语言系统（UMLS）。如果检索词与该表中的词相匹配，则检索词作为 MeSH 词和关键词同时进行检索，得到的检索结果为 MeSH 词和关键词进行逻辑或运算后检出的文献。

主题词自动匹配转换对实际操作的意义在于：在基本检索界面输入检索词时，可以不用考虑检索词是否为主题词表述形式，当检索词不是主题词时，系统会自动匹配转换成主题词进行检索，以提高查准率。

例如在基本检索界面输入检索词"vitamin h"，PubMed 实际执行检索时将其转换为"biotin"[MeSH Terms] OR "biotin"[All Fields] OR "vitamin h"[All Fields]进行检索。"vitamin h"不是主题词，系统自动匹配转换其对应的主题词"biotin"进行检索，这就是为何在"Search details"中会出现"biotin"这个检索词的原因。

（2）期刊转换词表　期刊转换词表收录每种期刊的刊名全称、MEDLINE 刊名缩写以及国际标准刊号 ISSN 等三种不同表达形式。使用任何一种表达形式系统将自动对应至刊名检索。

期刊自动匹配转换对实际操作的意义在于：在 PubMed 中执行期刊检索时，如检索词是期刊名称，系统会自动将其匹配转换成刊名进行检索，无须将检索字段选择为刊名字段或做其他设置，可以直接在基本检索界面输入刊名执行检索操作，与其他数据库相比要方便快捷。

例如在基本检索界面输入"New England Journal of Medicine"，将被转换成"N Engl J Med"[Journal] OR ("new"[All Fields] AND "england"[All Fields] AND "journal"[All Fields] AND "of"[All Fields] AND "medicine"[All Fields]) OR "new england journal of medicine"[All Fields]，其中包含了将检索词转换为期刊名执行检索。

（3）短语词表　如果在上述两个词表中未找到匹配的词，系统则求助于短语词表。该表是由 *MeSH*、一体化医学语言系统、化学物质名称、篇名和文摘中出现多次的短语组成。

（4）著者索引　当输入的检索词在上述三个词表中均未找到匹配词，PubMed 就会到 Author Index 中查找，将检索词转换为著者进行检索。

著者自动匹配转换对实际操作的意义在于：在 PubMed 中执行著者检索时，如检索词是著者名称，系统会自动将其匹配转换成著者进行检索，无须将检索字段更改为作者字段，可以直接在基本检索界面输入作者名称执行检索，与其他数据库相比更方便快捷。

如果在上述四个表中都找不到匹配的短语，系统将短语拆分为单个单词，继续到这四个表中搜索，断开的单个单词之间的逻辑关系是 AND。如果拆分的单词在以上四个表中还是找不到匹配词，将到所有字段中去搜索这些单词，单词之间的逻辑关系也是 AND。

例如输入"pressure point"，将被转换为("pressure"[MeSH Terms] OR "pressure"[All Fields]) AND point[All Fields]执行检索。

2. 字段限定检索　可以在检索词后加字段标识符限定检索词在指定的字段内检索，检索形式为：检索词[字段标识符]，字段标识符必须用中括号括起来。

例如：cell[ta]，表示将 cell 指定在刊名字段内检索，由于刊名只有一个单词，不能自动匹配转换为刊名进行检索，因此需在检索词后加上刊名字段标识符[ta]。

3. 布尔逻辑运算符　PubMed 布尔逻辑与、或、非符号分别为 AND、OR、NOT（必须大写）。运算符之间无优先等级，运算顺序为从左至右。

布尔逻辑运算符允许在检索词后加字段标识符。例如：dna[mh] AND crick[au] AND 1993[dp]。

4. 短语检索　又称强制检索、词组检索，即对检索词加上双引号。对于有引号的检索词，系统不对检索词进行自动转换匹配，而是将其看作一个紧相邻的词组在数据库的所有可检字段中进行检索。

5. 截词检索　在检索词后加"*"可实现截词检索，以提高查全率。截词检索时只限于单词,对词组无效,且会关闭自动词语匹配。

四、PubMed 的检索途径和方法

PubMed 提供基本检索、高级检索、限定检索、主题词检索、期刊检索和临床文献检索。

(一) 基本检索

PubMed 的基本检索包括自动词语匹配检索、著者检索、期刊检索、短语检索、截词检索、字段限定检索、布尔逻辑检索等。默认为检索 PubMed,也可更改为 NCBI 的其他数据库进行检索(图 4-1)。点击检索框中的 ⊗ 则清除之前的检索式。

1. **自动词语匹配检索** 在检索框中输入有实际检索意义的检索词,如关键词、著者、刊名等,点击"Search",系统会自动按照自动词语匹配的原理进行检索,并返回检索结果。输入检索词时,PubMed 有智能拼写检查及词语自动提示功能,帮助用户正确选词。

自动词语匹配检索是一种智能化的检索过程,其基本原理是:对输入的检索词,系统首先用四个转换词表(包括主题词转换词表、期刊转换词表、短语词表、著者索引)进行搜索、比对,并自动转换为相应的 *MeSH* 主题词、作者或刊名进行检索,同时检索词在所有字段(all fields)中检索,并将以上两种方式检出的文献进行"OR"布尔逻辑运算返回最终检索结果。如果输入多个检索词或短语词组,系统会将其拆分为单个单词并执行匹配转换并检索,单词之间的布尔逻辑关系为"AND"。

例如输入 liver cancer AND gene therapy(运算符要用大写),系统经"自动词语匹配"转换后采用的检索式是:

("liver neoplasms"[MeSH Terms] OR ("liver"[All Fields] AND "neoplasms"[All Fields]) OR "liver neoplasms"[All Fields] OR ("liver"[All Fields] AND "cancer"[All Fields]) OR "liver cancer"[All Fields]) AND ("genetic therapy"[MeSH Terms] OR ("genetic"[All Fields] AND "therapy"[All Fields]) OR "genetic therapy"[All Fields] OR ("gene"[All Fields] AND "therapy"[All Fields]) OR "gene therapy"[All Fields])。

从以上检索式中可见,PubMed 具有智能化检索功能,常常是既用主题词检索,又同时用关键词检索补充,因此可以获得较好的查全率,同时保证一定的查准率。

需要注意的是,自动词语匹配检索经常会出现检出文献的专指度不高,或检出的文献太多而实际相关的文献少,此时应调整检索策略,尝试用主题词检索、字段限定检索等,以提高查准率。一般地说,自动词匹配检索对初级用户较为适应,也适合对课题初步检索,大致了解文献的多少及分布情况。尽管有较好的查全,但其查准率有时较低。对检索经验丰富或对查全率、查准率有较高要求的检索课题,需要仔细分析课题,编制比较完备的检索策略,综合运用 PubMed 的各种检索途径,从而实现较好的查准率及查全率。

2. **著者检索** 著者检索的规则是:姓在前用全称,名在后用首字母。例如:"smith j" "smith jr"。用"smith j"查到的文献包含了用"smith jr"查到的文献。需要注意的是,姓相同,名字的首字母也相同的著者可能有很多,实际检索操作为提高查准率可用著者单位、主题等限定。

2002 年以后的文献,PubMed 可实现对姓名全称的检索。此外,也可通过著者字段限定检索实现更精确的著者检索。例如输入"smith jb[1AU]"可检索出第一作者为 smith jb 的所有文献。

3. 期刊检索　期刊检索的检索词可以是刊名全称、刊名缩写(MEDLINE 标准缩写)及 ISSN 号等。如果期刊名正好与 MeSH 词相同,例如 Gene Therapy、Science、Cell,PubMed,将这些词当作 MeSH 词检索,因为 MeSH 词表的核对检索优先于期刊表的检索。若要求输入的词作为刊名检索,应在检索词后加上刊名字段标识符,如 gene therapy［ta］。

4. 短语检索　是将检索词加上双引号进行强制检索,这时 PubMed 关闭自动词语匹配功能,直接将该短语作为一个检索词进行检索,避免自动词语匹配时将短语拆分可能造成的误检,提高查准率。例如输入加上双引号的"pressure point",PubMed 直接在所有可检索字段中查找含有短语 pressure point 的文献。

5. 截词检索　参见第一章第三节。

6. 字段检索　参见第一章第三节。

7. 布尔逻辑检索　可直接进行 AND、OR、NOT 三种布尔逻辑运算。PubMed 中,直接输入几个检索词,系统默认这几个词之间是 AND 的逻辑组配关系。也可以直接输入检索历史序号进行布尔逻辑运算,如(#1 OR #2) AND #3。

8. 题名检索　将文献标题输入基本检索界面,可以检索出文献的其他相关信息,如作者、摘要等,题名长度适中,检索效果理想,如果题名过短,则准确性不高,需加作者与/或刊名字段限定或其他相关信息才能准确检索到文献。

(二) 高级检索

在 PubMed 主页检索区点击 Advanced,进入高级检索页面(图 4-2),页面右上方提供来自 YouTube 网站的 PubMed 高级检索使用方法视频演示的访问链接(国内访问受限)。高级检索页面分检索式输入框、Builder(检索式构建器)、History 三个部分。

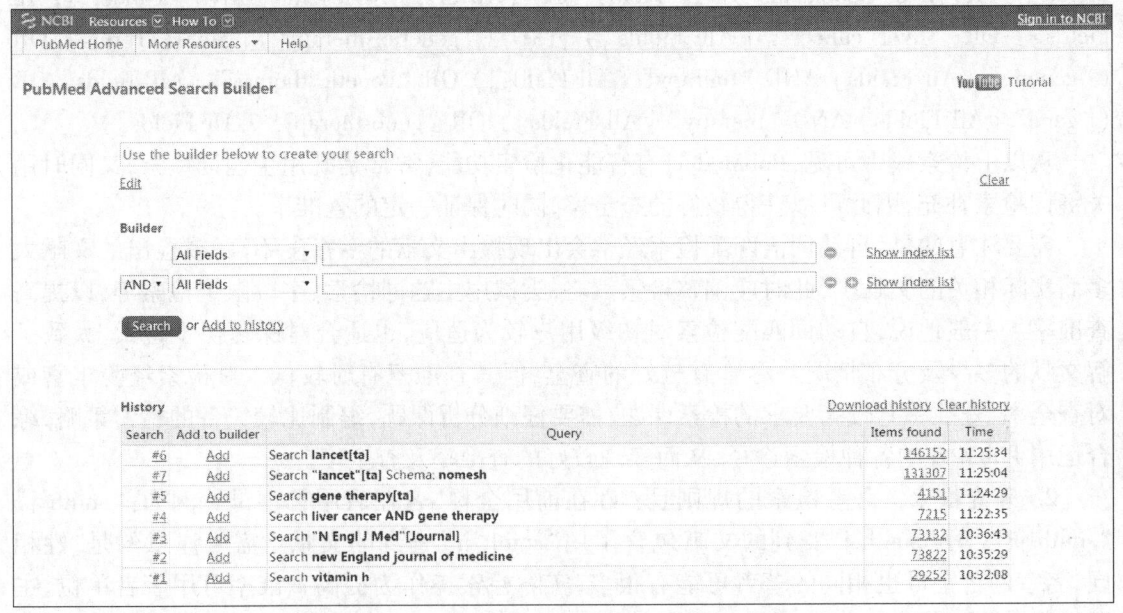

图 4-2　高级检索页面

1. 检索式输入框　需激活方可使用,有三种方式可激活检索式输入框。

第一种为点击"Edit"激活,然后可编辑检索式,编辑好后点击"Search"完成检索并进入检索结果显示页面。点击"Add to history"将当前的检索式加入到检索历史中但仍然停留在高级检索页面,其作用有节省等待检索结果返回的时间,先获得检出文献数量,以便决定是否要调整检索式。另外,点击"Cancel"返回高级检索初始页面,点击"Clear"可清除检索框内的检索式和检索词。

第二种为通过 Builder 激活,在 Builder 构建的检索式,均会自动在检索式输入框中显示出来。详见下文中的 Builder 使用方法。

第三种为利用检索历史区的序号来构建检索式激活,在检索历史中通过序号进行逻辑组配构建的检索式,都会出现在检索式输入框中。

2. Builder　在 Builder 可构建检索式,并将构建好的检索式添加到检索式输入框中执行检索操作。具体步骤为:点击"All Fields"下拉菜单,设定检索字段,输入检索词,点击"Show index list",显示检索词所在的索引片段,进一步选择检索词,再点击"AND"下拉菜单,根据检索要求选择适当的逻辑运算符(AND、OR、NOT),最后点击"Search"或"Add to history"。

3. History(检索历史)　检索历史中包括检索式序号、检索词(式)、检索时间、检出篇数。History 的作用是回顾所有已经做过的检索,并提供用检索式序号进行逻辑组配检索。

(三) 限定检索

限定检索用于限制文献检出数量,提高文献查准率。限定检索需要有初始的检索结果才能激活,激活后位于检索结果页面左侧区域,共有 5 个默认限定检索选项:"Article types"(文献类型)、"Text Options"(文本选项,即设定检出的记录是带有全文下载链接、免费全文下载链接及文摘)、"PubMed Commons"(读者评论及研究趋势论文)、"Publication dates"(论文出版时间)、"Species"(研究对象是人类还是实验动物)。通过点击"Show additional filters"可以增加以下选项:"Languages"(语种)、"Gender"(性别)、"Subsets"(数据库子集,共有 AIDS、Bioethics、Cancer、Complementary Medicine、Dietary Supplements、History of Medicine、Systematic Reviews、Toxicology、Veterinary Science 9 个子集)、"Ages"(年龄)、"Journal categories"(学科期刊分类)、"Search fields"(选择某一检索字段)。

在检索结果显示页面上方会显示有哪些限定选项处于激活状态,限定选项设置好后,对以后的检索持续起作用,点击"Clear all"去除检索限定。

例如检索"2011—2016 年儿童维生素 A 缺乏"方面的系统评价论文,检索步骤是:在检索输入框输入"Vitamin A Deficiency",在"Publication dates"下点击"Custom range",输入相应的年份,在"Article types"中选"Reviews",在"Ages"中选"Child:birth-18 years",就可以检索到相关文献记录。

(四) 主题词检索

在 PubMed 主页上将检索的数据库由 PubMed 改为 MeSH,然后输入检索词,点击"Search"按钮,可实现主题词组配副主题词的检索。也可点击主页上的"MeSH Database"进入主题词检索方式。有关《医学主题词表》的结构、内容及应用请参考本书第一章第三节,此处仅通过实例介绍如何利用 MeSH Database 实现主题词检索(图 4-3)。

例如想准确检索有关"抗高血压药物的副作用"方面的文献(要求加权),检索步骤为:

(1) 查找并选择主题词:先进入"MeSH Database",在检索式输入框中输入"antihypertensive drugs"(此处输入的检索词为 Entry Terms,即款目词,是主题词的同义词或相关词),点击"Search",系统会显示所有与"antihypertensive drugs"相关的主题词及其含义(相关度最高的

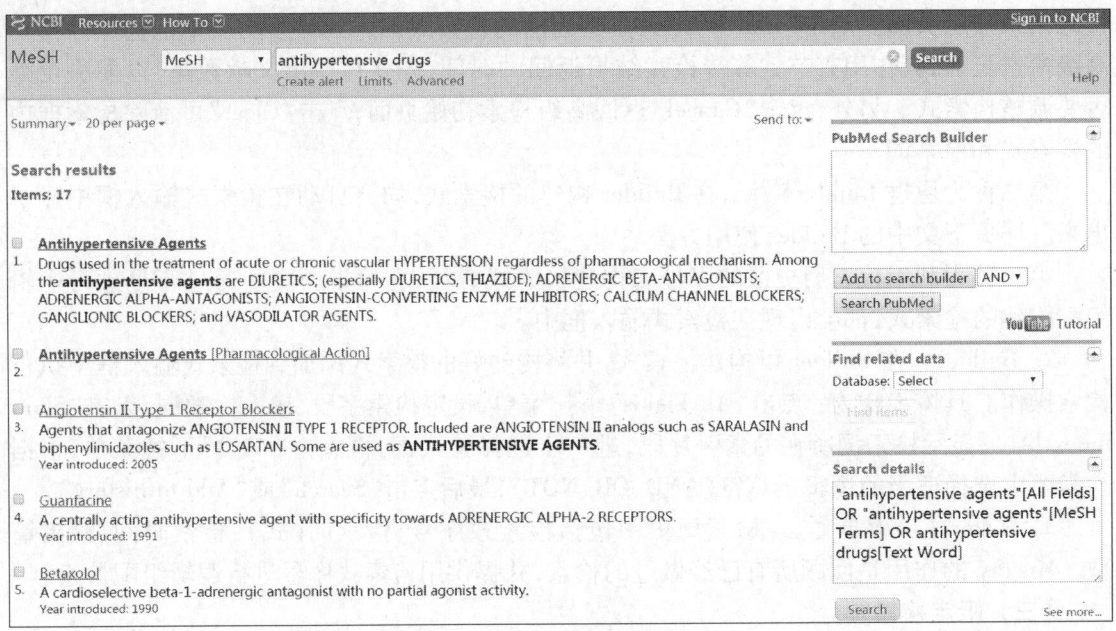

图4-3 主题词检索页面

主题词排在最前面),浏览选词,确定"antihypertensive drugs"的主题词为"Antihypertensive Agents",点击该主题词,显示主题词的详细信息,包括定义、可以组配的副主题词(Subheadings)、款目词(Entry Terms)、相关参照(See Also)、树状结构等信息。

(2) 选择副主题词及设置相关参数:在副主题词列表中勾选"adverse effects"(副作用),再勾选"Restrict to MeSH Major Topic"(检索结果限定为主要主题词,即加权,可提高查准率)。

(3) 执行检索:点击页面右上方的"Add to search builder"(图4-3),检索框中出现检索式"Antihypertensive Agents/adverse effects"[MeSH]。如果涉及多个主题词,还需点击旁边的"AND"下拉菜单选择适当逻辑运算符。最后点击"Search PubMed",执行检索并返回检索结果。

如果觉得检出数量太多,可在检索结果页面对论文研究对象、文献类型、出版时间等做进一步限定(详见前文限定检索)。

采用主题词检索,要注意以下几点:① 当一个课题含有多个主题词时,在"MeSH Database"中的操作往往需要重复多次。在点击"Search PubMed"之前,根据需要来选择"Add to search builder"旁边"AND"下拉菜单中的"AND""OR""NOT",以便与下一次的主题词进行相应的逻辑关系组配。也可以先用主题词单独检索,然后进入高级检索(Advanced),利用检索式序号对多个主题词进行逻辑组配。② 进入到主题词细节页面时,要多注意主题词的上位词和下位词情况,看看是否有更加合适的主题词。③ 同时选多个副主题词时,其间的逻辑关系是OR。④ 系统默认对下位主题词进行扩检,若不需要进行下位词扩检,勾选"Do not include MeSH terms found below this term in the MeSH hierarchy"。

需要引起重视的是,尽管主题词检索有其他检索途径不可比拟的优点,但也存在以下固有缺陷:

首先，主题词检索只对标记有"PubMed-indexed for MEDLINE"的记录有效（因其做好了 *MeSH* 词标引），而对标记有"PubMed-in process"和"PubMed-as supplied by publisher"的记录，因没有做好 *MeSH* 词标引，所有无法检出。因此主题词检索难免会漏掉那些已入库但未有 *MeSH* 词标引的文献，即漏检最新文献。实际操作中对以上缺陷的解决方法是：在基本检索界面进行检索并浏览最近一年的文献，以确定最新入库的文献中是否有切题文献，作为对主题词检索的补充。

其次，尽管 *MeSH* 保持动态更新，每年会有增删或调整不少主题词，但新出现的名词术语及概念一般要几年后才收录为主题词，因此主题词检索无法检索出新学科新研究领域的文献。

最后，*MeSH* 中收录的主题词仅有 25 000 多个，很多专指概念没有相对应的主题词，也就无法用主题词检索。

实际检索过程中，不能一味注重或仅用主题词检索，应根据课题情况，灵活应用各种检索途径。

（五）期刊数据库检索（Journals in NCBI Databases）

在 PubMed 主页的"More Resources"中点击"Journals in NCBI Databases"，即可进入期刊信息检索界面。"Journals in NCBI Databases"主要用于查询 PubMed 和 Entrez 其他数据库收录期刊的信息，检索词有：刊名全称、MEDLINE 刊名缩写、期刊的 ISSN、NLM 刊号、国际标准刊名缩写（ISO Abbreviation）和刊名中含有的词。该数据库的主要用途是进行刊名缩写和刊名全称转换的查询，还可以获得 PubMed 等收录的期刊一览（Entrez journals）以及 PubMed 收录全文电子期刊网站链接一览（the list of journals with links to full-text web sites）。

（六）引文匹配检索

在 PubMed 主页的"PubMed Tools"栏点击"Single Citation Matcher"和"Batch Citation Matcher"均可进入引文匹配检索界面。"Single Citation Matcher"为单篇引文的检索，"Batch Citation Matcher"为多篇引文的检索。引文匹配检索是用残缺不全的题录信息为线索来查特定记录的工具，当论文中的参考文献信息不完整时，可利用引文匹配器来核对补充信息。引文匹配器分为以下两种：

1. 单一引文匹配器（Single Citation Matcher） 在 PubMed 主页的"PubMed Tools"栏点击"Single Citation Matcher"，进入检索界面，检索输入项有：刊名、出版日期、卷、期、起始页、著者姓名、文献篇名。检索时，允许遗漏以上任何一项或几项。刊名输入用全称缩写均可，出版时间的输入格式是：年/月/日。利用单一引文匹配器还可以浏览到最新期刊的题录和摘要，例如输入"Science"（刊名）、"330"（卷）、"6003"（期），就可以查到最新一期 *Science* 上的文献。

2. 批量引文匹配器（Batch Citation Matcher） 在 PubMed 主页的"PubMed Tools"栏点击"Batch Citation Matcher"，进入检索界面，可一次输入多行检索提问。批量引文匹配器的检索输入格式为：刊名|年|卷|起始页|著者|检索用户对文献的标识|，返回的检索结果是 PMID 号（PubMed 的记录顺序号）。每次检索提问的信息单独成行，其中刊名和著者姓名必须是 MEDLINE 标准缩写形式；对文献的标识可以是任意字符串；某项信息如缺失可不填写，但"|"不能省略；最后填写好邮箱地址，系统会将检索结果发送到邮箱或直接存入文件中。

例如输入以下两条提问：

VIRUS GENES|1992|6|393| |P27423—1|（著者不明确，可省略）

res microbiol|1992|143|467|ivey dm|P25966—1|

点击"Go"按钮，屏幕返回如下信息："Your request has been successfully submitted. You will receive an email shortly."意为你的检索要求已提交成功，你将收到一封邮件。进入邮箱，将检索结果行末的 PMID 粘贴到 PubMed 的检索提问框去检索，得到记录的详细信息。

（七）临床文献检索

在 PubMed 主页的"PubMed Tools"栏点击"Clinical Queries"，进入临床文献检索的界面。Clinical Queries 是一个专门为临床医师和临床试验工作者设计的检索服务，有以下三个方面的检索：

1. Clinical Study Categories　供查询疾病的"Therapy"（治疗）、"Diagnosis"（诊断）、"Etiology"（病因）、"Prognosis"（预后）和"Clinical prediction guides"（预防）五个方面的文献。选项"Broad"和"Narrow"为检索过滤器（Search Filter），用来表示倾向查全还是查准。

例如输入检索词疾病名"hypertension"，选副主题词"Therapy"，并同时选倾向于查全的"Broad"，系统配以如下检索式去检索：

Therapy/Broad [filter] AND ("hypertension" [MeSH Terms] OR "hypertension" [All Fields])

若选择倾向于查准的"Narrow"，系统组配的检索式是：

Therapy/Narrow [filter] AND ("hypertension" [MeSH Terms] OR "hypertension" [All Fields])

前者的查全率约为 99%，查准率约 70%；后者的查全率约为 93%，查准率约 97%。

2. Systematic Reviews　供检索疾病的 systematic reviews（系统评论）、meta-analysis（meta 分析）、reviews of clinical trials（临床试验评论）、evidence-based medicine（循证医学）等方面的文献。

3. Medical Genetics Searches　供检索疾病的遗传学方面的文献。有"All""Diagnosis""Differential Diagnosis"（鉴别诊断）、"Clinical Description"（临床描述）、"Management"（处理）、"Genetics Counseling"（遗传咨询）、"Molecular Genetics"（分子遗传学）、"Genetics Testing"（遗传测试）等选项。

（八）专题检索（Topic-Specific Queries）

在 PubMed 主页"PubMed Tools"下方点击"Topic-Specific Queries"，进入专题检索界面，汇总整合 PubMed 提供的专题检索目录（"Directory of Topic-Specific PubMed Queries"），包括针对不同学科研究人员设置的专题检索，如补充/替代医学专题（"Complementary Medicine"）、癌症专题（"Cancer"）等。针对不同学科专题（"Subject"）设立的子数据库，如"AIDS""Toxicology""History of Medicine"等，以及期刊专题（"Journal Collections"）。

（九）My NCBI 更新检索

在 PubMed 主页右上方点击"Sign in to NCBI"，进入"My NCBI"登录界面。"My NCBI"更新检索是用已保存的检索式进行更新检索，第一次使用需注册，注册免费。也可用 Google、NIH、eRA 或其他第三方账户登录，登录之后就可以保存检索式。登录后在 PubMed 主页右上方点击"My NCBI"，可见 7 个功能模块："Saved Search"（已保存的检索式）、"My Bibliography"（个人参考文献目录）、"Recent Activity"（最近的检索操作历史）、"Collections"

(个人设置及收藏信息汇总)、"Filters"(个性化设置检索过滤器)、"NCBI Search"(在选择的数据库检索文献)、"SciENCV"(创建、管理及分享个人科学履历),各个功能模块位置可根据需要灵活调整。"Saved Search"栏可查看已保存检索式新增的检出文献,点击结果数字链接,出现新增检索结果的文献列表,同时更新已保存的检索。

五、PubMed 的检索结果处理

对 PubMed 检索结果的处理包括检索结果的显示、保存和打印。在检索结果显示页面的右侧,可对检出文献进一步细化区分。

1. 检索结果的显示设置　在检索结果显示页面,点击"Summary",可对检索结果的显示进行设置和修改。PubMed 检索结果的默认显示格式是"Summary",即题录格式,"Summary"格式显示记录中的篇名、著者、出处、PMID 号、记录标记和相关文献链接("Related citations")等。点击"Related citations"链接可检索出与当前记录主题相关的文献,并按相关度从高到低排列,这对于检出文献量很少的情况非常有用。

除 Summary 格式外,常用的显示格式有:

(1) Summary (text):以纯文本格式显示检索结果,显示记录中的篇名、著者、出处、PMID 号,此种显示格式可加快网页访问速度,适合在网速过慢时使用。

(2) Abstract:Summary 格式中的所有字段加上摘要、著者单位和地址、人名主题、全文链接、出版类型(Publication Types)、*MeSH* 词(MeSH Terms)、化学物质(Substances)等。如果某篇文献全文来自用户所在机构订购的全文数据库,或来自 PMC 以及开放获取期刊,点击全文链接即可获取全文。此格式是查看文献和保存检索结果最常用的格式。

(3) MEDLINE:全字段显示,所有的字段都以字段标识符开头。若要将检索结果输出到 EndNote、Reference Manager 之类的参考文献管理软件中,应选用 MEDLINE 格式。

检索结果的排序(sort by)有以下七种:"Most Recent"(最近新增)、"Relevance"(主题相关度)、"Publication Date"(出版时间)、"First Author""Last Author""Title"和"Journal"。

2. 检索结果的保存　在检索结果显示页面点击"Send to",系统提供"File""Clipboard""Collections""E-mail""Order""My Bibliography"和"Citation manager"共 7 种保存方式。保存操作时,先用鼠标点开"Send to",然后选用下列的操作:

选"File",系统以纯文本文件形式保存检索结果;选"Clipboard",将所有记录(或选定的记录)添加到临时的粘贴板中;选"Collections",将检索结果保存在"My NCBI"中的"My Save Data"中;选"E-mail",系统将检索结果发到邮箱中;选"Order",系统将保存的文献提交全文订购,这项服务需支付一定的费用;选"My Bibliography",系统以目录形式将文献保存在"My NCBI"中;选"Citation manager",以文献管理软件(如 EndNote)格式保存检索结果。

3. 检索结果的二次处理　在检索结果显示页面右侧,提供"Filters:Manage Filters""New feature""Results by year""Find related data""Search details""Titles with your search terms""Recent activity"7 个选择对检索结果的二次细分。"Filters:Manage Filters"是对检索结果按设定要求过滤,系统默认是所有检出文献数量、检出文献中的综述文献数量和免费全文的数量;"New feature"可以利用 PubMed 新开发的功能对检索结果进行二次细分;"Results by year"是按年度统计检索结果;"Find related data"建议用户在 NCBI 中的其他数据库中检索文献;"Search details"是显示检索策略,用户可知系统是如何执行检索操作;"Titles with

your search terms"是检索词出现在文献题目中的结果;"Recent activity"是显示近期还进行过哪些检索操作。

网址：http://www.ncbi.nlm.nih.gov/pubmed/

第二节　Web of Science™核心合集

一、概述

Web of Science™核心合集（WOS）可以追溯到早期的 SCI，1961 年美国科学信息研究所（Institute for Scientific Information, ISI）编辑出版印刷型 SCI。1988 年 ISI 推出 SCI 光盘版，收录期刊 3 800 余种（即为 SCI 期刊核心版）。1997 年又推出了 SCI 的网络版，收录期刊增加了 2 000 余种，取名 SCI Expanded（SCI 扩展版），并将网络版检索系统命名为 Web of Science。2015 年检索系统改版，命名为 Web of Science™核心合集。

Web of Science™核心合集不仅是一个重要的检索工具，而且是科学研究成果评价的一项重要依据，已成为目前国际上最具权威性的、用于基础研究和应用基础研究成果的重要评价体系。

二、数据库构成

Web of Science™核心合集是由 5 个引文索引数据库（Science Citation Index Expanded, Social Science Citation Index, Arts & Humanities Citation index, Conference Proceedings Citation Index-Science, Conference Proceedings Citation Index-Social Science & Humanities）及 2 个化学数据库（Index Chemicus 和 Current Chemical Reactions）构成，可链接各种其他学术信息资源（学术会议录、专利、基因/蛋白质序列、生物科学信息、电子文献全文、期刊影响因子、图书馆馆藏信息系统、文献信息管理系统等）。构成 Web of Science™核心合集的数据库包括：

1. Science Citation Index Expanded（科学引文索引扩展版，简称 SCIE）　SCI 的网络版或扩展版，收录全球自然科学、工程技术、临床医学等领域内 8 700 多种最具影响力的学术刊物，数据可回溯至 1900 年。

2. Social Science Citation Index（社会科学引文索引，简称 SSCI）　收录社会科学领域内 3 300 多种最具影响力的学术刊物，数据可回溯至 1956 年。

3. Arts & Humanities Citation Index（艺术与人文引文索引，简称 A&HCI）　收录艺术与人文学科领域内 1 500 多种学术期刊，数据可回溯至 1975 年。

4. Conference Proceedings Citation Index-Science（科技会议录索引，简称 CPCI-S）　CPCI-S 为原来的 ISTP（科学技术会议录索引），收录所有科学与技术领域的会议论文，包括农业与环境科学、生物化学与分子生物学、生物技术、医学、工程、计算机科学、化学与物理等学科，数据可回溯至 1990 年。

5. Conference Proceedings Citation Index-Social Science & Humanities（社会科学与人文会议录索引，简称 CPCI-SSH）　CPCI-SSH 为原来的 ISSHP（社会科学与人文科学会议录索引），收录社会科学、艺术与人文领域会议论文，学科涉及心理学、社会学、公共健康、管理学、经济学、艺术、历史、文学与哲学等。数据可回溯至 1990 年。

6. Index Chemicus(化合物索引,简称 IC)　提供新化合物的信息。

7. Current Chemical Reactions(化学反应数据库,简称 CCR)　提供新化学反应的信息。

三、特点

与其他数据库相比,Web of Science™核心合集具有以下特点:

1. **严格的选刊程序**　"布拉德福-加菲尔德法则"表明:20%的期刊汇集了足够的信息以全面反映科技的最新最重要的成果与进展。Web of ScienceTM 核心合集中收录的期刊是各学科领域中最权威、最具影响力的期刊。

2. **参考文献和被引次数链接**　跨越时间和学科的界限,掌握一个课题的来龙去脉和最新进展。

3. **定制引文跟踪服务**　用户可以对任意文献定制引文跟踪服务,系统会将所定制的文献被引用的情况自动地发到用户的电子邮箱中。这样用户可以很方便地跟踪一篇文章被引用的情况。

4. **分析检索结果**　可以将检索结果按作者、出版年份、学科领域、研究机构、文献语种和期刊名称进行分析,归纳总结出相关领域在不同年份的发展趋势、通过这些基本分析,可以对学科的发展趋势有一个宏观的把握。

5. **独特的被引参考文献检索**　通过被引参考文献检索,可了解一篇文章被引用的情况,并可借此评估竞争对手在行业内的影响力。

6. **化学结构检索**　可以通过化学结构准确检索新反应和新化合物的信息。

7. **扩展主题词**　利用论文的参考文献题目中提取的扩展主题词进行检索,克服关键词由于时间推移不断演化现象造成的漏检。

8. **组合不同的检索方式**　如将基本检索和化学结构检索,或者与被引参考文献检索任意组合在一起,适合各种检索的需要。

9. **提供了各种与文献内容相关的链接**　与 NCBI Genbank 的链接、与文献全文的链接、与收录了相同文献的其他高质量的数据库的链接、与图书馆馆藏系统或全国联合编目系统的链接、与 OpenURL 解析服务的链接、与高引用作者专家库的链接、与期刊目次的链接等。这些开放的链接是基于内容而建立的动态链接,取决于用户所在机构的使用权限情况。

10. **与 EndNote Web 整合**　自动格式化文后参考文献,提高写作效率。

四、基本检索规则

1. **逻辑运算符**　Web of Science™核心合集支持逻辑运算符的检索操作,运算符有 AND、OR、NOT 三个。

2. **通配符**　Web of Science™核心合集支持的通配符有 *、? 和 $ 三个。* 代表 0 个到多个任意字符,? 代表 1 个任意字符,$ 表示 0 或 1 个任意字符。

3. **邻近算符**　用 SAME 表示。表示它所链接的检索词必须出现在同一个句子或者一个关键词短语里或同一行地址内。

在一个检索式中出现多个算符时,运算次序如下,SAME > NOT > AND > OR,可利用圆括号来改变运算优先级。

4. **词组检索**　短语默认为词组,自动在词间用 AND 组配检索。如果要进行准确的词组检索,应该在词组的两边加双引号(" ")表示。例如:输入 global warming,可找到 global warming 同时也可找到… global climate change and ocean warming …。输入"global warming"可找到准确的 global warming。

五、检索途径和方法

Web of Science™ 核心合集是汤姆森科技信息集团开发的检索平台 Web of Science 中最常用的数据库。进入 Web of Science 后,点击"所有数据库"旁边下拉菜单选择"Web of Science™ 核心合集"进入检索页面。Web of Science™ 核心合集检索界面有中文、英文、日文等 8 种版本供用户选择,国内可以使用中文版检索界面,但检索词必须为英文。Web of Science™ 核心合集提供基本检索、作者检索、被引参考文献检索、化学结构式检索和高级检索五种方式。

(一) 基本检索

进入 Web of Science™ 核心合集检索页面默认的检索方式即为基本检索,提供主题、标题、作者、作者识别号、团体作者、编者、出版物名称(包括刊名等)、DOI、出版年、地址、机构扩展、会议、语种、文献类型、基金资助机构、授权号、入藏号、PMID 共 18 个字段供用户检索时选择,根据实际情况选用适当的逻辑运算符 AND、OR、NOT 进行组配运算,还可以进行语言及文献类型限制,并定义检索结果的排列方式。

1. 主题(Topic):选主题字段检索时,是表示在文献标题、关键词、摘要、增补关键词四个字段中查询。由于 Web of Science™ 核心合集不设主题词,在检索时要考虑检索词有无同义词以防止漏检。

2. 作者(Author):作者检索时,首先输入姓氏,再输入空格和作者名字首字母。只输入了一个名字首字母时,系统将自动添加星号(*)通配符。因此,输入 Johnson M 与输入 Johnson M* 相同。也可以利用作者索引(Author Index)选择并添加到检索框中。对于比较复杂的姓名或者姓名中含有特殊符号情况,应检索该姓名可能的各种写法。

3. 团体作者(Group Author):应输入团体作者可能的各种写法。例如应包括作者名的全拼方式和可能的缩写形式。可以通过右侧给出的团体作者索引来锁定团体作者的具体写法。

4. 出版物名称(Source Title):用期刊的全称检索,或用期刊刊名的起始部分加上星号(*)通配符检索。刊名全称列表(Full Source Titles List)列出了 Web of Science™ 核心合集收录的全部期刊,可以通过它复制准确的期刊名称。

5. 地址(Address):按作者所在机构或地理位置检索,包括大学、机构、公司、国家、城市等的名称和邮政编码等。

当通过著者机构进行地址检索时,可以输入机构名称中的单词或短语(经常采用缩写形式);从机构名称检索时,可输入公司或大学的名字;检索某一地点的机构时,可用"SAME"连接机构及地点;检索某一机构中的某个系或部门时,可用"SAME"连接机构、系或部门名称。

地址检索中可使用逻辑算符 AND、OR、NOT,还可使用 SAME 运算符。

例如有关中国作者发表的 acupuncture(针灸)的研究论文,并要求了解有关课题的起源、最新进展和相关文献(数据库限定为 Science Citation Index Expanded)。

检索方法：第一个字段选用"主题"，在检索栏输入 acupuncture，在第二个检索字段中选用"地址"字段，输入检索词"China"，逻辑关系运算符选择"AND"，第三个检索字段选择文献类型，选择其中的"Article"文献类型，逻辑关系运算符也是选择"AND"，在引文数据库列表中勾选"Science Citation Index Expanded"。然后点击"检索"按钮执行检索操作。

对检出文献的分析是 Web of Science™核心合集数据库最突出的特色，可以按照多种途径对记录进行分析，包括作者、国家、作者机构、刊名、主题分类、出版年度、语种、文献类型等，分析功能可以清晰准确地了解检索到的记录的相关信息。在本例中可以通过分析功能了解：中国发表有关针灸研究论文最多的作者是谁；中国发表有关针灸研究论文最多的机构是哪里；中国有关针灸研究论文在哪一年发表最多；中国有关针灸研究论文主要发表在哪些杂志上；中国有关针灸研究论文主要涉及了哪些研究领域。

（二）引文检索(Cited Reference Search)

在 Web of Science™核心合集检索页面选择"被引参考文献检索"，进入引文检索页面，引文检索提供"被引作者""被引著作"和"被引年份"三种检索入口。"被引作者"为输入被引用的作者姓名，例：Cheung S；"被引著作"为输入被引用的研究工作出处：期刊名、专利号、书名等；"被引年份"为输入该文献的发表/公布年份。

引文检索是 ISI Web of Science™核心合集最具特色的检索途径，目的是解决传统主题检索方式固有的缺陷（主题词选取不易，主题字段标引不易/滞后/理解不同，少数的主题词无法反映全文的内容）。引文检索将一篇文献（无论是论文、会议录文献、著作、专利、技术报告等）作为检索对象，直接检索引用该文献的文献，不受时间、主题词、学科、文献类型的限制，特别适用于检索一篇文献或一个课题的发展，并了解和掌握研究思路。

引文检索能引导检索包括期刊、会议录、图书章节以及揭示与研究相关的任何出版物的信息，既能向前了解某个课题的历史发展情况，也能向后跟踪课题的最新研究进展。

引文数据的作用：用于分析、追踪热点研究领域，用于科学绩效的评估（评估学术论文的影响力、评估国家宏观科研状况、学术期刊的评价）。

引文索引用发表文章的参考文献作为检索词，它揭示了一种作者自己建立起来的文献之间的正式链接，因为作者道德上有义务写明他引用的影响他们研究的文章。

例：了解张五常(Cheung S)1969年博士论文《佃农理论》(*Theory of Share Tenancy*)的被引用情况，并掌握其研究的发展。

检索方法：

第一步：在被引作者栏输入"Cheung S"，点击"检索"按钮。注意：此处不能输入著作名称"Theory of Share Tenancy"，一旦输入系统无法返回检索结果，因为有时引用了相同文章的不同页面，或者引用论文不正确，所以导致无检索结果返回。

第二步：执行检索后，系统返回作者"Cheung S"所有著作被引用的情况，并按著作名的字顺表排列，找到该作者"Cheung S"的著作"Theory of Share Tenancy"并在方框内勾选，然后点击"完成检索"按钮执行检索操作，系统返回相应的检索结果，完成检索。

在检索结果页面点击"分析检索结果"可以获得更多信息，对引用文献进行分析有助于解决以下问题：

（1）了解哪一个作者引用了选定论文的次数最多，从而确定谁在延续跟踪并从事这一领域的研究工作。

(2) 知道引用选定论文的文献主要以什么文献类型进行发表。
(3) 知道哪一个机构最经常引用自己感兴趣的研究论文。
(4) 知道引用了选定文献的主要语种是什么。
(5) 知道选定论文的文章主要发表在什么时间,从而显示这篇文章被引用的时间趋势。
(6) 了解选定的论文经常被哪些杂志所引用,以便选择未来发表论文的投稿方向。
(7) 了解一篇论文被不同领域的研究论文引用的状况从而了解该课题研究的学科交叉趋势。

(三) 化学结构检索

自 2003 年升级到 6.0 版始,ISI Web of Science™ 核心合集将 ISI Chemistry 与 SCIE 完全整合到一起,从而为 ISI Web of Science™ 核心合集提供了化学结构信息的检索和更为丰富的化学内容,化学结构检索包括 CCR 和 IC 两个数据库的化学信息。

1. CCR 和 IC 的主要用途　① 取得分子合成反应的信息,检查某类分子是否已被分离、合成的有关文献资料。② 了解最新的催化剂,各类分子的生物活性、天然来源等信息资料。③ 新的有机金属化合物设计、合成与应用。④ 各种单体分子的合成,催化剂的利用,材料的各种合成途径。⑤ 了解化合物、药物分子的生物活性,迅速发现潜在的药物母体及其合成;"组合化学"所必需的固相合成反应。⑥ 缩短项目的研究周期,减少不必要的重复开发,提高工作效率。⑦ 信息来源:期刊、专利、会议录文献。

2. 化学结构检索的方法　在 Web of Science™ 核心合集检索页面点击"化学结构检索"进入检索页面。化学结构检索初次使用需安装 ISI 免费提供的化学插件,否则不能正常使用。安装好化学插件,单击"Draw Query"化学结构绘图模块,创建化学结构并将其插入到下面的"检索式"框中。然后选择检索模式是"子结构"还是"精确匹配",再设置化合物数据和化学反应数据,其中化合物数据包括化合物名称、生物活性、分子量、限制化合物在反应中的角色,化学反应数据包括化学反应的气体环境、时间、产率、压力、温度、反应关键词、化学反应备注。以上均输入好后点击"检索"执行检索操作,系统返回检索结果完成检索。

(四) 高级检索

在 Web of Science™ 核心合集检索页面,点开"基本检索"旁边的 ▼ ,选择"高级检索"进入该检索页面。高级检索是使用字段标识符、检索式组配或两者的组配来检索。允许使用布尔逻辑运算符和通配符。例:AD = (McGill Univ SAME Quebec SAME Canada),表示查找在"地址"字段中出现 McGill University 以及 Quebec 和 Canada 的记录。

具体操作为:① 转至页面的"当前限制"部分以选择不同的入库时间和/或数据库进行检索。② 使用两个字母的字段标识,在文本框中输入检索式。③ 要限制检索,选择一个或多个语种和/或文献类型。④ 单击检索。⑤ 在"检索历史"表中,单击"结果"栏中的链接,查看检索结果。

六、检索结果的处理

1. 检索结果的精简　在 Web of Science™ 核心合集的检索结果显示页面左侧,可以对已检出文献进行精简。检索结果的精简包括:在当前已检出文献进行二次检索;对检出文献的学科分布进行精简,还可对已检出文献的文献类型、作者、来源出版物、出版年、会议标题、机构、基金资助机构、语种、国家/地区等进行精简。

2. 检索结果的保存　勾选需保存的记录,并点击"添加到标记结果列表",进行检索结果保存操作。第1步：选定要保存的记录,有"页面上的所选记录""页面上的所有记录"及"指定记录范围"三项供用户选择；第2步：设置要保存的字段,包括作者、标题、来源出版物、包含摘要及全记录供选择；第3步：输出文献,有打印、电子邮件,或保存为其他文件格式,包括 EndNote online、EndNote desktop、ResearchID、InCite、RefWork 及其他文件格式。

七、期刊引证报告

参见第七章第三节。

第三节　其他文摘索引类数据库

一、Embase

Embase 为文摘型数据库,该库是在早期 Elsevier 公司出版的印刷型检索工具荷兰《医学文摘》(*Excerpta Medica*, *EM*)开发而来,2003 年 Elsevier 公司推出 Embase 数据库网络检索平台 embase.com,该平台不提供免费检索,需单位购买或通过账号方可访问。embase.com 检索平台是检索生物医学文献的重要数据库之一,它涵盖 embase(1947 年至今)和 MEDLINE(1950 年至今)数据库的全部内容,其最突出的特点在于收录药学文献齐全,提供多种检索途径以实现强大的检索功能。

(一)概况

embase.com 整合 Embase 与 MEDLINE 的内容,去除重复记录后文献总量达 2 400 多万篇,形成全球最大最具权威性的生物医学与药理学文献数据库,覆盖 70 多个国家/地区出版的 7 600 多种刊物,且 50% 以上的记录已与 ScienceDirect、SpringerLink、Cell Press 以及 Karger 等电子期刊全文数据库实现了全文链接,方便获取文献原文。

收录期刊的学科范围涉及药物研究、药理学、制药学、药剂学、药物副作用、药物相互作用及毒性、临床及实验医学、基础生物医学和生物工程学、卫生政策和管理、药物经济学、公共/职业和环境卫生、污染、药物依赖和滥用、精神病学、传统医学、法医学、兽医学、口腔医学和护理学等学科。药学文献收录齐全是其收录文献的学科特色。

embase.com 还提供 Emtree 主题词表辅助检索,该词表整合了美国国立医学图书馆的 *MeSH* 词表,共计包括 5.5 万多个药物、生物医学和生物学术语,22 万多个同义词,大约 2 万个 CAS 化学物质登记号。

(二)检索规则

embase.com 主要包括以下几种运算符和运算规则。

1. 布尔逻辑运算符　包括 AND(逻辑与)、OR(逻辑或)和 NOT(逻辑非)三种。

2. 邻近度算符　主要包括"NEAR/n"和"NEXT/n"两种。"NEAR/n"表示连接的两个检索词之间可以有 n 个以内的单词出现,且两个检索词的前后顺序可以颠倒。"NEXT/n"也表示两个检索词之间可以有 n 个单词出现,但两个检索词前后顺序固定。

3. 截词符　主要有"*"和"?"。"*"表示 0 个或多个字符,"?"表示 1 个字符。两个截词符都可用于单词词尾或词间,但不能用于固定词组或短语检索。为了提高检索效率,截词符前至少要有 2 个字符,"*"前如果有 3 个及以上字符,则能达到更好的检索效果。

4. 短语检索　系统规定对输入的词组或短语必须加上引号(单引号或双引号均可)才能实现词组或短语检索,否则系统会将构成词组或短语的单词拆分并进行逻辑与运算,但带有"–"的词组或短语不在此列;由数字和字母混合构成的单词或词组比较特殊,如 IL2、'IL2'或'IL 2'均能检出包含 IL2 或 IL 2 的文献。注意在由引号引起的短语中不能出现邻近度算符,如出现则为不合法的检索式,不能检出文献。

5. 字段限定符　主要包括":"和"/",系统允许在检索词后连接字段限定符以实现字段限定检索。":"可以实现对所有字段的限定检索,并可同时限定多个字段,字段标识符之间用逗号分隔。"/"用来对某些字段进行精确限定检索,精确限定是指只能检索出与"/"前检索词完全一致的词汇的文献,系统规定只有 de(Emtree 主题词)、dd(药物标引词)、dm(医学标引词)、au(作者)、jt(刊名)、ta(刊名缩写)、exp(扩展词)、mj(主要主题词)这 8 个字段能进行精确限定检索。

6. 多种运算符的联用　允许不同类型运算符的联合使用,多种运算符的联用可以编制更为复杂的检索表达式,从而实现复杂的检索意图。在联用多种运算符编制检索表达式时,一定要注意每种运算符的运算规则,避免发生歧义现象或错误结果。

二、BIOSIS Previews

(一) 概况

BIOSIS Previews(BP)由美国生物科学信息服务社(BIOSIS)编辑出版,数据主要来自 *Biological Abstracts*(*BA*,《生物学文摘》)、*Biological Abstracts/RRM*(*BA/RRM*, Report, Review, and Meetings,即《生物学文摘——技术报告、综述和会议论文》)两部分内容。作为生物医学研究领域最重要的数据库之一,其特点是收录范围广、收录文献类型多,包括专利文献、会议论文、专著等。BP 全记录格式中提供的多个特色字段,如生物分类数据、疾病数据、方法与设备数据等,不仅有助于检索者更全面深入地理解文献内容,而且 BP 在采用默认的"主题"字段检索时,系统会自动在这些特色字段中检索,因此扩大检索范围,提高查全率,可以获得较好的检索结果。网络平台上的 BP 目前主要整合在 Web of Knowledge 和 OVID 检索平台中,不提供免费检索,需要单位购买或自有账号方可使用。

1. BP 的收录范围　BP 收录世界上 100 多个国家和地区的 5 500 多种期刊和 1 500 多个会议的会议录和报告,每年大约增加 56 万条记录。涵盖的所有生命科学内容中,大约 2 100 多种生物学和生命科学的出版物是完全收录的,另外 3 000 多种出版物经 BIOSIS 的专家审阅后只收录其中有关生命科学的内容。收录期刊时主要考虑它的学科、出版国家和同行评议情况。

2. BP 记录的主要字段　BP 的全记录格式(Full Text)可显示每篇文献的所有字段,不同类型文献所包含的字段可能不同。对期刊论文,除题名、作者、出处、文摘、语种、作者单位、ISSN、文档类型(Document Type)、入藏号(Accession Number,BP 中每条记录的唯一识别号)、DOI(文献作为数字资源的唯一标识符)等基本信息外,BP 还有很多特色字段,并用表格形式显示。这些字段主要包括:

(1) 主要概念(Major Concepts):表示文献所涉及的较大范围的学科领域。例如一篇讨论"丙型肝炎病毒转录"的文献,BP 标引的主要概念为 Biochemistry and Molecular Biophysics;

Infection；Genetics。

(2) 概念代码(Concept Code)：用一串五位数字的代码表示文献的学科主题，相当于主要概念之下的次级概念。例如 02508，Cytology-Human(细胞学-人类)表示该文献涉及人类细胞学，代码为 02508。

(3) 分类数据(Taxonomic Data)：BP 采用自然分类系统反映每种生物体的生物分类信息。

(4) 疾病数据(Disease Data)：BP 对生物体的疾病或异常采用 MeSH 主题词进行标引，包括名称(Terms)、不同形式(Variants)、疾病对应的 MeSH 词、疾病的上位词(Disease Affiliation,一般为比较宽泛的概念)、详细信息(Details,一般为 MeSH 词的副主题词,使疾病信息专指更高)。

(5) 化学数据(Chemical Data)：BP 标引的化学和生化物质(包括药物)信息，一篇文献最多标引 20 种化学和生化物质，包括名称、不同形式、化学物质 CAS 登记号(CAS Registry No.)、药品的上位词(Drug Modifier,一般是比较宽泛的概念)、详细信息等。

(6) 基因名称数据(Gene Name Data)：BP 标引的基因名称等信息，包括名称、不同形式、详细信息等。

(7) 序列数据(Sequence Data)：BP 标引的蛋白、核酸的序列信息，包括序列索取号(Accession NO.)、序列数据库(DataBank,包括 GenBank、EBML、DDBJ 等)、详细信息等。

(8) 方法和设备数据库(Methods and Equipment Data)：BP 标引的方法和设备信息，包括方法和设备的名称、不同形式、详细信息等。

(9) 器官/系统/细胞器数据(Parts and Structure Data)：文献涉及的器官/系统和细胞器数据。

(10) 地理数据(Geographic Data)：文献涉及的地理数据信息。

(11) 综合叙词(Miscellaneous Descriptors)：BP 的索引系统将不能纳入上述字段的其他主题词自动分配到综合叙词字段。

此外,对专利文献,BP 还提供发明人[Inventor(s)]、专利号(Patent Number)、专利授权日期(Patent Date Granted)、专利国\地区(Patent Country)、专利权人(Patent Assignee)、专利分类号(Patent Class)等字段信息；对会议论文,BP 则提供会议信息(Meeting Information,包括会议名称、会议时间、会议地点)、会议赞助商(Meeting Sponsor)等字段信息。

(二) 检索规则

在 Web of Science 平台上的 BP 采用与 WOS 平台数据库相同的检索规则。

1. **布尔逻辑检索** 包括布尔逻辑运算符 AND、OR、NOT，运算符大小写均可识别。

2. **截词检索** BP 支持多种截词符检索,包括"*"(代表 0 到多个字符)、"?"(代表一个字符)、"$"(代表 0 到 1 个字符)。例如 tumo?r 可检索出 tumor 和 tumour 的文献；cell$ 可检索出 cell 及 cells 的文献。

3. **邻近检索** 包括词组检索及 SAME 检索。

(1) 词组检索：加上双引号以精确查找某个短语词组。例如查找有关心肌梗死的文献,直接输入 myocardial infarction，BP 自动按照 myocardial AND infarction 进行检索，如果加上双引号"myocardial infarction"，系统将其视为连在一起的短语词组进行检索。

(2) SAME 检索：要求 SAME 连接的两个检索词出现在同一个句子或同一字段短语中

（如 Address 字段可视为一个短语），两个词的顺序不限。运算符的优先顺序为 SAME > NOT > AND > OR。与 AND 运算符相比，使用 SAME 运算符得到的检索结果更准确，同时也避免了词组检索可能带来的漏检。例如检索有关"干细胞"的文献，用"stem SAME cell"可以检索出句子中含有 stem progenitor cell、stem and progenitor cell 的文献，直接用词组检索"stem cell"则可能漏检这些文献。

三、SciFinder

（一）概况

SciFinder 是由美国化学学会（ACS）的化学文摘服务社 CAS（Chemical Abstract Service）于 1997 年推出的网络版化学资料数据库，是全世界资料量最大、最具权威的化学数据库，是化学和生命科学研究领域中不可或缺的参考和研究工具。SciFinder 有两个版本，其中 SciFinder 是面对企业用户，基本是各大制药巨头，现在通常使用的是 SciFinder Scholar，主要面对大学或研究机构。两者数据库是一样的，前者仅多了一些分析功能，利于分析数据。

SciFinder 收录的文献资料来自 200 多个国家和地区的 60 多种语言，整合 MEDLINE 医学数据库、欧洲和美国等近 50 家专利机构的全文专利资料以及化学文摘 1907 年至今的所有内容。收录的文献类型包括期刊、专利评论、会议录、论文、技术报告和图书中的各种化学研究成果；涵盖的学科包括应用化学、化学工程、普通化学、物理、生物学、生命科学、医学、聚合体学、材料学、地质学、食品科学和农学等诸多领域。数据库保持每天更新。

（二）SciFinder 的内容

SciFinder 中有 6 个数据库：

1. CAplus 文献数据库（Chemical Abstracts Plus Database，1907 年至今，化学文献数据库） 该数据库数据对应于印刷版检索工具《化学文摘》（*Chemical Abstracts*，简称 *CA*）。它是世界上最大、最权威的化学化工文献数据库，数据包括期刊、专利、会议录、论文、技术报告、图书等，还有尚未完全编目收录的最新文献。每日新增信息 3 000 条以上。

2. REGISTRY 物质数据库（1957 年至今） 是世界上最大、最全面的物质数据库，收录 1957 年至今的特定化学物质，包括有机化合物、生物序列、配位化合物、聚合物等。它给出几乎所有 *CA* 中引用的物质以及特定的注册（CAS 注册号），每日新增 4 000 多个化学物质或序列。

3. CASREACT 反应数据库（Chemical Reactions Database，1840 年至今） 收录 1840 年至今的有机化学期刊及专利中的单步或多步有机化学反应资料。通过反应物、试剂、生成物等的检索，可获取反应条件、产率、催化物等信息，每周更新。

4. CHEMLIST 管制化学品数据库（Regulated Chemicals Listing Database，1979 年至今） 收录了备案或被管控的化学品目录及其相关信息，1979 年以来美国、亚洲、大洋洲、欧洲等 19 个国家和国际组织的地区和国家管制化学品目录及其法规，包括物质的特征、来源及许可信息等，每周更新。

5. CHEMCATS 商业来源数据库（Online Chemical Catalogs File） 收录化学品目录手册以及图书馆等提供的供应商地址、价格等化学品来源信息。

6. MEDLINE（MEDLARS Online，1950 年至今） 世界上最具权威的生物医学数据库，收录70多个国家、3 900多种期刊的生物医学文献,覆盖1950年至今的文献以及尚未完全编目收录的最新文献。

四、Scopus

Elsevier 公司于 2004 年底推出的 Scopus 是目前全球规模最大的文摘和索引数据库。与任何现有的单一的文摘和索引数据库相比,Scopus 的内容更加全面,学科更加广泛,能够检索到 1966 年以来的论文摘要和题录信息,以及 1996 年以来所引用的参考文献。

(一)收录内容和范围

Scopus 收录了来自全球 4 000 家出版社的 19 000 种来源期刊,是全球最大的文摘和引文数据库,为科研人员提供一站式获取科技文献的平台。其中包括 500 余种开放存取期刊、700 余种会议录、600 余种商业出版物、25 种丛书(系列图书)、2 亿 4 500 万余篇参考文献、2 亿 5 000 万网页信息、1 300 万余项专利信息。Scopus 的学科分类体系涵盖了 27 个学科领域。

(二)功能

(1)提供快速检索、基本检索、作者检索和高级检索,以及多种检索结果精练模式,可以同时检索网络和专利信息。

(2)提供标准的全文链接,还可以基于用户定购期刊列表定制全文链接,这两种方式都可以通过 Scopus 管理工具(Admin Tool)来设置。Scopus 还提供了"View of Web"链接,让用户可以从参考文献页面直接链接到网络上的全文资源。这些全文资源包括:学位论文、专利、标准和其他任何类型的信息,这些资源在 Scopus 中均被引用超过 10 次以上。目前 Scopus 已经有超过 390 000 条"View of Web"链接。

(3)提供引文分析的功能,自 1996 年以来的 2.8 亿条参考文献都可以通过简单直观的方式进行评估,进而发现某一领域的研究热点和发展趋势,寻找新的研究突破口。

(4)作者身份识别系统(author identifier)可以帮助用户排除容易混淆的作者和确定唯一作者。Scopus 为 2 000 多万作者分配了独有的唯一识别号,并可以识别出某一位作者最近的 150 位同著者。将作者身份识别与引文追踪结合运用,可以方便地对特定文献的影响、作者的影响和特定期刊的影响进行分析。

(5)与 Crossfire Beilstein 和 Refworks 整合。可以从 Scopus 文摘页面的化学式和反应式直接链接到 Crossfire Beilstein 数据库,支持将检索结果直接输出到 Refworks 及从 Refworks 链接回 Scopus。

(6)提供丰富的个性化功能。

第四节 外文全文数据库

外文全文数据库提供原始文献的下载。与中文全文数据库不同,三大中文全文数据库全文收录期刊的数量均在几千种以上,且重合率很高;而外文期刊全文、图书及学位论文等版权是独家授权给某一出版商,因此,某一出版商全文收录的期刊不可能在其他数据库出版商中找到全文,有些出版商提供的全文数据库的全文收录期刊数量仅有几百种,远少于中文全文数据库收录的期刊。本节重点介绍 ScienceDirect、Ovid 及 Springer。

一、ScienceDirect

(一) 概况

1997年Elsevier推出了名为ScienceDirect的电子期刊计划,将该公司的全部印刷版期刊转换为电子版,并使用基于浏览器开发的检索系统Science Server。这项计划还包括了对用户的本地服务措施的ScienceDirect Onsite(简称SDOS),即在用户本地服务器上安装Science Server和用户购买的数据(镜像站点)。

1. **收录期刊的学科范围** ScienceDirect收录期刊的学科覆盖如下:农业和生物科学,数学,化学,化学工程学,物理学和天文学,生物化学、遗传学和分子生物学,土木工程,计算机科学,决策科学,地球科学,能源和动力,工程和技术,环境科学,免疫学和微生物学,材料科学,医学,神经系统科学,药理学、毒理学和药物学,经济学、计量经济学和金融,商业、管理和财会,心理学,人文科学,社会科学等,收录2 500多种高品质全文学术期刊。

2. **回溯文档项目** ScienceDirect开展了回溯文档项目,Elsevier将公司拥有的期刊从1994年开始回溯到第一卷第一期全部数字化,如*LANCET*(《柳叶刀》)已经回溯到1823年。

3. **检索特点** Elsevier电子期刊除了提供浏览和检索服务外,还提供了个性化服务功能,包括最新期刊目次报道服务、E-mail提示功能、建立个人图书馆等,并支持CrossRef引文链接。Elsevier服务系统实现了与重要的二次文献检索数据库的全文链接,目前已经与SCI、EI、Scopus等建立了从二次文献直接到Elsevier全文的链接。

ScienceDirect检索平台可免费检索文献题录信息,但全文需单位购买镜像库或通过账号方可下载。

(二) 基本检索规则

1. **字检索与词检索** 默认的是字检索(word),如果要检索一个词(phrase),就必须使用引号。例如,键入"Zhejiang University of Technology",检索结果只包含这个词;如果键入Zhejiang University of Technology,没有引号,检出的结果则将可能是Ningbo Institute of Technology、Zhejiang University和College of Chemical Engineering、Zhejiang University of Technology,字与字之间为AND的关系。

2. **作者检索** 先输入名的全称或缩写,然后输入姓,如rj smith,默认为"前方一致",忽略空格和逗号。

3. **布尔逻辑检索** 在同一检索字段中,可用算符AND、OR、AND NOT来确定检索词之间的关系,如果没有算符和引号,系统默认各检索词之间的逻辑关系为AND。

4. **截词检索** 支持用截词符"?"和"*"取代部分检索词,截词符"?"取代单词中的1个字母,如wom?n可以检索到woman、women。截词符"*"取代单词中的任意个(0,1,2…)字母,如"gene*"可以检索到gene、genes、general、generation。

5. **位置算符检索** NEAR或NEAR(n),表示两词相邻,中间可相隔n个字符,前后位置可变化。如果不使用(n),系统默认值为10。

使用W/n,表示两词相隔不超过n词,词序不定。例:pain W/15 morphine。

使用PRE/n,表示两词相隔不超过n词,词序一定。例:behavioural PRE/3 disturbances。

6. **精确短语检索** 精确短语检索符为{ },所有符号都将被作为检索词进行严格匹配,例:{c++}。

7. 拼写方式 当英式与美式拼写方式不同时，可使用任何一种形式检索，例：behaviour 与 behavior，psychoanalyse 与 psychoanalyze。

8. 单词复数 使用名词单数形式可同时检索出复数形式，例：horse-horses，woman-women。

9. 支持希腊字母 α、β、γ、Ω 检索（或英文拼写方式）

10. 法语、德语中的重音、变音符号，如 é、è、ä 均可以检索

（三）检索途径及方法

ScienceDirect 提供"Browse"和"Search"两种检索方式，"Browse"主要通过字顺表来浏览及查找期刊、图书的信息。"Search"通过输入检索词，选择相应检索字段及相应逻辑运算符来检索文献。

1. Browse 检索 ScienceDirect 提供从刊名/书名的角度来浏览相关文献，在 ScienceDirect 主页上方点击"Browse"，进入 Browse 检索期刊/图书浏览页面，可以根据需要设置浏览条件，如：Full-text available、Abstract only、Journals and Book Series、All Books、Reference Works only、Display Series Volume Titles。可以根据期刊/图书的头一个字母来选择想要浏览的期刊/图书，期刊/字顺表浏览页面有 Subscription details、Content type、Articles in press、Article feed、Favorites、Vol/Issue alerts 项目表明期刊的相关信息。Subscription details 表示期刊/图书全文的订购情况，如果单位订购了某期刊电子版全文，则在该项下的图标为实体图标，如没有订购则是虚体形式。Content type 表示是期刊还是图书。Articles in press 如果标记为√，则表示提供没有正式出版但是已经在编辑的论文。

2. Search 检索 "Search"检索页面位于首页中间，提供快速检索、高级检索和专业检索三种方式。

（1）快速检索在位于每个 ScienceDirect 页面的上方，在任何一个 ScienceDirect 页面均可使用快速检索，快速检索提供的检索字段包括所有字段（All Fields）、作者（Author Name）、期刊/图书名称（Joural /Book Title）、期刊的卷（Volume）、期（Issue）、页（Page）等，供用户检索时选择。

（2）高级检索位于"Search"检索页面的中间部位，在高级检索页面可对检索的文献类型为期刊（Journal）还是图书进行选择，默认为在期刊和图书两大文献类型中检索文献，其可检索字段：默认的检索字段为所有字段（All Fields），还可选择的检索字段有作者（Author）、刊名（Journal Name）、篇名（Title）、关键词（Keywords）、文摘（Abstract）、参考文献（References）、国际统一刊号（ISSN）、单位（Affiliation）、全文（Full Text）等。

高级检索可将检索范围限定为某一学科内检索，例如：医学和牙科学（Medicine and Dentistry）、化学（Chemistry）等。高级检索还可对检出的文献范围进行限定，最早的文献起始年代可回溯至 1823 年。

3. 专业检索 在"Search"检索页面中的高级检索（Advanced Search）旁边点击 Expert Search 就可进入专业检索页面。专业检索与高级检索不同之处在于：高级检索时系统提供相应的字段供用户检索时选择，并提供逻辑运算符 AND、OR 和 AND NOT 进行逻辑运算符组配检索，而专业检索时用户需要自己将字段标识符、检索词和逻辑运算符组合检索式进行检索。其余文献类型的设置、检索文献的学科范围指定和年代设定与高级检索相同。

（四）检索结果的处理

执行检索操作后，系统返回检出文献结果页面。在检索结果页面上方，显示检出文献的篇数及具体的检索式，可用"Edit this search"按钮对检索式进行二次编辑，用"Save this search"按钮保存当前的检索式，用"Save as search alert"将当前检索式加入到自己的个性化服务中。

1. **检索结果的二次处理** 检索结果页面左侧栏有 Search within results（二次检索）和 Refine results（精练结果）两项可对检索结果进行二次处理。Search within results 可再次输入检索词在已检出的文献中进行二次检索。Refine results 可按以下三种方式对检索结果进行精简：① Content Type 是指检出期刊论文还是图书以及期刊图书两种类型的文献。② Journal/Book Title 是指当前检出的文献在其一期刊或图书中的文献数量。③ Topic 是指当前检出文献的某一学科主题中的文献数量。④ Year 是按年代显示当前检出文献在某一年的文献数量。

2. **检索结果的显示和保存** 系统默认显示检索结果的格式为题录格式，显示文献的题目、作者和文献出处，如果需要查看检出文献的摘要等其他信息，可以点击"Open all previews"显示更多文献的信息，包括摘要、是否为已出版的文献及参考文献等。

如需保存检索结果，可以在保存前对感兴趣的文献进行选择，在文献序号边的方框内打钩，就可选择希望保存的文献，如没做出选择系统默认保存所有已检到的文献。选择好文献之后，点击上方的"Export Citations"就可保存检索结果，系统提供 Citations Only（引文格式）和 Citations and Abstracts（引文+摘要格式）两种形式供选择，同时还提供检索结果以 RIS format（for Reference Manager、ProCite、EndNote）、RefWorks Direct Export、ASCII format、BibTeX format 文献管理软件的格式保存检索结果。

3. **全文下载** 可以通过自己购买及单位订购的形式下载全文，点击每条记录中的 PDF 链接，就可下载全文。全文下载只能单篇下载，不能批量下载。

（五）个性化服务

ScienceDirect Online 提供了个性化服务（My Alerts）和最新期刊目次报道服务（Alert）。

1. **My Alerts** ScienceDirect Online 的用户首先需要在线注册，免费注册个人账户以实现个性化服务。已经注册的个人用户可以设定你的个性化图书馆，设置 E-mail 提示，建立个性化的期刊目录、引文提示等服务，可以在任何时间选定、增加，甚至完全取消已经选择的选定。

2. **Alert** ScienceDirect Online 的用户和已经注册的个人用户可以设定以电子邮件接收最新出版的文章信息，包括电子优先出版的文章信息；可以选择最新目次，或是与关键词有关的最新出版文章，并要求接收新出版的目次报道；可以选择电子邮件（包括 HTML 格式或纯文字格式）接收新出版的期刊目次报道服务。

二、Ovid 及 OvidSP

（一）数据库简介

Ovid 技术公司（Ovid Technologies Inc.）是美国著名的数据库提供商，于 1984 年创建。Ovid 提供的数据库涉及生命科学、自然科学、社会科学、人文科学，现有数据库品种 200 多个。

Ovid Online 版包括 Ovid 临床指南平台、医学电子书库、OvidSP（Ovid 电子期刊全文数据库）、循证医学数据库、美国《生物学文摘》、荷兰《医学文摘》及 MEDLINE 数据库。

1. Ovid 临床指南平台（Clin-eguide） 由 Kluwer 公司制作的 Ovid 临床资源检索平台，主要包括九大部分：Clin-eguide Evidence-Based Treatment Guidelines（临床诊断与治疗指南）、5-Minute Clinical Suite（Griffith 五分钟临床咨询）、Books@ Ovid（Ovid 医学电子书库）、EBMR Articles（循证医学综述文献数据库）、Facts & Comparisons Drug Information（药物事实与比较信息指南）、MEDLINE（1996-present）、National Guideline（美国国立指南库）、nursing advisor（护理顾问）、Patient Handouts（患者手册）。

2. 医学电子书库 Books@ Ovid 收录 LWW 出版的内科、外科、肿瘤、妇产科等各类英文医学权威图书 184 种，可进行检索、浏览。

3. Ovid 电子期刊全文数据库（Journals@ Ovid Full Text） 收录了多家出版商和协会出版的 2 306 种科技及医学期刊的全文。

4. 循证医学数据库（All EBM Reviews-Cochrane DSR, ACP Journal Club, DARE, and CCTR） 由医药界人士及医学相关研究人员研发，收录了临床循证的基础资料。循证医学文献作为临床决策、研究的基础，供临床医师、研究者使用，可节省阅读大量医学文献报告的时间。除总库 All EBM Reviews 外，可分别检索七个子数据库和一个全文库。

5. 美国《生物学文摘》（BIOSIS Preview） 生命科学领域最重要的文摘数据库之一，完整收录生物学和生物化学领域的研究文献，包括植物学、动物学、微生物学等传统生物学范畴，也包括实验、临床和兽医、生物技术、环境研究、农业等研究领域，并涉及生物化学、生物物理学、生物工程等交叉学科。文献来自 6 500 多种期刊的研究论文、会议论文、综述、技术信件和注释、会议报告、软件和图书等。

6. 荷兰《医学文摘》（EMBASE Drugs & Pharmacology, EMDP） EMDP 是荷兰 Elsevier Science 出版社的产品，是全球最大最具权威性的生物医学与药理学文献数据库。其中收录了 1980 年以来世界范围内的 3 500 多种药物与药理学期刊，内容涉及药物及潜在药物的作用和用途以及药理学、药物动力学和药效学的临床和实验研究，如副作用和不良反应等。每季度更新一次。

7. MedLine（R） MEDLINE 是 NLM 编辑出版的综合生物医学信息书目数据库，是当前国际上最权威的生物医学文献数据库。内容包括美国 IM 的全部内容和《牙科文献索引》、《国际护理索引》的部分内容，涉及基础医学、临床医学、环境医学、营养卫生、职业病学、卫生管理、医疗保健、微生物、药学、社会医学等领域。

该库收录了 1948 年以来世界上 80 个国家和地区出版的生物医学及其相关学科期刊 7 300 多种，涉及 43 种语种，其中 90% 左右为英文刊物，78% 有英文摘要，数据每日更新。Ovid 将这些文献按年份划分为四个子库：① Ovid MedLine（R） 1950 to Present with Daily Update。② Ovid MedLine（R） 1996 to Present with Daily Update。③ Ovid MedLine（R） In-Process & Other Non-Indexed Citations。④ Ovid OLDMedLine（R） 1948 to 1965。

（二）OvidSP 的检索方法

1. OvidSP 检索界面 目前 OvidSP 检索界面有英文、法文、德文、西班牙文、日文、繁体中文和简体中文共七种版本供用户选择。默认界面是多个字段检索，页面从上至下分为导航区、检索历史区、检索窗口及条件限制栏四个部分。

2. OvidSP 检索的基本规则

（1）逻辑检索：AND、OR、NOT。

（2）字段检索：字段名缩写。例：adiponectin.ti（检索题名中出现 adiponectin 的文献）。

（3）短语检索：在 Advance Search 中，系统默认空格为词组检索。如短语中含有禁用词或特殊字符，必须用半角的双引号括起。例："acute and chronic low back pain"。

（4）邻近检索：ADJn，检索词之间最多允许插入（n-1）个单词，词序可互换。例：physician adj3 relationship

（5）无限截词符：$，用于词尾。例：Disease$，可查到的资料是：disease, diseases, diseased 等。需注意的是，有些时候会找到不是自己想要的资料，例如：rat$，或许您想找的是：rat 和 rats，不过也会出现 rate、rationalize、ratify 等。

（6）有限截词符：$n，用于词尾，替代 n 个字符。例：dog$1，会找到 dog 和 dogs，但不会找到 dogma。

（7）强制通配符：#，可以放在查询字词的中间或是后面，例如：wom#n，可查到 woman, women。若将符号"#"用在查询字的后面，如：dog#，则会有 dogs，但是不会查到 dog。特别需要注意的地方是在使用"#"时，前面至少要有两个字符才可以查询。

（8）可选通配符：?，用于词中或词尾，替代一个字符。例：colo?r；就可以查到 color、colour，这个字符对于查询欧美拼写的不同有很大的帮助。使用时特别需要注意的地方是在使用"?"时，前面不能只有一个字符，否则会查询不到数据。

（9）词频限制：检索词.字段名缩写./freq=n，限定检索词在指定字段中出现的次数。例：blood.ti./freq=3。

3. OvidSP 的检索历史 检索历史会显示检索序号、检索策略、检索结果。通过检索历史可进行以下操作：

（1）组合（Combine Searches）：对检索历史的两个或两个以上的检索结果进行布尔逻辑 and、or 的运算，操作顺序是从左至右，有括号的先执行。

（2）删除检索策略（Delete Searches）：可自行选择所要删除的结果项。

（3）保存检索策略（Save Search/Alert）：将检索策略保存起来。AutoAlert 是能够定期运行检索的自动专题传递服务，通过自动定期运行检索，检查检索策略式所在数据库是否有更新数据，然后向所指定的电子邮件接收者发送包含更新的检索结果的邮件。如果还没有申请，可以立刻申请。点击进入个人账号的功能，点击"Create a new Personal Account"建立个人账号，输入一个自己的账号名称，再设定一个 6~8 位的密码并重新确认，最后输入一个有效的 E-mail。如果已申请，点击此图标进入保存界面，在"Search Name"一栏输入检索策略名称，在"Comment"一栏输入注释，选择策略的保存方式，点击"SAVE"即可。有三种检索策略的保存方法：暂时性保存 Temporary（24 hours）、永久保存 Permanent、自动专题传递服务 AutoAlert（SDI）。保存检索策略的名称区分大小写，并且名字中不能在开头、中间留空格，也不能有无效的字符。可以用首字母大小写不同的一个名字、同一种检索类型保存两个检索策略。

4. 条件限制栏（Limits） 对检索结果进行条件限制，可以得到更加准确的结果。可对发表年份、出版类型、出版语言、研究对象等方面进行合适的限制，缩小检索范围。

5. Ovid 支持的检索方式

（1）基本检索（Basic Search）模式只提供有限的检索功能，以便进行简单的检索。

(2) 高级检索(Advanced Search)模式能提供平台上的所有检索功能,配合用户检索需要。

(3) 题录检索(Find Citation)模式提供文章题目、期刊名称、作者姓氏、卷期、出版年份的栏位,通过一个栏位或多个栏位的一次检索,快速地把特定的文章找出。

(4) 字段检索(More Fields):点击图标进去,出现各个字段的列表,选择字段,将检索词限定在某一个或多个字段进行检索。

(5) 关键词检索(Keyword):点击关键词检索的图标并输入关键词,可以找到包含此关键词的所有内容。

(6) 作者检索(Author):点击作者名称的图标并输入作者名,输入的方式为姓的全写在前,名字的缩写(头一个英文字)在后,如 Smith A,出现相近的所有作者列表,便可找到该作者发表的所有文章。

(7) 篇名检索(Title):输入文献的篇名或篇名关键词,即可找到与之相关的文章。

(8) 期刊名检索(Journal):应输入期刊的全称(全部或前部),例如:Journal of Gastrointestinal,或只要输入 Journal of Ga 进行检索,而不能用缩写形式来检索特定的期刊。

(三) 检索结果的处理

执行检索操作后,系统返回检索结果,在检索结果页面,可以实现对检出文献的二次筛选、更改检索结果的显示格式及保存检索结果。

1. 检索结果的筛选　可以按文献相关度、出版年代、期刊和出版类型对已检出文献进行二次筛选。其中相关度指可以依据检索词出现的频率来筛选,出版年代可以选择具体某一年的文献及指定某一时间段的文献,期刊则可以查看在某一期刊当中当前检出文献的数量,文献类型则可以是期刊论文、学术报告和综述等。

2. 检索结果的显示　系统默认的检索结果显示格式为题录格式(题名、作者、出处),除此之外还可用题录格式+摘要、题录格式+摘要+主题词、详细题录信息,还可以自己设定字段来显示检索结果。

3. 检索结果的保存　在保存结果之前,选择感兴趣的文献,然后可以打印检出的文献,以电子邮件保存检索结果。如要以文件形式保存,则可点击"输出"。

4. 全文下载　点击检索结果页面中的 PDF 链接,就可实现全文下载。如单位没有订购该期刊全文,系统会显示按次付费,需要有购买的账号方可下载。

三、SpringerLink

德国施普林格(Springer-Verlag)是世界上著名的科技出版社,以出版图书、期刊、工具书等学术性出版物而著名,出版有 530 余种期刊,其中 498 种已有电子版。该社通过 SpringerLink 系统发行电子图书并提供学术期刊检索服务,其检索系统名称为 Link。

1. 发展历程　2004 年底德国的 Springer 公司和荷兰的 Kluwer Academic Publisher(Kluwer 出版 800 种期刊)合并后,现已经成为全世界第二大科学文献供应商 Springer Science + Business Media。SpringerLink 已经成为世界上科学研究服务的最大线上全文期刊、电子图书和丛书数据库之一。其特点是将 Springer 出版的电子图书、期刊和丛书放在同一平台上,既可以分类型检索,也可以跨数据库检索。

2. 学科范围　SpringerLink 电子期刊的学科覆盖有:材料科学、生命科学、化学、地球科学、计算机科学、数学、医学、物理与天文学、工程学、环境科学、经济学、管理学、教育、法律、心理学、语言学、哲学、考古学、人文科学、社会科学等 2 099 种期刊,其中大部分期刊是被 SCI、SSCI 和 EI 收录的核心期刊,是科研人员的重要信息源。

3. 以电子方式优先出版　SpringerLink 通过纯数字模式的专家评审编辑程序,从以卷期为单位的传统印刷出版标准过渡到以单篇文章为单位的网络出版标准。2005 年已有超过 200 种期刊优先以电子方式出版(Online First)通过专家评审文章、没有正式出版但是已经在编辑的论文(In Press, Corrected Proof),大大提高了文献网上出版的速度和效率,并保持了文献的高质量要求。Springer 的发展目标是把 OnlineFirst 出版方式应用到所有 SpringerLink 提供全文服务的期刊上。

4. 检索功能　Springer 电子期刊除了提供浏览和检索服务外,还提供了个性化服务功能,包括最新期刊目次报道服务、E-mail 提示功能并支持 CrossRef 引文链接。SpringerLink 服务系统实现了与重要的二次文献检索数据库的全文链接,目前已经与 SCI、EI、INSPEC 建立了从二次文献直接到 SpringerLink 全文的链接。

四、Wiley-Blackwell 及 InterScience

(一) 概况

Wiley-Blackwell 是 2007 年 2 月由 Blackwell 出版社与 Wiley 的科学、技术及医学业务合并而成的,以质量和学术地位见长。目前出版超过 1 400 种期刊,拥有众多的国际权威学会会刊和推荐出版物,被 SCI 收录的核心期刊达 913 种以上。

美国约翰威利父子(John Wiley & Sons)出版公司始于 1807 年,是全球知名的出版机构,出版图书、期刊、各类参考工具书。出版超过 400 种期刊,学科范围以科学、技术与医学为主,拥有众多的国际权威学会会刊和推荐出版物。该公司出版的期刊学术质量非常高,是相关学科的核心期刊,其中被 SCI 收录的核心期刊达 200 种以上。

原英国著名的 Blackwell 出版公司是世界上最大的学术性图书和期刊出版商之一,创建于 1846 年,与世界上 600 多个学术和专业学会合作(如美国金融协会、英国皇家经济学协会、英国皇家人类学协会),出版 730 余种经同行评审的高品质国际性期刊,其中包含很多非英美地区出版的英文期刊,并且每年出版 600 多种新书。

(二) 期刊收录学科范围

John Wiley 出版电子期刊 400 多种,学科覆盖化学、物理、工程、计算机、农业、兽医学、食品科学、医学、护理、口腔、生命科学、心理、商业、经济、管理、金融、法律、教育、社会科学、艺术、人类学、旅游等。其中大部分期刊是被 SCI、SSCI 和 EI 收录的核心期刊,是科研人员的重要信息源。

原 Blackwell 出版的学术期刊在科学技术(200 多种)、医学(200 多种)、社会科学以及人文科学(300 多种)等学科领域享有盛誉。理科类期刊占 54% 左右,其余为人文社会科学类。涉及学科包括:物理学、医学、社会科学、人文科学、艺术、行为学、商业、经济、金融、会计、数学与统计学、法律、医药卫生、生物物理学、农业与动物学、工程计算机技术。Blackwell 有 60% 以上的期刊被 ISI 收录,其中 SCI 收录的核心期刊有 298 种,被 SSCI 收录的有 118 种。

(三) 检索系统

John Wiley 电子期刊的检索系统为 InterScience,其特点是将 John Wiley 出版的电子图书、期刊和参考工具书放在同一平台上,既可以分类型检索,也可以跨数据库检索。

Blackwell 电子期刊的检索系统为 Synergy,Wiley-Blackwell 合并后原 Blackwell 的 Synergy 系统全部转到 John Wiley 的检索系统 InterScience,所以目前的 Wiley-Blackwell 检索系统为 InterScience。

(四) 检索功能

电子期刊除了提供浏览和检索服务外,还提供了个性化服务功能,包括最新期刊目次报道服务、热点期刊列表、热点文章列表、E-mail 提示功能等。Wiley-Blackwell 服务系统实现了与重要的二次文献检索数据库的全文链接,目前已经与 SCI、EI、INSPEC、BIOSIS Previews、SciFinder 等建立了从二次文献直接到 Wiley-Blackwell 全文的链接。

另外还提供了 CrossRef/Google 检索,帮助用户连接到大量在线并经同行评审过的内容,搜索结果会显示在 Google 支持的界面上。所有结果上的文章摘要都会被突出显示,并设有链接。

1. 基本检索(Basic Search) Wiley InterScience 上每一页面都包括一个基本检索输入。All Content 是检索所有的期刊文章、在线图书章节和参考工具书或数据库条目。Publication Title 仅查询 Wiley InterScience 出版物中标题中的词。例如:genomics 可查询到期刊 Comparative and Functional Genomics 和在线图书 Essentials of Medical Genomics。

系统默认的检索字段为篇名、文摘、作者、作者机构和关键词。具备检索限定,在基本检索输入中可以使用布尔逻辑检索和截词符。

2. 高级检索(Advanced Search) Wiley InterScience 高级检索是一个独立的页面,提供全面的选项以进行复杂检索。

高级检索即指南检索,可选择的检索字段有:篇名、作者、作者机构、文摘、关键词、刊名、资助机构、国际统一刊号、文章的 DOI 号、参考文献、全文检索等。

五、ProQuest 系统全文数据库

ProQuest 商业信息、学术研究、应用科技数据库是美国 ProQuest Information and Learning 公司(原名 UMI 公司)的全文检索和传递系统,其数据库涉及商业管理、社会与人文科学、科学与技术、金融与税务、医学、新闻、参考信息等广泛领域,包括期刊、报纸、参考工具、参考文献、书目、索引、地图集、图书、记录、博士论文和学者论文集等各种类型的信息服务。该公司 Web 版数据库的主要特点是将二次文献与一次文献"捆绑"在一起,为最终用户提供文献获取一体化服务。用户在检索文摘索引时就可以实时获取 image 全文信息。

ProQuest 系统目前有 80 余个全文数据库,基本为期刊论文数据库。主要数据库有:

1. 商业信息数据库(Abstracts of Business Information,ABI/INFORM) 世界著名商业及经济管理期刊论文全文数据库,收录有关财会与审计、银行、商业、计算机、经济、能源、工程、环境、金融与投资、国际贸易、保险、法律、管理、市场、税收、房地产、化学化工、石油、能源、电信等主题的全世界范围 2 660 多种全文刊,涉及这些行业的市场、企业文化、企业案例分析、公司新闻和分析、国际贸易与投资、经济状况和预测等方面,其中国际性商业管理全文期刊为 918 种,其余为文摘,有图像。被 SCI 和 SSCI 收录的核心全文期刊 140 余种。用户可检索到自 1971 年以来的期刊文摘和 1986 年以来的期刊全文。另外还提供非期刊出版物,如经济学家报告(EIU Views Wire Content),提供有关全世界 20 多万个公司的商业信息,并可向

用户提供近30年来在商业环境与贸易条件、市场发展趋势、企业经营战略和战术、管理技巧、产品竞争信息、与管理相关的科学技术。

2. 学术研究图书馆(Academic Research Library，ARL) 综合参考及人文社会科学期刊论文数据库，涉及社会科学、人文科学、商业与经济、教育、历史、传播学、法律、军事、文化、科学、医学、艺术、心理学、宗教与神学、社会学等学科，收录了2 400余种全文期刊和报纸，SSCI和SCI收录的期刊有774种，有图像。可检索1971年来的文摘和1986年来的全文。

3. 应用科学与技术数据库(Applied Science & Technology Plus，ASTP) 收录著名的Wilson AST文摘索引的全部540多种期刊。每条记录附有完整的书目信息和100字左右的文摘，用户可在540多种期刊中的260种左右看到期刊的全文或全文图像。全文图像部分完整收录了对科学研究至关重要的数据、表格、图表、相片及图例等。内容覆盖航空航天、声学、地质学、人工智能、计算机技术、电子电力、通讯、电信、核能、物理、大气科学、海洋技术、工业工程、环境工程、机械工程、化学工程、土木工程、采掘工程、核工程、食品及食品工业、运输等领域。

4. 科学期刊全文数据库(ProQuest Science Journals) 收录了270多种期刊的全文或全文图像。全文图像部分完整收录了对科学研究至关重要的数据、表格、图表、相片及图例等。该数据库涵盖了理工类多种学科范围。

5. 生物学全文数据库(ProQuest Biology Journals) 收录了210多种生物学方面的期刊，全部有全文。覆盖的主要学科有环境、生物化学、神经学、生物技术、微生物学、植物学、农业、生态学及药物学、大众健康。

6. 农业全文数据库(Agricola PlusText) 收录了800多种期刊，其中全文期刊140种，是以美国国家农业图书馆的Agricola文摘索引为基础的数据库，涉及美国农业和生命科学等领域，如水产业和渔业、动物科学、农业经济、农作物管理、食品与营养学、地球及环境科学等。Agricola提供了1970年至今的重要农业信息，也涵盖了与农业相关的370万个期刊文章、专题文章、专论、专利、软件、视听材料和技术报告的引文。

7. 计算机全文数据库(ProQuest Computing) 收录了260多种综合性和专业性的计算机期刊，其中190多种有全文，如Computerworld、InfoWorld、Computer Reseller News、PC World、Byte、Communications of the ACM、Journal of the Association for Computing Machinery期刊。

六、其他全文数据库

(一) EBSCO host

EBSCO host 为 EBSCO Publishing 公司于1994年研发的网上数据库检索系统，主要提供EBSCO综合学科、商管财经、生物医护、人文历史、法律等类型期刊的电子全文数据库，以及部分当今全球知名的索引摘要数据库。目前EBSCOhost已拥有60多种数据库，涉及自然科学、社会科学、人文和艺术等多种学术领域，主要面向图书馆为广大用户提供文献信息服务。

主要数据库有：

1. 学术期刊集成全文数据库(Academic Search Premier，ASP) 是世界最大的多学科数据库，提供4 700余种学术性全文期刊、3 600余种同行评审期刊，覆盖1975年以来的各个学术研究领域。

2. 美国人文学科索引(American Humanities Index，AHI) 由Whitston出版公司开发，

是一个收录美国和加拿大文学、创造性期刊的参考书目数据库。收录了 1975 年以来的 1 000 余种期刊。

3. 商业资源数据库(Business Source Premier, BSP)　是世界最大的全文商业数据库,收录 2 300 余种商业期刊,1 100 余种同行评审标题的全文,内容覆盖商业的所有研究领域。

4. 通讯与大众传媒数据库(Communication & Mass Media Complete, CMMC)　该库由通讯与大众传媒研究领域中两个知名的数据库合并而成,即 CommSearch(以前由国立通讯学会 NCA 开发)和 Mass Media Articles Index(以前由宾夕法尼亚州州立大学开发)。

5. 教育学摘要数据库(Educational Resource Information Center,简称 ERIC)　是美国教育部的教育资源信息中心数据库,收录了 2 200 余条摘要及书目,来源于 980 余种教育类及教育类相关期刊。

6. 联机医学文献分析和检索数据库(MEDLINE)　该库提供了药学、护理、牙科、兽医、卫生保健等权威医学信息。由美国国立医学图书馆创办。

7. 报纸资源数据库(Newspaper Source,简称 NS)　精心挑选的 40 多种美国国家和国际报纸的全文,也收录电视、广播新闻全文,提供近 400 种美国地方报纸全文,该库通过 EBSCOhost 每日更新。

8. 教育类全文期刊数据库(Professional Development Collection,简称 PDC)　提供 550 余种高质量的教育类期刊,包括 350 余种期刊评论,数据库还收录 200 余个教育类报告。该库是世界上收录教育类期刊全文最全的数据库,并设有所收录的期刊列表。

9. 地区商业新闻数据库(Regional Business News,简称 RSN)　全面覆盖了美国地方性商业出版物,合并了美国所有都市、乡村的 75 种商业期刊、报纸和新闻专线,每日更新。

目前国内图书馆主要订购其中的 ASP 和 BSP 数据库。

(二) Karger

瑞士 Karger 出版社成立于 1890 年,是世界上为数不多的、完全关注于生物科学领域的出版社,也是医学和生物学界全球最著名的出版社之一,曾因出版众多诺贝尔奖获得者的专著而享有盛誉。该出版社每年出版约 80 余种期刊和 150 种连续出版物和非连续出版物,包括增刊和专题卷册,涵盖了生物医学临床和研究的所有领域。

Karger 对于出版的产品和内容具有严格专业审查程序,全部是同行评审的稿件,以此来保证较高的质量。在本领域,Karger 的期刊都是被引用次数最高的。

Karger 出版的学科领域涵盖了传统医学和现代医学最新的发展,从过敏学到肿瘤学,从内分泌学到肾脏学,从神经系统科学到遗传学,都可以从 Karger 的书籍或者期刊中得到该领域最新的发展、应用及研究信息。

(三) OCLC FirstSearch

FirstSearch 是 Online Computer Library Center(OCLC)1991 年推出的一个联机检索服务系统。通过该系统可检索 70 多个数据库,其中有 30 多个可检索到全文,总计包括 11 600 多种期刊的联机全文和 5 400 多种期刊的联机电子映象,达 1 000 多万篇全文文章。这些数据库涉及广泛的主题范畴,覆盖了各个领域和学科。

网址: http://firstsearch.oclc.org/

(易安宁)

第五章 网络信息资源检索

网络信息检索也称网络信息搜索,是指用户在网络终端通过特定的网络搜索工具或通过浏览的方式,运用一定的网络信息检索技术与策略,从有序的网络信息资源集合中查找并获取所需信息的过程。

第一节 网络信息资源

网络信息资源是指通过计算机网络可以利用的各种信息资源的总称,具体地说是指所有以电子数据形式把文字、图像、声音、动画等多种形式的信息存储在光、磁等非纸介质的载体中,并通过网络通信、计算机或终端等方式再现出来的资源。

网络信息资源有时候是传统信息资源的网络化和数字化,但并不仅仅是传统信息资源的简单复制。随着网络化、信息化在各个领域的深入发展,仅仅以网络信息进行传播的信息资源越来越多。与传统信息资源相比,网络信息资源作为一种新的信息资源类型,既继承了一些传统的信息组织方式,又在网络技术的支撑下,出现了许多与传统信息资源显著不同的独特之处,使得网络信息资源逐渐成为人们获取信息的首选。

一、网络信息资源的类型

网络信息资源类型非常复杂,可按照多种标准进行划分。

（一）按信息交流的方式划分

1. 非正式出版信息　指流动性、随意性较强,信息量大,信息质量难以保证和控制的动态性信息。如电子邮件、专题讨论小组和论坛、电子会议、电子布告版新闻等工具上的信息。

2. 半正式出版信息　又称"灰色信息",指受到一定产权保护但没有纳入正式出版信息系统中的信息。如各种学术团体和教育机构、企业和商业部门、国际组织和政府机构、行业协会等单位介绍宣传自己或其产品的描述性信息。

3. 正式出版信息　指受到一定的产权保护,信息质量可靠、利用率较高的知识性、分析性信息,用户一般可通过 Web 查询到。如各种网络数据库、联机杂志和电子杂志、电子图书、电子报纸等。

（二）按信息资源的加工程度划分

1. 一次网络信息资源　一次网络信息资源指因特网的原始信息,包括电子图书、电子期刊、电子报纸、电子邮件、网络会议论坛、网络新闻组、企业网站、政府网站、教育科研机构网站等。

2. 二次网络信息资源　二次网络信息资源是对一次网络信息资源的搜集、加工和处理,主要指搜索引擎、虚拟图书馆等,是网络检索工具的重要组成部分。这类网络信息资源是用户经常利用的工具,是获取一次网络信息资源的门户和入口。

3. 三次网络信息资源　三次网络信息资源是指对二次网络信息资源的搜集和对已搜集二次网络信息资源的组织,以元搜索引擎为其典型。

(三) 按网络信息资源的责任者划分

1. 政府部门　在因特网的应用领域中,网上政府被公认为第一位。主要内容有政策法规、经济信息和服务信息。这类资源站点一般以 gov 为一级或二级域名注册。如 http://www.gov.cn/(中华人民共和国中央人民政府)。

2. 教育、科研机构　这类站点一般以 edu 或 ac 为一级或二级域名注册,有丰富的教育与研究类信息资源,特别是通过图书馆的主页,可以得到各学校、科研机构图书馆的馆藏书目信息,可检索图书馆购买的各类文献数据库、得到各种有关的信息资源、享受到图书馆提供的信息服务。如 http://www.gzucm.edu.cn/(广州中医药大学)。

3. 公司、企业　这类站点一般以 com 为一级或二级域名注册。如 http://www.tongrentang.com/(北京同仁堂集团有限责任公司),是重要的经济与商务信息源。

4. 学会、协会　内容上与公司和企业网站相近,但所提供的信息却更丰富全面。如 http://www.cacm.org.cn/(中华中医药学会)。

5. 个人　内容五花八门,各具特色。权威性、可靠性都值得商榷,但作为激发灵感、开拓思路的参考信息仍具有较高的价值。

(四) 按网络传输协议划分

1. WWW 信息资源　WWW 信息资源,又称 Web 信息资源,是指通过超文本传输协议(HTTP)在 WWW 网络上进行传输的信息资源。这类信息资源是因特网信息资源的主流,使用简单,功能强大,能方便迅速地浏览和传递分布于网络各处的文字、图像、声音和多媒体超文本信息。

2. FTP 信息资源　FTP 信息资源指在因特网上通过文件传输协议(FTP)所能利用的信息资源。通过 FTP 使用网络信息资源的形式一般在组织或机构内部比较常见。对 FTP 信息资源的利用一般通过 FTP 搜索引擎搜索匿名 FTP 服务器上的信息资源。

3. TELNET 信息资源　TELNET 信息资源是指基于 TELNET 远程登录协议所能利用的信息资源。TELNET 信息资源包括硬件资源和软件资源。许多机构都提供远程登录的信息系统,如图书馆的公共目录系统、信息服务机构的综合信息系统等。

4. 用户服务组信息资源　用户服务组指由一组对某一主题有共同兴趣的网络用户组成的新闻组、电子邮件组、电子论坛、邮件列表等。用户服务组之间的信息交流产生大量的信息资源,这些电子通信组形式所传递和交流的信息资源是网络上最自由、最具有开放性的资源。

5. 广域信息服务器 WAIS　WAIS 是一种网络数据库文本检索系统,它为用户提供几百个数据库(包括许多图书馆联机目录)的入口信息并对用户选择的数据进行检索。

6. Gopher 信息资源　Gopher 服务器中的所有信息都以目录或文件的形式表达,并基于菜单提供服务。如同需要网络浏览器利用 WWW 信息资源一样,Gopher 信息资源的利用也需要通过 Gopher 客户端与 Gopher 进行交互,这类信息资源现在已是罕见。

(五) 按表现形式和内容划分

1. 全文型信息　指直接在网上发行的电子期刊、网上报纸、印刷型期刊的电子版、网络学院的各类教材、政府出版物、标准全文等。

2. **事实型信息** 如天气预报、节目预告、火车车次、飞机航班、城市或景点介绍、工程实况、IP网址等。

3. **数值型信息** 主要是指各种统计数据。

4. **数据库类信息** 是传统数据库的网络化,如CBM等。

5. **微内容** 如博客、微信、播客、邮件讨论组、网络新闻组等。

二、网络信息资源的特点

网络信息资源与传统信息资源相比,具有明显的特点。

(一) 信息量大,增长迅速

因特网已经成为全球最大的信息资源基地,在因特网上几乎可以获得任何领域的信息。学术与商业信息资源主要以数据库为主体,还包括采用多媒体技术形成的集文本、图形、图像、声音、动画、电影、音乐为一体的包罗万象的综合性信息系统,而且信息量的增长十分迅速。

(二) 传播动态性,变化频繁

网络环境下,信息的传递和反馈快速灵敏,具有动态性和实时性等特点。信息在网络中的流动性非常迅速,电子流取代纸张和邮政的物流,加上无线电和卫星通信技术的充分运用,上传到网上的任何信息资源,都只需要短短的数秒钟就能传递到世界各地的每一个角落。在因特网上,信息网址、信息链接、信息内容经常处于变动之中,网络信息资源的更换、消亡更是无法预测,也许正在浏览的信息就正处在更新之中,因而,网络信息时时刻刻处在变化和发展之中。

(三) 分散无序,缺乏管理

因特网是在自愿的基础上,通过TCP/IP协议将不同的网络连接起来的,对网络信息资源本身的组织管理并无统一的标准和规范,网络信息呈全球化分布结构。信息资源分别存储在不同国家、不同地区的服务器上,不同的服务器采用不同的操作系统及数据结构,字符界面、图形界面、菜单方式、超文本方式等缺乏集中统一的管理体制。从整体上看,网络信息资源尚处于无序状态,因此在信息组织和信息检索方面比较复杂。

(四) 来源复杂,质量不一

由于网络信息的发布具有很大的自由度和随意性,且缺乏必要的过滤、质量控制和管理机制,正式出版物和非正式出版物交织在一起,学术信息、商业信息以及个人信息混为一体。因而网络信息资源具有不同的层次与效用,既有科学前沿的研究报告,也有大众通俗读物;既有已经加工整理的信息,也有无序的原始信息;既有较大参考价值的信息,也有毫无用处的信息垃圾,甚至还有不少有害的信息。因此,如何评价选择和过滤信息成为网络信息组织和检索的首要任务。

第二节 搜索引擎与学科门户

在网络发展之初,网络上信息资源并不丰富,对网络信息资源的整理主要是通过人工收集网址实现网络导航。在这个时期发展起来的如开放目录、学科导航库、学科信息门户等为网络资源的利用提供了方便,至今仍是重要的网络资源利用工具。随着网络信息资源的丰富和信息技术的发展,基于自动索引的搜索引擎出现了,搜索引擎在信息资源整理的量上得到了极大突破,至今已成为网络应用的主流。但搜索引擎在索引量上的突破又带来了另外的问题——信息过载和信息垃圾的问题。搜索引擎不仅在信息资源的选择、评价方面显得不足,甚至因为出于商业目的而改变搜索结果。此外,面向大众的搜索引擎无法满足学术领域的搜索需求,于是,基于更细粒度的自动索引的专门性学术搜索引擎(面对文献和网页)和基于网站的人工标引的学科信息门户成为了获取网络学术信息的重要手段,前者提供具体文献的搜索,后者提供学术资源网站的导航服务,而学科信息门户在对信息资源的选择、评价方面表现出很大的优势。

一、搜索引擎

搜索引擎(Search Engine)是指根据一定的策略、运用特定的计算机程序从因特网上搜集信息,在对信息进行组织和处理后,为用户提供检索服务,将用户检索的相关信息展示给用户的系统。搜索引擎极大地提高了人们工作、学习以及生活的质量。

谷歌和百度是国外、内著名的搜索引擎,几乎垄断了整个搜索市场。但需要用到专业、精确的某一信息时,则离不开一些特定的学术搜索引擎以及医学专业搜索引擎。

(一) Google

Google 创建于1998年,是一个用来在因特网上搜索信息的简单快捷的工具。Google 做事的行为准则是拒绝邪恶的事物(不作恶)。Google 的使命是整合全球信息,使人人皆可访问并从中受益。

Google 允许以多种语言进行搜索,在操作界面中提供多达30余种语言选择。

2006年4月,Google 宣布该公司的全球中文名字为"谷歌"。2012年12月,谷歌关闭在中国内地市场的搜索服务,搜索服务由中国内地转至中国香港。

Google 搜索服务产品主要有:网页搜索、自定义搜索引擎、图片搜索、视频搜索、图书搜索、学术搜索、专利搜索。

Google 学术搜索提供可广泛搜索学术文献的简便方法。用户可以从一个位置搜索众多学科和资料来源:来自学术著作出版商、专业性社团、预印本、各大学及其他学术组织的经同行评论的文章、论文、图书、摘要。Google 学术搜索可帮助用户在整个学术领域中确定相关性最强的研究(图5-1)。

Google 学术搜索以"站在巨人的肩膀上"为服务理念,重点提供医学、物理、经济、计算机等学科文献的检索。2006年 Google 推出了 Google 中文学术搜索,用于搜索网上的中文学术文献(包括 CNKI、万方和维普数据库),同时它还具有检索中文文献被引情况的功能,为科学研究与学术共同体学术评价工作的开展提供了新的工具和途径。

中文网址:https://scholar.google.com.hk/

镜像网址:http://dir.scmor.com/google/

(二) 百度

百度于2000年创立,致力于向人们提供"简单,可依赖"的信息获取方式,是全球最大的中文搜索引擎。百度提供基于搜索引擎的产品包括:

网页搜索:用户通过百度主页,可以瞬间找到相关的搜索结果,这些结果来自百度超过数百亿的中文网页数据库。

垂直搜索:除网页搜索外,百度还提供 MP3、图片、视频、地图等多样化的搜索服务,满

图 5-1　Google 学术搜索

足多样化的搜索需求。

百度快照：全新的浏览方式，解决了因网络问题、网页服务器问题及病毒问题导致无法浏览的问题。它的原理就是只加载网上的文字、图片和超链接。而快速版的百度快照则不加载图片，因此标准版快照和快速版快照所显示出来的效果略有不同。

社区产品：信息获取的最快捷方式是人与人直接交流，为了让那些对同一个话题感兴趣的人们聚集在一起，方便地展开交流和互相帮助，百度贴吧、知道、百科、空间等围绕关键词服务的社区化产品也应运而生，而百度 Hi 的推出，更是将百度所有社区产品进行了串联，为人们提供一个表达和交流思想的自由网络空间。

百度学术搜索：百度学术搜索是百度旗下的提供海量中英文文献检索的学术资源搜索平台，2014 年 6 月初上线。目前涵盖了 CNKI、万方数据、VIP、SpringerLink、ScienceDirect、Wiley onlinelibrary、Web of Science、Engineering Village 等学术期刊、会议论文资料。百度学术搜索可检索到收费和免费的学术论文，并通过时间筛选、标题、关键字、摘要、作者、出版物、文献类型、被引用次数等细化指标，提高检索的准确性(图 5-2)。

图 5-2　百度学术

网址：http://xueshu.baidu.com/

（三）微软学术搜索

微软学术与现有主流出版商均有合作，索引全球学术数据库资源，包括 Elsevier、Springer Nature、Wiley 等，以确保可在搜索结果中覆盖自然科学、科技及医学（STM）各领域的 15 大类超过 200 个子类的最优内容（图 5-3）。

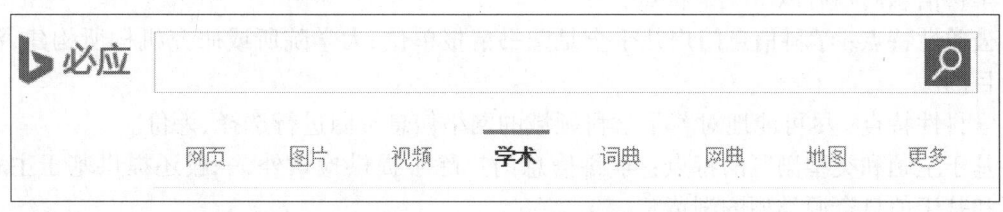

图 5-3　微软学术搜索

网址：http://cn.bing.com/academic/

（四）WebMd

WebMd 是美国最大的医疗健康服务网站，拥有全球最丰富的健康医疗资讯，同时也是全球医师最愿意付费上网的专业网站。WebMD 为患者和医师建立了一个网上了解和交流医疗信息的通道，其所提供的医疗资讯与服务皆是业界的领导者，除了汇集全美医师的临床报告，还有最新最完整的各种医疗资料库。

网址：http://www.webmd.com/

（五）PubMed

PubMed 是一个免费的搜索引擎，提供生物医学方面的论文以及摘要的搜索。其数据库来源于 MEDLINE，核心主题为医学，但亦包括其他与医学相关的领域，如护理学或者其他健康学科。同时也提供相关生物医学信息，如生化学与细胞生物学。PubMed 由美国国立医学图书馆提供，作为 Entrez 检索系统的一部分。PubMed 的资讯并不包括期刊论文的全文，但可能提供指向全文提供者（付费或免费）的链接。

网址：http://www.ncbi.nlm.nih.gov/pubmed/

（六）Healthline

Healthline 网站前身为 YourDoctor.com，于 1999 年由内分泌专家和互联网健康教育先驱者詹姆斯·诺曼博士成立，2005 年改名为 Healthline。它是一家为出版商、广告商、雇主、医疗服务者提供健康信息和技术解决方案的提供商。

Healthline 医疗垂直搜索平台提供基于语义搜索技术的医疗健康信息搜索服务，因此能够向用户返回更符合需求的搜索结果。根据医疗健康领域的特点创建了一套独有分类系统，可使用户了解自己的健康状况。

网址：http://www.healthline.com/

（七）HealthFinder

HealthFinder 是一个政府网站，其提供药物干扰检测、健康图书馆和消费者指南等。它拥有近 1 400 个政府和非营利组织选定在互联网上最好、最可靠的健康信息和广泛的健康主题的资源。

网址：http://www.healthfinder.gov/

二、学科信息门户

学科信息门户是将特定学科领域的信息资源、工具和服务集成为整体（独立的或分布集成的信息门户网站），为用户提供方便的信息检索和服务入口，用以满足用户对科研和教育的信息需求。

学科信息门户有以下三个特点：

公益性特点：学科信息门户几乎全是图书情报单位、大学院所或研究机构所构建，没有商业目的。

学科性特点：尽可能地对若干学科领域的网络信息资源进行选择、评价。

基于主题和类型浏览的特点：学科信息门户除了提供检索外，一般还提供基于主题的浏览和基于信息资源类型的浏览。

（一）重点领域信息门户

重点领域信息门户是由 NSTL 组织建设的网络信息资源服务栏目之一。该门户是面向科学研究团队、科研管理工作者、情报服务人员等不同人群，可按领域专题定制的知识服务平台。

平台基于不同领域国内外相关机构（政府机关、科研机构、学协会、科技企业、学术会议、个人主页等）网站，自动搜集、遴选、描述、组织和揭示各机构发布的重大新闻、研究报告、预算、资助信息、科研活动等，提供内容浏览、专题定制和邮件自动推送等服务，可帮助用户快速了解和掌握领域内科研发展态势，掌握同行或竞争对手的科技活动动向，发现领域重点及热点主题，把握领域发展概貌，辅助科技决策。

平台共有食品与营养、重大传染病防治、新药创制等 12 个领域内容。

网址：http://portal.nstl.gov.cn/STMonitor/

（二）CALIS 重点学科网络资源导航库

提供高质量的网络信息资源导航服务，共建设了 217 个重点学科的导航库，涵盖哲学、经济学、法学、教育学、文学、历史学、理学、工学、农学、医学、管理学等我国高校主要重点学科。

网址：http://navigation.calis.edu.cn/

（三）浙江大学图书馆资源导航

可按学科、文献类型查找国内外大量的网络资源。

网址：http://libweb.zju.edu.cn/

第三节 信息资源的开放存取

由于因特网应用的普及和网络信息资源的不断丰富，新的信息出版与网络传播方式的发展，出现了新的信息资源获取模式——开放存取。开放存取运动是国际科技界、学术界、出版界、信息传播界为推动科研成果利用因特网自由传播而发起的运动，其目的是促进科学及人文信息的广泛交流，促进利用因特网进行科学交流与出版，提升科学研究的公共利用程度、保障科学信息的长期保存，提高科学研究的效率。

一、开放存取概述

（一）开放存取概念

所谓开放存取,是指科学研究信息在网络环境中免费供公众自由获取。2001年布达佩斯会议将开放存取描述为:可以免费在因特网上得到,允许读者阅读、下载、复制、传播、打印、检索或者链接文章的全文,可以制作索引,把它们作为软件数据库,或者为了其他合法目的的使用而不存在资金、法律、技术障碍。对复制与传播的唯一约束就是,应确保作者有权利控制他们成果的完整性并使成果得到认可与引用。

开放存取出版的基本特征有两个:第一,作者和版权人允许用户免费获取、拷贝或传播其数字化信息,其前提是尊重其版权;第二,完整的论著存储在至少一个稳定、可靠的网络服务器中,以确保免费阅读、不受约束地传播和长期的数据库式储存。

（二）开放存取出版形式

1. 开放存取期刊　开放存取期刊(Open Access Journal,OAJ)即基于OA出版模式的期刊,OAJ既可以是新创办的电子版期刊,也可以是由已有的传统期刊转变而来。开放存取期刊大多采用作者付费、读者免费获取方式。

2. 开放存取仓储　开放存取仓储是指科研机构或作者本人将自己已经在传统期刊发表或未曾发表过的论文预印本存储在机构知识库、学科/主题知识库或者个人网站上,是提供学术研究资料开放存取的另一个重要途径。开放存取仓储可分为学科仓储和机构仓储两种。

（三）开放存取的信息资源类型

开放存取的信息资源类型不限于最初的学术期刊,还包括电子印本、电子图书、学位论文、会议论文、研究报告、专利、标准、多媒体、数据集、工作论文、课程与学习资料等。

二、开放存取期刊

（一）开放存取期刊概念

开放存取期刊是一种论文经过同行评审的、网络化的免费期刊,全世界的所有读者从此类期刊上获取学术信息将没有费用及权限的限制,编辑评审、出版及资源维护的费用不是由用户,而是由作者本人或其他机构承担。此方式与传统期刊一样,对提交的学术论文实行严格的同行审议以确保学术论文的质量,主要包括新创办的开放存取期刊和由原有期刊改造转变而来的开放存取期刊。作为重要的开放存取信息资源之一,开放存取期刊的发展势头良好,在数量上不断增加,所覆盖的学术范围也不断扩大,而且开放存取期刊的被引用率和影响因子也在不断提高。

（二）开放存取期刊类型

开放存取期刊根据期刊的开放程度分为:

1. 完全开放存取期刊　完全开放存取期刊是指期刊在出版的同时即可全部免费获取。

2. 延时开放存取期刊　延时开放存取期刊是指期刊在出版一段时间后再通过因特网为用户提供免费服务,时滞短则一个月,长则两三年。

3. 部分开放存取期刊　部分开放存取期刊是指在同一期期刊中,只有部分文章为用户提供免费服务。

(三) 开放存取期刊门户简介

1. Socolar 由中国教育图书进出口公司建设和推广,是 OA 资源的一站式检索服务平台,可以检索到来自世界各地、各种语种的重要 OA 资源,并提供 OA 资源的全文链接。用户也可以通过 Socolar 享受 OA 资源的定制服务,推荐认为应该被 Socolar 收录但尚未被收录的 OA 资源,发表对某种 OA 期刊的评价。另外,Socolar 还是 OA 知识的宣传和交流平台、OA 期刊发表和仓储服务平台。

网址:http://www.socolar.com/

2. cnpLINKer 由中国图书进出口(集团)总公司开发并提供的国外期刊网络检索系统,于 2002 年底开通运行。它既是国外期刊综合检索系统,也是开放存取期刊的集成平台。该平台收录 18 000 多种 OA 期刊,涵盖哲学、社会科学、政论时事、军事、经济、语言文字学、文学、艺术、历史、自然科学、地球科学、生物科学、医药卫生、农业科学、工程技术、运输工程、环境科学与技术 17 个学科领域,供用户免费阅读和下载全文。

网址:http://cnplinker.cnpeak.com/

3. Open Access Library (OALib) 包括 OALib 期刊、OA 期刊论文检索,所有文章均可免费下载。OALib 期刊是一个同行评审的学术期刊,所有发表在 OALib 期刊上的文章都存放在 OALib 上。

网址:http://www.oalib.com/

4. OJOSE 系统整合了众多资源,提供优秀的主题浏览工具,对所有信息按提供者建立分类索引。最大的特色是具有跨平台工作、整合资源的能力,与数据库商建立了合作关系,建立网站之间无缝的后台链接,对具有科学价值的资源进行整合,以统一的检索界面向用户提供免费索引服务,而且能够指定检索数据库,确保了检索结果的准确性和专业性。

网址:http://www.ojose.com/

5. DOAJ DOAJ(Directory of Open Access Journals,开放存取期刊目录)是由瑞典隆德大学(Lund University)图书馆创建和维护的开放存取期刊目录,是一个为全球研究和教育领域提供服务的、最大的开放存取期刊目录。该目录涵盖了免费的、可获取全文的、高质量的学术期刊,目标是收集所有学科和语言的开放存取期刊,要求期刊均要有 ISSN 号,而且必须实行质量控制(有编辑或同行评议)。

网址:http://www.doaj.org/

6. OpenDOAR 由英国诺丁汉大学和瑞典隆德大学图书馆于 2005 年 2 月共同创建的开放存取机构资源库、学科资源库目录检索系统,它和 DOAJ 一道构成当前网络免费全文学术资源检索的主要平台。它包括期刊论文、会议论文、学位论文、技术报告、专利、学习对象、多媒体、数据集、工作论文、预印本等。

网址:http://www.opendoar.org/

7. Free Online Full-text Articles 由 HighWire Press 提供。HighWire Press 自认为是全球最大的提供免费学术文献全文的出版商,于 1995 年由美国斯坦福大学图书馆创立,其合作伙伴包括有影响力的学术团体、大学出版社及其他学术出版机构。内容覆盖生命科学、医学、物理学和社会科学。

网址:http://highwire.stanford.edu/lists/freeart.dtl/

8. Free Medical Journals 收录 900 多种免费医学期刊,分 English、French、German、

Spanish、Portuguese 及 other language 列出，其中完全免费的期刊 6 种，共 2 万多篇全文；出版半年后免费的期刊有 12 种，全文 12 万多篇；出版 1 年后免费的期刊有 32 种，全文 27 万多篇；出版 2 年后免费的期刊有 6 种，全文共有 4 万多篇。该站点还提供免费图书网站 AMEDEO（http://amedeo.com）的链接，AMEDEO 提供了 600 多种免费的生物医学图书。

网址：http://www.freemedicaljournals.com/

9. PubMed Central（PMC） PMC 是 2000 年 1 月由美国国家生物技术信息中心（NCBI）建立的生命科学期刊文献数字化档案库，它保存生命科学期刊中的原始研究论文全文，免费提供使用。所有论文在 PubMed 中都有相应的记录。采取自愿加入的原则，一旦加入，必须承诺期刊出版后一定时期内（最好 6 个月，不超过 1 年）将其全文提交给 PMC，由 PMC 提供免费全文检索和访问。

网址：http://www.ncbi.nlm.nih.gov/pmc/

10. Biomed Central（BMC） BMC 是一个独立出版商，提供网上即时免费查阅经过同行评议的生物医学研究资料。所有发表在 BMC 刊物上的研究文章均可随时在网上免费任意查阅，无任何限制。BMC 刊物刊登的所有文章大多数内容均经过同行评议以保证有效的质量控制，发表的所有研究文章都即时存档并进入 PubMed Central 的文献索引。

网址：http://www.biomedcentral.com

三、电子印本

（一）电子印本概念

电子印本（ePrint）指以电子方式复制学术文献，广义的电子印本包括所有的电子出版物，即电子印刷。电子印本包括预印本（preprint）和后印本（postprint）。目前电子文档的主要形式是预印本，而且预印本相对后印本来说更能吸引用户的关注和有更高的利用率。

预印本是指科研工作者的研究成果还未在正式出版物上发表，而出于和同行交流目的自愿先在学术会议上或通过互联网发布的科研论文、科技报告等文章。与刊物发表的文章以及网页发布的文章比，预印本具有交流速度快、利于学术争鸣、可靠性高的特点。

后印本指学术论文被期刊出版后，将单独一篇论文抽出少量复制供作者赠送给同行交流的论文副本，也形象地被叫作抽印本。

（二）电子印本类型

电子印本系统中的信息资源类型以学术论文为主，同时包含书籍中的部分章节、会议文献、学位论文、技术报告和研究手稿等。目前，主要有三种类型的电子印本系统：① 电子印本资源搜索系统，有大量的电子印本文献索引，类似搜索引擎。② 电子印本资源导航，收集整理了大量的电子印本资源系统的信息，类似学科信息门户。③ 电子印本资源系统，提供电子印本的存取服务，是真正的电子印本资源所在。电子印本系统的创建者多为研究性组织和公益机构（如大学、研究所、图书馆等），他们是学术成果的主要生产者和传播者。此外，一些政府和商业机构也积极参与创建。

（三）电子印本门户简介

1. 中国预印本服务系统 由中国科学技术信息研究所与国家科技图书文献中心联合建设，以提供预印本文献资源服务为主要目的。作者自由提交的预印本文章，可以实现二次文献检索、浏览全文、发表评论等功能。

网址：http://prep.istic.ac.cn/

2. 中国科技论文在线　中国科技论文在线是由教育部科技发展中心主办。根据文责自负的原则，只要作者所投论文遵守国家相关法律，为学术范围内的讨论，有一定学术水平，且符合中国科技论文在线的基本投稿要求，可在一周内发表。

网址：http://www.paper.edu.cn/

3. arXiv.org　由美国国家科学基金会和美国能源部资助，美国洛斯阿拉莫斯(Los Alamos)国家实验室建立的电子预印本文献库，始建于1991年8月，旨在促进科学研究成果的交流与共享。2001年后转由康奈尔大学(Cornell University)进行维护和管理，是最早的预印本文献库，目前世界各地有17个镜像站点。arXiv.org涉及物理学、数学、计算机科学和定量生物学方面的学术论文54万多篇，在物理学的某些领域，它们早已替代传统的研究期刊。

网址：http://arxiv.org/

中科院理论物理所镜像站点：http://cn.arxiv.org/

4. E-Print Network　由美国能源部科技信息办公室维护的面向学术研究者、工程技术人员和学生的学术信息资源共享与交流门户。其收录的电子印本文献包括预印本、后印本、技术报告、会议出版物等。E-Print Network收集了世界范围内超过27 850个网站和数据库，其中有超过500万涉及基础科学和应用科学的电子信息资源，内容以物理学相关学科为主，同时包括化学、生物与生命科学、材料科学、核科学与工程、能源、计算机和信息技术以及其他学科。它提供近3 000个专业科技学会/协会的网站链接，还可定制快讯服务。

网址：http://www.osti.gov/eprints/

5. CogPrints　由英国南安普顿大学电子及计算机科学系建立，提供有关认知学方面的文章，包括心理学、神经科学及语言学的领域，以及若干计算机科学的内容，部分生物学、医学的特定领域、人类学的部分内容，以及物理学、社会学和数学中与认知相关的部分。信息资源类型既包括已出版的、同行评审期刊的后印本，也包括未正式出版、未经评审的预印本。

网址：http://cogprints.org/

四、开放课程

(一) 开放课程概述

开放课程(Open Courseware，OCW)是指在遵守知识共享许可协议(Creative Commons，CC)的前提下，通过网络向社会免费开放的某门学科的教学内容及实施的教学活动总和的数字化教育资源。其中至少包括课程大纲、课程日历、讲授笔记或类似内容等一套完整的课堂教学中使用的课程资源。也可扩展提供作业习题、视频、考试试卷、学习指南、范例或学习工具、参考资料等其他类型的资源。

(二) 开放课程资源门户简介

1. 麻省理工学院开放课程　20世纪末期，互联网在美国已经无所不在，麻省理工学院的教师们设想利用互联网来推进学校的建校宗旨：以知识推动创新。他们认为课件应该与其他学校的教师们共享，而且教育不应局限于校内，除了在校学生，所有愿意自学的人们都应该有机会接触他们教授的课程。验证他们这一概念的网站在2002年开通，包含50门课程的教材，起名叫"麻省理工学院开放课件"(MIT Open Course Ware)，OCW就成为开放课件的简称。第二年就有500门课件上网，并在原有西班牙文和葡萄牙文译文版的基础上增加了中文版,麻省理工学院 OCW 网站正式宣告成立。

麻省理工学院 OCW 逐年增添课件,更新内容,增加语种和建设镜像网站,帮助和带动其他学校开设网上教育项目,并且发起建立了开放课件联盟。2007 年,麻省理工学院 OCW 达到了初创时的目标:把麻省理工学院的几乎全部本科和研究生课程都放到网上,提供 1 800 门高水平课件给全美国和世界各国公众免费使用。也是在这一年,麻省理工学院 OCW 的浏览量创下了每月 200 万人次的纪录,并且将开放课件的教育方式推广到高中程度的课程。

目前麻省理工学院 OCW 涵盖了学校全部五个学院、33 个学科,有超过 2 000 门课程上网,流量总计超过 1 亿人次。麻省理工学院 OCW 在全球有 200 多个镜像网站,至少有 10 种语言版本,全世界 215 个国家和地区可以访问。它的很多课件利用 YouTube 和 iTunes U 以音频和视频方式授课,还把课程的图像通过 flickr 上传供大家使用。

网址:http://ocw.mit.edu/

2. 国家精品课程资源网　国家精品课程资源网由国家精品课程资源中心负责运营,网站集中展示了 4 000 多门国家级精品课程和 2 400 门国外 OCW 课程,具备信息发布、课程展示、课程检索、课程评价等基本功能。

网址:http://www.jingpinke.com/

3. 大学课程在线　大学课程在线是中国教育科研网格(ChinaGrid)上的一个典型应用。它的使命是通过网格技术的应用,不仅提供内容丰富的中国大学课程视频点播服务,而且提供能同时支持上万路视频流的服务能力。

网址:http://www.grids.cn/

4. 台湾地区开放式课程联盟　台湾地区开放式课程联盟包含台湾中山大学等 27 所大专院校,以及一所市立高中——台中市立东山高级中学。该联盟本着"开放、共享、共构、共荣"的理念推动开放式课程,借由发布台湾地区高质量的优秀教育资源并和各地学生与自学者共享,加强教学资源的互补。台湾地区开放式课程联盟将打破大学的围墙与知识的藩篱,提供全球华人多元而丰富的学习资源,建立终身学习的环境。

网址:http://www.tocwc.org.tw/

5. 网易公开课　网易公开课于 2010 年 10 月推出,是一个免费开放的在线学习平台和内容传播平台,致力于全球一流教育、知识的传播。公开课为用户提供哈佛大学、斯坦福大学、牛津大学等全球知名高校,可汗学院、BBC、TED、Coursera 等机构的教育视频、图文信息,内容涵盖人文、教育、社会、艺术、科技、健康、创业、金融等多个领域,用户可根据自身情况选择学习内容。公开课还提供在线笔记帮助用户及时收集灵感,同时,用户可以在平台上跟帖,分享与讨论知识,还能使用网站提供的纠错、反馈工具完善视频字幕,以帮助有语言障碍或听力障碍的人士获取知识。

目前网易公开课拥有近 10 万个线上教育视频资源,其中 5.4 万个网易自费翻译视频,包括 PC、Web 以及 iPhone、iPad、Android、AndroidPad 四大客户端版本。2016 年,网易公开课荣获 OEC 优质公开课教育大奖,拥有超过 4 300 万移动端用户的网易公开课,已成为全球最优质的国际化在线学习平台之一。

网址:http://open.163.com/

6. 新浪名校公开课　新浪名校公开课汇集哈佛大学、耶鲁大学、斯坦福大学、麻省理工学院等全世界各大名校的著名教授视频课程,涉及人文、历史、经济、哲学、理工等各学科,打造网络视频教学无国界分享平台。

网址：http://open.sina.com.cn/

7. 中国大学 MOOC　中国大学 MOOC 是由网易与高教社携手推出的在线教育平台，承接教育部国家精品开放课程任务，向大众提供中国知名高校的 MOOC 课程。在这里，每一个有意愿提升自己的人都可以免费获得更优质的高等教育。

MOOC 是 Massive Open Online Course（大规模在线开放课程）的缩写，是一种任何人都能免费注册使用的在线教育模式。MOOC 有一套类似于线下课程的作业评估体系和考核方式。每门课程定期开课，整个学习过程包括多个环节：观看视频、参与讨论、提交作业，穿插课程的提问和终极考试。

2014 年中国大学 MOOC 上线，完整的在线教学模式支持高等学校在线开放课程建设，实现学生、社会学习者的个性化学习。

网址：http://www.icourse163.org/

五、开放存取仓储

开放存取仓储（Open Access Repositories），也称开放存取文档库（Open Access Archives），是收集、存放由某一个或多个机构或者由个人产生的知识资源和学术信息资源、可供社会共享的信息资源库。

开放存取仓储的类型有个人型、机构型、学科型、国家地区型、国际型。其中以机构型最为常见和重要。

机构型仓储（Institutional Repository，IR）又称为机构知识库、机构典藏库等。IR 具有以下三个特点：一是综合性，机构仓储收录的资源具有综合性，弥补了部分学术数据库的缺陷，而且可以全面系统地反映所属学术机构的教学和科研成果。二是开放性，基于开放存取的机构仓储支持任何用户随时通过互联网不受限制地合理利用其中的知识资源，有利于跨学科、跨地域的学术交流。三是动态性，机构仓储资源的提交者可以根据自己的最新研究随时修改、更新之前提交的信息。

1. 麻省理工学院 DSpace　麻省理工学院机构知识库，用户可以按题名、作者、学科检索麻省理工学院面向社会全面开放的论文成果，并进行免费下载使用。

网址：http://dspace.mit.edu/

2. 斯坦福大学 GSE Open Archive　斯坦福大学机构知识库，用户可以通过该平台免费获取斯坦福大学各领域已发表的科研论文、博士论文等重要科研资料。

网址：https://openarchive.stanford.edu/

3. 中国科学院机构知识库服务网络 IR Grid　集合了中国科学院各研究所的机构知识库，用户可按照研究所、学科主题、内容类型等不同形式对所需的科研资源进行查找，该服务网络将定期采集中轨科学院研究所 IR 数据，以满足用户的长期使用需求。

网址：http://www.irgrid.ac.cn/

4. 中科院上海生命科学院神经科学研究所机构知识库　收录上海生命科学院神经科学研究所机构科研人员的科研产出，内容类型涉及期刊论文、学位论文、会议、专著、专利等，目前有 700 多篇文献记录，99% 以上全文为开放下载。

网址：http://ir.sibs.ac.cn/

5. 科学基金共享服务网　网站提供中国国家自然科学基金委历年资助的各类项目的相关信息,包括项目基本信息、项目摘要、项目结题报告、项目成果产出等。

网址:http://npd.nsfc.gov.cn/

六、开放电子图书

因特网上除了大量的 OPAC(Online Public Access Catalogue System,公共联机书目查询系统)和联合书目检索系统(如 OCLC 的全球馆藏图书书目搜索 WorldCat)提供书目检索外,还有大量的开放存取的电子图书全文(免费电子图书)。一些网站中的电子书一般不需要注册,任何一台联网电脑都可以下载或在线阅读(即开放存取方式)。

近年来网络阅读越来越盛行,对开放存取的电子图书的利用也越来越普遍,网络上开放存取的电子图书数量十分可观,其中学术参考价值比较高的是计算机类、人文社科类和综合参考类(字典、词典、指南、统计资料等)。在网络上电子图书一般通过 Web、P2P、开放存取仓储以及 FTP 等模式开放存取。由于版权的限制,与商业化的电子图书数据库相比,目前开放存取的电子图书还是以公共领域的电子图书为主。

1. DOAB　DOAB 目前提供 1 400 多本外文原版图书,涉及农业、医学、生物学、物理学、化学等多个领域,其目的是使开放图书能够被更好地发现和利用。DOAB 由欧洲开放获取出版网络管理,由 Springer 和 Brill 资助。

网址:http://www.doabooks.org/

2. JUST FREE BOOKS　强大的免费图书搜索引擎,读者可根据需要搜索所需主题的开放书籍。

网址:http://www.justfreebooks.info/

3. 古腾堡　古腾堡收录了国外 5 000 部古典文献作品,免费向读者开放,这些数字化的图书不涉及版权保护的问题,读者可以方便阅读、使用、引用和检索。

网址:http://www.gutenberg.org/

4. 美国国家科学院　拥有超过 3 000 部科学、工程和健康卫生方面的著作,可以在线阅读。如果需要,也可以购买印刷版。这些电子书代表了美国在这些领域的研究精华。

网址:http://www.nap.edu/

第四节　数字图书馆

数字图书馆(Digital Library)是用数字技术处理和存储各种图文并茂文献的图书馆,实质上是一种多媒体制作的分布式信息系统。它把各种不同载体、不同地理位置的信息资源用数字技术存贮,以便于跨越区域、面向对象的网络查询和传播。它涉及信息资源加工、存储、检索、传输和利用的全过程。通俗地说,数字图书馆就是虚拟的、没有围墙的图书馆,是基于网络环境下共建共享的可扩展的知识网络系统,是超大规模的、分布式的、便于使用的、没有时空限制的、可以实现跨库无缝链接与智能检索的知识中心。

一、中国国家数字图书馆

国家图书馆是国家总书库、国家书目中心、国家古籍保护中心。

国家图书馆历史悠久,其前身是筹建于 1909 年 9 月 9 日的京师图书馆。新中国成立后,更名为北京图书馆。1998 年 12 月 12 日经国务院批准,北京图书馆更名为国家图书馆,对外称中国国家图书馆。2004 年 12 月 28 日,国家图书馆二期工程暨国家数字图书馆工程奠基,使国家图书馆成为跨越时空限制的网上知识中心和信息服务基地。

国家图书馆全面入藏中文图书,115 种文字的外国文献资料占馆藏的 50%,是国内外国文献的最大藏家。馆内还设有名人手稿、革命历史文献、中国博士论文等专藏,是联合国与外国政府出版物的指定收藏馆。随着信息载体的变化,还入藏了大量电子出版物。

访问国家图书馆有三种方式:读者卡用户和普通注册用户,也可匿名直接登录,但不同登录方式可用资源会有所不同。普通注册用户可用资源有:数字方志资源库、中文图书资源库、音视频资源库、E 线图情、北大法意、中华连环画数字阅览室、国研网、网上报告厅、方正阿帕比数字资源总库、博士论文资源库、图片专栏资源库、中国学资料库、民国专栏资源库、维普、新东方在线、方正电子图书。

网址:http://www.nlc.gov.cn/

二、国家科技数字图书馆

国家科技数字图书馆(国家科技图书文献中心)于 2000 年 6 月组建,成员单位包括中国科学院文献情报中心、工程技术图书馆(中国科学技术信息研究所、机械工业信息研究院、冶金工业信息标准研究院、中国化工信息中心)、中国农业科学院图书馆、中国医学科学院图书馆。

网络版全文文献资源包括 NSTL 订购的国外网络版期刊、NSTL 与中国科学院及 CALIS 等单位联合购买的国外网络版期刊和中文电子图书、网上开放获取期刊、NSTL 拟定购网络版期刊的试用、NSTL 研究报告等。NSTL 组织开发了大量互联网免费获取的全文文献,供全国各界用户使用。

网址:http://www.nstl.gov.cn/NSTL/

三、中国高等教育文献保障系统(中国高等教育数字图书馆)

CALIS 是经国务院批准的我国高等教育"211 工程""九五""十五"总体规划中三个公共服务体系之一。CALIS 的宗旨是:在教育部的领导下,把国家的投资、现代图书馆理念、先进的技术手段、高校丰富的文献资源和人力资源整合起来,建设以中国高等教育数字图书馆为核心的教育文献联合保障体系,实现信息资源共建、共知、共享,以发挥最大的社会效益和经济效益,为中国的高等教育服务。

从 1998 年开始建设以来,CALIS 管理中心引进和共建了一系列国内外文献数据库,包括大量的二次文献数据库和全文数据库;采用独立开发与引用消化相结合的道路,主持开发了联机合作编目系统、文献传递与馆际互借系统、统一检索平台、资源注册与调度系统,形成了较为完整的 CALIS 文献信息服务网络。

CALIS 管理中心设在北京大学,下设文理、工程、农学、医学四个全国文献信息服务中心。全国医学文献信息中心设在北京大学医学部。

CALIS 官方网址:http://www.calis.edu.cn/

医学信息中心网址:http://library.bjmu.edu.cn/

四、中国数字图书馆

中国数字图书馆是文化部组织实施的国家"十五"重点建设项目,是一个充分依托中国国家图书馆的丰富馆藏资源,借助遍布全国的知识组织与服务网络,利用自身的专家在信息组织、信息加工以及数据库服务和数字图书馆构建应用方面的经验和素养,为各类图书馆、档案馆、博物馆,以及政府机关、社会团体商业机构等提供专业、系统、全面的技术支持和数字内容服务的大型中文数字信息资源平台。

中国数字图书馆国家公众健康分馆是中国数字图书馆中文信息库中的健康专题库,是国家文化信息共享工程和中国数字图书馆工程基础和重要的组成部分。目标是构建国家级医学与健康数字信息平台,向公众提供有关疾病预防和治疗、药物、营养及保健等最全面、最可靠的科学信息,同时汇集一流医学专家,为公众提供突破时空限制的权威信息与指导,实施网上网下健康服务一体化工程。

网址:http://www.cdlc.cn/

五、中国科学院文献情报中心(国家科学图书馆)

中国科学院文献情报中心(国家科学图书馆)立足中国科学院、面向全国,主要为自然科学、边缘交叉科学和高技术领域的科技自主创新提供文献信息保障、战略情报研究服务、公共信息服务平台支撑和科学交流与传播服务,同时通过国家科技文献平台和开展共建共享为国家创新体系其他领域的科研机构提供信息服务。

网址:http://www.las.cas.cn/

六、大学数字图书馆国际合作计划

大学数字图书馆国际合作计划(China Academic Digital Associative Library,CADAL)由国家投资建设,作为教育部"211"重点工程,由浙江大学联合国内外的高等院校、科研机构共同承担。CADAL项目建设的总体目标是:构建拥有多学科、多类型、多语种海量数字资源的,由国内外图书馆、学术组织、学科专业人员广泛参与建设与服务,具有高技术水平的学术数字图书馆,成为国家创新体系信息基础设施之一。

CADAL项目建立了8个数据中心、33个服务中心、2个数字化加工基地和40余个数字化加工中心,形成了全世界最大的资源数字化网络,建成的全文数据库总量达250万册(件),主要来源于国内外研究型大学的馆藏文献,囊括中外文图书、音视频资料以及报刊论文等重要文献,其中从国外、境外组织的英文图书逾50万册进行数字化加工。这是一个以数字化图书期刊为主、覆盖所有重点学科的学术文献资源体系,对高校教学科研起到了巨大的支撑作用。

网址:http://www.cadal.zju.edu.cn/

附:常用中医药网站
一、学术研究机构网站
1. 中华医学会　http://www.cma.org.cn/
2. 中国中药协会　http://www.catcm.org.cn/

3. 中国中医科学院中医药信息研究所　http://www.cintcm.ac.cn/
4. 中国药学会　http://www.cpa.org.cn/
5. 中国医药信息学会　http://www.cmia.info/
6. 中国针灸学会　http://www.caam.cn/
7. 中华中医药学会　http://www.cacm.org.cn/
8. 中国民族医药学会　http://www.cmam.org.cn/
9. 中国中西医结合学会　http://www.caim.org.cn/
10. 世界中医药学会联合会　http://www.wfcms.org/
11. 世界针灸学会联合会　http://www.wfas.org.cn/

二、组织管理机构网站
1. 国家卫生和计划生育委员会　http://www.nhfpc.gov.cn/
2. 国家食品药品监督管理总局　http://www.sda.gov.cn/
3. 国家中医药管理局　http://www.satcm.gov.cn/

三、中药类网站
1. 中医中药网　http://www.zhong-yao.net/
2. 中药材天地网　http://www.zyctd.com/
3. 中国中药饮片网　http://www.chinaherb.org.cn/
4. 中国药材市场　http://www.zgycsc.com
5. 中国医药信息网　http://www.cpi.gov.cn/

四、针灸类网站
1. 世界针灸门户　http://www.acutimes.com/
2. 针灸中国网　http://www.acucn.com/
3. 针灸聚英网　http://www.zhentui.net/

五、出版物类网站
1. 健康报　http://www.jkb.com.cn/
2. 中国中医药报　http://www.cntcm.com.cn/

六、医学信息交流、学习
1. 丁香园　http://www.dxy.cn/
2. 科学网　http://www.sciencenet.cn/
3. 科学网　http://www.kexue.com/
4. 医脉通　http://www.medlive.cn/
5. 小木虫　http://www.xmuchong.com/

七、国外常用医学网站
1. 世界卫生组织(WHO)　http://www.who.int/
2. 美国国立卫生研究院(NIH)　http://www.nih.gov/
3. 美国国立医学图书馆(NLM)　http://www.nlm.nih.gov/
4. 美国食品药品监督管理局(FDA)　http://www.fda.gov/

（邓　翀　郭　强）

第六章　特种文献检索

特种文献包括专利文献、标准文献、会议文献、学位论文、科技报告、政府出版物、技术档案、产品资料等。特种文献内容广泛新颖，类型复杂多样，或公开，或内部发行，出版周期不定，收集比较困难；从不同领域及时反映当前科学技术的发明创造、研究水平及进展，现实性强，情报价值高，对于国民经济、生产技术和科学研究有直接参考应用价值。

专利文献、标准文献、会议文献、学位论文是特种文献的主要类型，是中医药现代研究成果的重要信息源，对它们的检索和利用有利于推进中医药的现代化进程。

第一节　专利文献检索

专利文献是专门传递发现发明科研成果信息的知识载体，它以内容的独创性、新颖性、实用性和形式上的直观性等特有的方式揭示发明创造方面的知识信息。据世界知识产权组织统计，世界上90%~95%的发明能在专利文献中查到，并且许多发明只能在专利文献中查到。专利文献几乎记载了人类取得的每一个新技术成果，是最具权威性的世界技术百科全书。

我国自1985年颁布《中华人民共和国专利法》以来，经过二次修改，专利保护制度已趋于完善，专利文献更有了成倍增长。由于1993年的修改增加了药品与化学物质专利保护，2008年的修改又增加了资源保护、试验例外和强制许可，对中医药研制成果的专利申报起到了很大的促进作用。在中医药专利文献中，绝大部分是中药新药与复方制剂的专利文献。

一、专利的概念

专利是专利权的简称，它是指一项发明创造，即发明、实用新型或外观设计向专利行政部门提出专利申请，经依法审查合格后，向专利申请人授予的在规定时间内对该项发明创造享有的专有权。

二、专利的类型

根据《中华人民共和国专利法》（下称本法）规定，依据受保护的内容，专利分三大类型，即发明专利、实用新型专利和外观设计专利。

（一）发明专利

发明专利是指对产品、方法或者其改进所提出的新的技术方案。发明专利是三种专利中科技含量最高的一种。

发明专利是一项新的技术方案，是利用自然规律解决生产、科研、实验中各种问题的技术解决方案，一般由若干技术特征组成。

发明专利分为产品发明和方法发明两大类。产品发明包括所有由人创造出来的物品，方法发明包括所有利用自然规律通过发明创造产生的方法。中医药领域中的中成药、保健品、医药器械、诊断试剂、中草药有效提取成分、有药用价值的新化合物、化妆品等,都可以申请产品发明专利。方法发明又可以分成制造方法和操作使用方法两种类型。另外,专利法保护的发明也可以是对现有产品或方法的改进。中医药领域中药物的生产方法、药材的炮制工艺、提取工艺以及各种医药器械、保健品的生产方法等,都可以申请方法发明专利。

(二) 实用新型专利

实用新型是指对产品的形状、构造或者其结合所提出的适于实用的新的技术方案。实用新型与发明的不同之处在于:第一,实用新型只限于具有一定形状的产品,不能是一种方法,也不能是没有固定形状的产品;第二,对实用新型的创造性要求不太高,而实用性较强。

在中医药领域凡以光、电、磁、声、放射直接作用于人体的医疗器械或保健用品,可以申请实用新型专利。碳离子治疗仪、康复理疗器、针灸刮痧器、理疗按摩器、家用电灸器、自热理疗袋等专利都属实用新型专利。

(三) 外观设计专利

外观设计是指对产品的形状、图案或者其结合以及色彩与形状、图案的结合所做出的富有美感并适于工业应用的新设计。它与发明或实用新型完全不同,即外观设计不是技术方案。

中医药领域中的产品外包装、中药的物理形状、保健用品的外形图案等,可申请外观设计专利。

三、授予专利权的条件

1. **授予发明和实用新型专利权的条件** 授予专利权的发明和实用新型,应当具备新颖性、创造性和实用性。

新颖性,是指该发明或者实用新型不属于现有技术;也没有任何单位或者个人就同样的发明或者实用新型在申请日以前向专利行政部门提出过申请,并记载在申请日以后公布的专利申请文件或者公告的专利文件中。

创造性,是指与现有技术相比,该发明具有突出的实质性特点和显著的进步,该实用新型具有实质性特点和进步。

实用性,是指该发明或者实用新型能够制造或者使用,并且能够产生积极效果。

本法所称现有技术,是指申请日以前在国内外为公众所知的技术。

2. **授予外观设计专利权的条件** 授予专利权的外观设计,应当不属于现有设计;也没有任何单位或者个人就同样的外观设计在申请日以前向专利行政部门提出过申请,并记载在申请日以后公告的专利文件中。

授予专利权的外观设计与现有设计或者现有设计特征的组合相比,应当具有明显区别。

授予专利权的外观设计不得与他人在申请日以前已经取得的合法权利相冲突。

本法所称现有设计,是指申请日以前在国内外为公众所知的设计。

3. **不授予专利权的领域(项目)** 除对违反法律、社会公德或者妨害公共利益的发明创造,不授予专利权外,对下列各项,也不授予专利权。

(1) 科学发现。

(2) 智力活动的规则和方法。

(3) 疾病的诊断和治疗方法。
(4) 动物和植物品种。
(5) 用原子核变换方法获得的物质。
(6) 对平面印刷品的图案、色彩或者两者的结合做出的主要起标识作用的设计。

四、专利的特征

专利是无形财产权的一种,与有形财产相比,具有独占性、时间性和地域性三个特征。

(一) 独占性

所谓独占性亦称垄断性或专有性。专利权是由专利行政部门根据发明人或申请人的申请,认为其发明成果符合专利法规定的条件,而授予申请人或其合法受让人的一种专有权。它专属权利人所有,专利权人对其权利的客体(即发明创造)享有占有、使用、收益和处分的权利。

(二) 时间性

所谓专利权的时间性,即指专利权具有一定的时间限制,也就是法律规定的保护期限。各国的专利法对于专利权的有效保护期均有各自的规定,而且计算保护期限的起始时间也各不相同。《中华人民共和国专利法》第四十二条规定,发明专利权的期限为20年,实用新型和外观设计专利权的期限为10年,均自申请日起计算。

(三) 地域性

所谓地域性,就是对专利权的空间限制。它是指一个国家或一个地区所授予和保护的专利权仅在该国或地区的范围内有效,对其他国家和地区不发生法律效力,其专利权是不被确认与保护的。如果专利权人希望在其他国家享有专利权,那么,必须依照其他国家的法律另行提出专利申请。除非加入国际条约及双边协定另有规定,任何国家都不承认其他国家或者国际性知识产权机构所授予的专利权。

五、专利文献

(一) 专利文献的概念

世界知识产权组织编写的《知识产权教程》阐述了现代专利文献的概念:专利文献是包含已经申请或被确认为发现、发明、实用新型和工业品外观设计的研究、设计、开发和试验成果的有关资料,以及保护发明人、专利所有人及工业品外观设计和实用新型注册证书持有人权利的有关资料的已出版或未出版的文件(或其摘要)的总称。

尽管各国专利文献各有特点,但都反映了专利制度的两大基本功能:法律保护和技术公开。以出版专利文献的形式来实现发明创造向社会的公开和传播是专利制度走向成熟的最显著特征。

1985年4月1日《中华人民共和国专利法》正式生效并开始受理专利申请,1985年9月10日正式向全社会公布第一批专利并出版了第一批中国专利文献。

(二) 专利文献的特点

与其他科技文献相比,专利文献除具有一般文献特点外,还具有以下几个特点。

1. **数量巨大,内容广博** 各国自建立专利制度以来,全球100多个国家与组织,以专利说明书、专利公报等形式,发布了大量的专利文摘,涵盖人类生产活动的全部技术领域,按照国际专利分类表,技术领域的最细类别已经分到近6万个,几乎覆盖了所有的技术领域。

2. 集技术、法律、经济信息于一体 专利文献记载技术解决方案,确定专利权保护范围,披露专利权人、注册证书所有人权利变更等法律信息。同时,依据专利申请、授权的地域分布,可分析专利技术销售规模、潜在市场、经济效益及国际上的竞争范围,是一种独一无二的综合科技信息源。

3. 出版、传播迅速 大多数国家专利局采用先申请制原则,促使申请人在发明完成之后尽早提交申请,以防他人捷足先登。另外由于新颖性是专利性的首要条件,因此,发明创造多以专利文献而非其他科技文献形式公布于众。特别是20世纪70年代初专利申请早期公开制度的推行,更加速了科技信息的传播速度。

4. 格式统一,形式规范 各国出版的专利说明书结构一致,均包括扉页、权利要求、说明书、附图等几部分内容。扉页采用国际通用的 INID[Internationally agreed Numbers for the Identification of (bibliographic) Data]代码标识著录项目,引导读者了解、寻找发明人、申请人、请求保护的国家、专利权的授予等有关信息;权利要求说明技术特征,表述请求保护的范围;说明书清楚、完整地描述发明创造内容;附图用于对文字说明的补充。更重要的是,专利文献均采用或标注国际专利分类划分发明所属技术领域,从而使各国的发明创造融为一体,成为便于检索的、系统化的科技信息资源。

5. 内容系统详尽 各国专利法都要求说明书应对申请专利的发明做出足够清楚、完整、具体的描述,达到所属技术领域的普通专业人员能够理解和实施的程度。因此专利说明书对发明的技术特征、内容和细节都有详细的描述。它对发明的阐述具体、可靠,附图详细,对制定设计方案、技术措施有重要的参考价值。

6. 重复出版 由于大多数国家实行专利的早期公开、延迟审查制度,加上同样一件专利可以在不同国家提出申请,因此相同内容的专利文献可以分别以相同或不同的文字重复出版。

(三)专利文献的作用

专利文献是一个内容丰富、广泛、可靠性强的重要信息源,对科技生产、经济贸易等许多方面有着不可忽视的重要作用。在各式专业期刊、百科全书等有关技术发展的资料中,唯一能够全盘公开技术核心的仅有专利文献。

1. 法律信息作用 专利文献包含了大量产权信息,它公开宣告专利技术的归属,明确记载专利技术的保护范围及专利权人的姓名、地址、申请日期等,是了解专利权的内容、范围和有效性等法律状况的唯一有效的信息源。具体表现在:专利文献是判断一项申请是否具备取得专利条件的法律依据;是判断是否侵权的法律依据;是专利许可贸易的法律依据。

2. 技术信息作用 专利文献详细阐述了发明内容,不仅描述了该发明所属技术领域中的现有技术及其存在的问题,而且说明了发明的基本要点及实施方案,因此是获取最新技术信息的重要来源。利用专利文献可以开阔思路,提高研发的起点和效率;避免重复研究;有利于引进先进的技术和设备;便于进行技术评价和预测;同时又可以找到技术突破口,指导技术研究开发方向。

3. 经济信息作用 专利文献也是一种可靠的经济信息来源。它是通过对专利技术信息和专利法律信息的综合分析得到的,对专利技术所产生的经济效益和未来市场的论证预测是企业进行专利开发的前提,也是专利贸易中主要的定价因素。

（四）专利文献的类型

专利文献按照其内容和加工层次可分为：一次专利文献（各种专利说明书）、二次专利文献（各种公报、专利文摘、专利索引）和专利分类资料（国际专利分类、国际外观设计分类、关键词索引等）。

1. 专利说明书　专利说明书有广义和狭义两种解释。就广义而言，专利说明书是指各国专利局或国际性专利组织出版的各种类型说明书的统称。它包括未经过专利性审查的申请说明书，如德国公开说明书、日本公开特许公报、中国发明专利申请公开说明书等；以及经过专利性审查的专利说明书，如美国专利说明书、中国发明专利说明书等。就狭义而言，专利说明书是指经过专利性审查、授予专利权的专利说明书。

专利说明书是专利文献的主体，其主要作用是公开新的技术信息和确定法律保护的范围。只有在专利说明书中才能找到申请专利的全部技术信息及准确的专利权保护范围的法律信息。

据 WIPO 统计，目前有 90 多个国家（地区）及组织用大约 30 种文字出版专利文献，每年出版的专利文献大约有 100 多万件。其中以日本、俄罗斯、德国、美国、法国、英国、加拿大、澳大利亚、欧洲专利局、世界知识产权组织出版量最大，约占世界每年专利文献出版量的 80% 左右。

受到专利权地域性以及审批程序的限制，出现了大量重复出版的专利说明书。内容相同或基本相同的文献通过优先权联系在一起。

按照《保护工业产权巴黎公约》之规定：所谓优先权，是巴黎联盟各成员国给予本联盟任一国家的专利申请人的一种优惠权，即联盟内某国的专利申请人已在某成员国第一次正式就一项发明创造申请专利，当申请人就该发明创造在规定的时间内向本联盟其他国家申请专利时，申请人有权享有第一次申请的申请日期。发明和实用新型的优先权期限为 12 个月，外观设计的优先权期限为 6 个月。

人们把至少有一个优先权相同的、在不同国家或国际专利组织多次申请、多次公布或批准的内容相同或基本相同的一组专利文献，称为专利族（patent family）。同一专利族中的每件专利文献被称作专利族成员（patent family members），同一专利族中每件专利互为同族专利。

同族专利可以帮助阅读者克服语言障碍，可以提供有关该相同发明主题的最新技术发展、法律状态和经济情报，可以解决对专利文献的收藏不足问题，可以为专利机构审批专利提供参考。

2. 专利公报　专利公报主要指专利申请的审查和授权情况，包括有关申请报道，有关授权报道，有关地区、国际性专利组织在该国的申请及授权报道，与所公布的申请和授权有关的各种法律状态变更信息等；各类专利索引，包括号码索引、分类索引、人名索引等。

专利公报的类型有题录型专利公报、文摘型专利公报、权利要求型专利公报。

专利公报的作用：专利公报连续出版，报道及时，法律信息准确丰富，是一种可靠的工业产权信息源；可用于了解近期有关工业产权申请和授权的最新情况、进行专利文献的追溯检索、了解各项法律事务变更信息以及各国工业产权保护方面的发展动态。

3. 国际专利分类法

（1）概述：国际专利分类法（International Patent Classification，IPC）主要是对发明和实

用新型专利文献进行分类。而外观设计专利文献则使用国际外观设计分类法(也称为洛迦诺分类法)进行分类。

国际专利分类法是根据1971年签订的《国际专利分类斯特拉斯堡协定》编制的,是目前唯一国际通用的专利文献分类和检索工具,是检索各国专利文献的一把共同的钥匙。

第1~7版的IPC主要是作为一种基于纸件的检索工具来建立并发展的,随着电子访问和信息检索的现代化手段的发展,要求对IPC本身结构及其修订和应用的方法进行实质性改变,以适应电子环境下的使用。第7版之前,每5年修订一次。第8版(2009)分类表被分为基本版和高级版,基本版修订周期为3年,高级版修订周期为3个月。

(2) IPC的编排和等级结构:IPC采用功能(发明的基本作用)和应用(发明的用途)相结合,以功能为主的分类原则。

IPC采用等级形式,将技术内容按部(section)、分部(subsection)、大类(class)、小类(subclass)、主组(main group)、分组(subgroup)逐级分类,形成完整的分类体系。

IPC将全部科学技术领域分成8个部,分别用A~H大写英文字母表示(2015版):

A部 人类生活必需
B部 作业;运输
C部 化学;冶金
D部 纺织;造纸
E部 固定建筑物
F部 机械工程;照明;加热;武器;爆破
G部 物理
H部 电学

一个完整的分类号由代表部、大类、小类、主组或分组构成,一般为5级结构。例如:A61K 36/00

  部 A 人类生活必需
   大类 A61 医学或兽医学;卫生学
    小类 A61K 医用、牙科用或梳妆用的配制品
     主组 A61K 36/00 含有来自藻类、苔藓、真菌或植物或其派生物……
      分组 A61K36/16.银杏门

部:分类表内容包括了与发明专利有关的全部知识领域,共分为8个部,部是分类表等级结构的最高级别。每一个部由A~H中的一个大写字母标明。每个部都有类名,部类名概要地指出该部所包括的技术范围,通常对部类名的技术范围不做精确的定义。每一个部的类名后面有一个它下面主要细分类名的概要。

大类:每一个部按不同的技术领域分成若干个大类,每一大类的类名对它所包含的各个小类的技术主题做一个全面的说明,表明该大类所包括的主题内容。每一个大类的类号由部的类号和在其后加上的两位数字组成。

小类:每一个大类包括一个或多个小类。小类是指在国际专利分类表中每一个大类的细分,小类类名是对它所包含的各个大组的技术主题的全面说明。每一个小类类号由大类类号加上一个英文大写字母组成。

主组:每一小类下分若干组。主组的类号由小类类号加上1~3位数及"/00"组成,主

组的类名明确表示可以分类、可以检索发明的技术主题范围。

分组：分组是主组的细分。每一个分组的类号由小类类号加上一个 1～3 位数，后面跟着斜线"/"，再加上除"/00"以外的至少两位的数组成。分组的类名明确表示可检索属于该主组范围之内的一个技术主题范围。

六、专利文献检索

专利文献检索是指根据一项数据特征，从大量的专利文献或专利数据库中挑选符合某一特定要求的文献或信息的过程。

人们往往根据不同的目的和要求检索专利文献，如新颖性检索、专利性或有效性检索、技术信息检索、侵权检索、法律状态检索、同族专利检索、技术引进检索、技术预测与评价检索等。

（一）新颖性检索

新颖性检索的目的是确定专利申请中要求专利权的发明点有无新颖性。检索目的是找出相关的在先技术来确定一件发明是否已经在检索所参考的日期之前被公开。

（二）专利性或有效性检索

专利性或有效性检索用来查找不仅与确定新颖性有关，而且与确定专利性的其他标准有关的相关文献。例如，有关确定是否具有发明高度（即所谓的发明是否是非显而易见的）、实用性或技术进步的文献。这种类型的检索包括了所有可能含有发明相关信息的技术领域。新颖性和专利性检索主要由各工业产权局根据其专利审查程序来进行。

（三）技术信息检索

技术信息检索用来使检索者熟悉某个特定技术领域中的现有技术的情况。它通常也被称为"现有技术检索"。这种类型的检索为研发活动提供背景信息，并可以确定给定领域中哪些专利已经公开。这种检索更进一步的目的是为了确定可以取代所应用的技术的替代技术，或者评价一种要授予许可证的或者考虑收购的特殊技术。

（四）侵权检索

侵权检索的目的是查找有可能被特定工业活动侵权的专利和公开的专利申请。这种类型检索的目的是要确定现有专利是否赋予了包括该工业活动或其任何部分的专有权。

（五）同族专利检索

同族专利检索是指对一项专利或专利申请在其他国家申请专利并被公布等有关情况进行的检索。

七、常用专利文献数据库（系统）

（一）国家知识产权局专利检索系统

国家知识产权局提供的专利信息数据库收录了 103 个国家、地区和组织的专利数据，同时还收录了引文、同族、法律状态等数据信息，其中涵盖了中国、美国、日本、韩国、英国、法国、德国、瑞士、俄罗斯、欧洲专利局和世界知识产权组织等。文献信息包括发明、实用新型和外观设计三种专利的著录项目及摘要。它是目前国内最全的、可以免费检索并下载专利说明书全文的数据库。

系统提供了常规检索和表格检索。常规检索提供了自动识别、检索要素、申请号、公开

(公告)号、申请(专利权)人、发明人、发明名称等字段的检索入口,并且在多个字段支持模糊检索。表格检索可实现多个字段的组配检索。

网址:http://www.sipo.gov.cn/

(二) 中国知识产权网(CNIPR)中外专利数据库服务平台

CNIPR 中外专利数据库服务平台主要提供中国专利和国外(美国、日本、英国、德国、法国、加拿大、EPO、WIPO、瑞士等 90 多个国家和组织)专利的检索。

1. 平台提供的服务　检索功能:包括中外专利混合检索、行业分类导航检索、IPC 分类导航检索、中国专利法律状态检索、中国药物专利检索。检索方式除了表格检索、逻辑检索外,还提供二次检索、过滤检索、同义词检索等辅助检索手段。

机器翻译功能:针对英文专利,特别开发了机器翻译模块,能对检索到的英文专利进行即时翻译。

分析和预警功能:平台开发了专利信息分析和预警功能,对专利数据进行深度加工及挖掘,并分析整理出其所蕴含的统计信息或潜在知识,以直观易懂的图或表等形式展现出来。

个性化服务功能:包括用户自建专题库、专题库导航检索、专利管理等功能。

2. 中国药物专利检索　收录了 1985 年至今公开的全部医药发明专利文献。记录内容涉及所有具有治疗、预防、保健、诊断作用的药物化合物、药物组合物及其制备方法、使用方法的专利文献;也收录新的药物中间体,洗发精或牙膏等生活用品及保健用品、食品中有实质性疗效的药物成分的专利文献,所收录的专利涉及 31 个 IPC 国际专利分类号。

中国药物专利数据库检索系统特点:专利数据经过全面的深度加工,提高了专利文献的查全率和查准率;具备强大的专业化检索功能,如方剂相似性检索、化学结构检索等;引入了中药辞典、西药辞典等辅助检索文档。

方剂检索提供中药方剂检索功能,分为一般检索和相似性检索。根据对中药名进行逻辑组配及限制药味数进行检索,并可检索主题中含有特定中药材组合的专利。

中药辞典共收录了 9 028 种常用中药材,分别列出了药品的正名、异名、英文名、拉丁名、拉丁矿植物名、中文拼音。

西药辞典是专利题录数据库的辅助标引文档,收录与医药相关的化合物信息,包括医药化合物的通用名、俗名、系统命名、商品名、英文名称、代码、药物登记号、CAS 登记号、分子式、结构式等信息。通过此数据库,用户可以方便地检索到各种和医药相关的化合物信息,然后通过这些化合物信息(主要是指药物登记号/CN)在专利题录数据库中进行转库检索,最终检索到与这些化合物有关的专利题录信息。

网址:http://search.cnipr.com/

(三) 中国专利信息网

中国专利信息网即国家知识产权局专利检索咨询中心,成立于 1993 年,前身是中国专利局专利检索咨询中心,2001 年 5 月更名为国家知识产权局专利检索咨询中心。它可检索中国专利与世界 99 个国家和地区的专利文献。

网址:http://www.patent.com.cn/

(四) SooPat 专利搜索

Soopat 是一个专利数据搜索引擎。"Soo"意为搜索,"Pat"意为 patent,"SooPat"即搜索专利。SooPat 致力于做"专利信息获得的便捷化,努力创造最强大、最专业的专利搜索引擎,为用户实现前所未有的专利搜索体验"。

SooPat 本身并不提供数据,而是将所有互联网上免费的专利数据库进行链接、整合,并加以人性化的调整,使之更加符合人们的一般检索习惯。它和 Google 进行非常高效的整合,充分利用了人们对于 Google 检索的熟悉程度,从而更加方便使用。

SooPat 的链接来自国家知识产权局互联网检索数据库,国外专利数据来自各个国家的官方网站。SooPat 不用注册即可免费检索,并提供全文浏览和下载,尤其对中国专利全文提供了免费打包下载功能,且速度极快,如果选择注册成为 SooPat 的会员,还可以选择保存检索历史并进行个性化的设定。

网址:http://www.soopat.com/

(五) 美国专利商标局(USPTO)专利数据库

美国专利商标局网站是美国专利商标局建立的政府性官方网站。该网站向公众提供全方位的专利信息服务,其中除了提供专利数据库检索服务外,还提供丰富的其他相关信息,如专利概述、专利申请、文献公布程序、US 专利分类体系等。

数据库分为授权专利数据库和申请专利数据库两部分:授权专利数据库提供了 1790 年至今各类授权的美国专利,其中有 1790 年至今的图像说明书,1976 年至今的全文文本说明书(附图像链接);申请专利数据库只提供了 2001 年 3 月 15 日起申请说明书的文本和图像。

数据库有布尔检索、高级检索和专利号检索三种检索方式。

网址:http://patft.uspto.gov/

(六) esp@cenet 欧洲专利数据库

esp@cenet 欧洲专利数据库由欧洲专利局及其成员国提供。专利数据库收录时间跨度大,涉及的国家多,收录了 1920 年以来(各国的起始年代有所不同)世界上 50 多个国家和地区出版的共计 1.5 亿多万件专利文献的数据。但检索数据不完整,只有部分国家的题录数据有英文发明名称及英文文摘。如果从英文发明名称或英文文摘字段进行检索就会造成漏检。

esp@cenet 划分成四个数据库:欧洲专利数据库(EP)、世界知识产权组织专利数据库(WIPO)、世界范围的专利数据库(Worldwide)、日本专利数据库(PAJ)。

从 esp@cenet 检索专利信息可以从欧洲专利局的站点进行,也可以从欧洲专利组织各成员国的站点进行,各成员国的站点可支持本国的官方语种。

esp@cenet 提供快速检索、高级检索、专利号检索以及专利分类号查询。

网址:http://ep.espacenet.com/

(七) 德温特世界专利数据库

德温特世界专利数据库(Derwent Innovation Index,DII)是德温特公司与 ISI 合作开发的基于 Web of Science 统一检索平台的网络版专利数据库。

DII 收录了来自 43 个国家和地区的 1 460 多万项基本发明、3 000 多万条专利,是检索专利文献最重要的工具之一。专利文献索引回溯至 1963 年,专利引文索引回溯至 1973 年,涵盖化学、电气、电子及机械工程等专业。

每周增加来自全球 40 多个专利机构授权的、经过德温特专家深度加工的 25 000 篇专利文献。

DII 将世界专利索引（WPI）、专利引文索引（PCI）整合在一起,为科学研究人员提供了世界范围内的、综合全面的专利信息。

DII 提供一般检索、引用检索、化合物检索、高级检索等 4 种检索方式。可以从 DII 直接链接到 Delphion 知识产权网络,阅读并下载专利说明书的全文图像。

DII 提供的附加价值包括：

（1）描述性的标题：由于原始的专利标题往往是含糊和不明确的,德温特的索引编制专家根据专利内容重写了简明精确的标题,揭示发明内容与创新性。

（2）描述性的摘要：德温特专家根据专利全文写出一份 200～250 字的摘要,详细介绍专利的声明、用途和优势。

（3）德温特分类代码：这个重要的高附加值的编码过程适用于所有的技术领域,在世界范围内得到广泛应用。

（4）专利发明图示：在可能的情况下提供专利技术中最关键的图示或化学结构图。

（5）专利家族：每条记录都描述一个专利家族,包含了全球范围内所有同族专利的详细资料,从而揭示此项技术在全球的影响力。

网址：http://www.isiknowledge.com/

（八）日本特许厅专利数据库

日本特许厅专利数据库由日本特许厅工业产权数字图书馆提供,收集了各种公报的日本专利,有英文和日文两种工作语言。英文版收录自 1993 年至今公开的日本专利题录和摘要；日文版收录 1971 年开始至今的公开特许公报,1885 年开始至今的特许发明明细书,1979 年开始至今的公表特许公报等专利文献。

网址：http://www.jpo.go.jp/

（九）PATENTSCOPE 数据库

世界知识产权组织网站的 PATENTSCOPE 数据库提供给全球用户可以访问专利合作条约（PCT）的专利申请,在申请日之后的全文格式数据均可查询。可以检索 3 700 万篇专利文献,其中包括 250 万件已公开的国际专利申请。

2013 年 9 月底,世界知识产权组织将中国提供的约 300 万份专利文件加入 PATENTSCOPE,为用户提供 1985 年至 1995 年中国专利和专利申请的英文目录信息,1996 年以后中国专利和专利申请的中、英文目录信息,以及中文的专利描述和专利申请范围。

网址：https://patentscope.wipo.int/

（十）其他网上专利检索网站

英国专利局　　http://www.patent.gov.uk/

加拿大知识产权局　　http://www.opic.gc.ca/

德国专利商标局　　http://www.deutsches-patentamt.de/

澳大利亚知识产权局　　http://www.ipaustralia.gov.au/auspat/

俄罗斯专利局　　http://www.rupto.ru/

韩国知识产权局　　http://www.kipris.or.kr/

Delphion 知识产权网　　http://www.delphion.com/

中国香港知识产权署　　http://ipsearch.ipd.gov.hk/

中国澳门特别行政区经济局　http://www.economia.gov.mo/
中国台湾专利　http://www.twpat.com/
百度专利检索　http://zhuanli.baidu.com/
国际发明者协会联合会　http://www.invention-ifia.ch/
免费专利在线　http://www.freepatentsonline.com/

第二节　标准文献检索

标准文献有狭义和广义之分。狭义指按规定程序制定、经公认权威机构（主管机关）批准的一整套在特定范围（领域）内必须执行的规格、规则、技术要求等规范性文献，简称标准。广义指与标准化工作有关的一切文献，包括标准形成过程中的各种档案、宣传推广标准的手册及其他出版物、揭示报道标准文献信息的目录、索引等。

20世纪80年代，已有100多个国家和地区成立了标准化组织，其中90多个国家和地区制定有国家标准。国际标准化机构中最重要、影响最大的是1947年成立的国际标准化组织（ISO）和1906年成立的国际电工委员会（IEC），它们制定或批准的标准具有广泛的国际影响。

目前，我国共制定、修订中医药国家标准36项，行业及团体标准613项，初步形成了覆盖中医药医疗、保健、科研、教育、产业、文化等领域的标准体系。与此同时，我国不但加强了中医药标准化的顶层设计，制定实施了《中医药标准化中长期发展规划纲要（2011—2020年）》等政策文件，还加快了中医药标准制定、修订步伐和进军国际化的脚步。截止至2015年11月，ISO/TC249（国际标准化组织中医药技术委员会）已正式独立发布5项中医药国际标准，与ISO/215（国际标准化组织健康信息学技术委员会）联合发布国际标准1项，实现了ISO领域中医药国家标准领域的突破。在已发布的5项国际标准中，全部是由我国提出；正在制定的30项标准中，有19项由我国提出。

中外合作制定的中医国际标准也有很大进展，世界卫生组织所制定的相关标准，如WHO中医标准、WHO针灸标准、美国FDA颁布了对针灸管理的相关标准。此外，国外还颁布了一批有关传统药物的相关标准，包括WHO颁布/或研制的植物药相关标准、美国FDA传统草药管理相关标准、美国国家补充与替代医学中心（NCCAM）有关传统药物的标准、欧盟关于传统植物药相关标准。

一、标准和标准化的定义

国际标准化组织给标准所做的定义是："标准是由各方根据科学技术成就与先进经验，共同合作起草、一致或基本上同意的技术规范或其他公开文件，其目的在于促进最佳的公众利益，并由标准化团体批准。"

我国2003年实施的国家标准《标准化工作指南第1部分：标准化和相关活动的通用词汇》（GB/T 20000.1-2002）给出的标准定义是："为了在一定的范围内获得最佳秩序，经协商一致制定并由公认机构批准，共同使用的和重复使用的一种规范性文件。注：标准宜以科学、技术和经验的综合成果为基础，以促进最佳的共同效益为目的。"

标准化的定义（GB/T 20000.1-2002）是："为了在一定范围内获得最佳秩序，对现实问题或潜在问题制定共同使用和重复使用的条款的活动。"并给出两个注释：① 上述活动主要包括编制、发布和实施标准的过程。② 标准化的主要作用在于为了其预期目的改进产品、过程或服务的适用性，防止贸易壁垒，并促进技术合作。

二、标准种类

按照标准化对象，通常把标准分为技术标准、管理标准和工作标准三大类。

技术标准是指对标准化领域中需要协调统一的技术事项所制定的标准。技术标准包括基础技术标准、产品标准、工艺标准、检测试验方法标准，以及安全、卫生、环保标准等。

管理标准是指对标准化领域中需要协调统一的管理事项所制定的标准。管理标准包括管理基础标准、技术管理标准、经济管理标准、行政管理标准、生产经营管理标准等。

工作标准是指对工作的责任、权利、范围、质量要求、程序、效果、检查方法、考核办法所制定的标准。工作标准一般包括部门工作标准和岗位（个人）工作标准。

三、标准体制

标准体制是与实现某一特定的标准化目的有关的标准，按其内在联系，根据一些要求所形成的科学的有机整体。它是有关标准分级和标准属性的总体，反映了标准之间相互连接、相互依存、相互制约的内在联系。国际上常见的标准体制有国际标准、区域标准、国家标准、专业标准、企业标准。

我国标准体制分为国家标准、行业标准、地方标准和企业标准四级。

（一）国家标准

国家标准是指对全国经济技术发展有重大意义，需要在全国范围内统一的技术要求所制定的标准。国家标准在全国范围内适用，其他各级标准不得与之相抵触。国家标准是四级标准体系中的主体。

国家标准由国务院标准化行政主管部门负责组织制定和审批。

（二）行业标准

行业标准是指对没有国家标准而又需要在全国某个行业范围内统一的技术要求所制定的标准。行业标准是对国家标准的补充，是专业性、技术性较强的标准。行业标准的制定不得与国家标准相抵触，国家标准公布实施后，相应的行业标准即行废止。

行业标准由国务院有关行政主管部门负责制定和审批，并报国务院标准化行政主管部门备案。

（三）地方标准

地方标准是指对没有国家标准和行业标准而又需要在省、自治区、直辖市范围内统一工业产品的安全、卫生要求所制定的标准。地方标准在本行政区域内适用，不得与国家标准和行业标准相抵触。国家标准、行业标准公布实施后，相应的地方标准即行废止。

地方标准由省级政府标准化行政主管部门负责制定和审批，并报国务院标准化行政主管部门和国务院有关行政主管部门备案。

（四）企业标准

企业标准是指企业所制定的产品标准和在企业内需要协调、统一的技术要求和管理、工作要求所制定的标准。企业标准是企业组织生产、经营活动的依据。

四、标准性质

中国标准分为强制性标准和推荐性标准两类性质的标准。保障人体健康，人身、财产安全的标准和法律、行政法规规定强制执行的标准是强制性标准，其他标准是推荐性标准。

根据《国家标准管理办法》和《行业标准管理办法》，下列标准属于强制性标准：
（1）药品、食品卫生、兽药、农药和劳动卫生标准。
（2）产品生产、贮运和使用中的安全及劳动安全标准。
（3）工程建设的质量、安全、卫生等标准。
（4）环境保护和环境质量方面的标准。
（5）有关国计民生方面的重要产品标准等。

五、标准编号

中国标准编号由标准代号+顺序号+批准年代组成。

强制性国家标准代号为 GB。如：GB 12346－2006《腧穴名称与定位》。

推荐性国家标准代号为 GB/T。如：GB/T 20348－2006《中医基础理论术语》。

国家标准化指导性技术文件代号为 GB/Z。如：GB/Z 23785－2009《微生物风险评估在食品安全风险管理中的应用指南》。

行业标准的代号用行业名称的两个汉语拼音字母表示。如：ZY/T 001.1－94《中医病证诊断疗效标准》。

地方标准的代号为 DB。如：DB44/T 506－2008《猫尾草栽培技术规程》。

企业标准的代号为 Q。如：Q/CG 94－2001《高压容器用无缝钢管》。

六、标准文献的特点

1. 格式规范　每个国家对于标准的制定和审批程序都有专门的规定，并有固定的代号，标准格式规范化。

2. 具有约束力　标准是从事生产、设计、管理、产品检验、商品流通、科学研究的共同依据，在一定条件下具有某种法律效力，有一定的约束力。

3. 时效性强　只以某时间阶段的科技发展水平为基础，具有一定的时效性。随着经济发展和科学技术水平的提高，标准不断地进行修订、补充、替代或废止。

4. 实施有一定的范围　不同种类和级别的标准在不同范围内贯彻执行。

七、标准文献的作用

标准文献的作用主要有：
（1）通过标准文献可了解各国经济政策、技术政策、生产水平、资源状况和标准水平。
（2）在科研、工程设计、工业生产、企业管理、技术转让、商品流通中，采用标准化的概念、术语、符号、公式、量值、频率等有助于克服技术交流的障碍。
（3）国内外先进的标准可供推广研究、改进新产品、提高新工艺和技术水平依据。
（4）是鉴定工程质量、校验产品、控制指标和统一试验方法的技术依据。
（5）可以简化设计，缩短时间，节省人力，减少不必要的试验、计算，能够保证质量、减少成本。

（6）进口设备可按标准文献进行装备、维修配制某些零件。

（7）有利于企业或生产机构经营管理活动的统一化、制度化、科学化和文明化。

八、标准文献检索

（一）标准文献检索工具

1. 《中华人民共和国国家标准目录及信息总汇》 国家标准化管理委员会编，中国标准出版社出版。目录及信息总汇分上、下册出版，内容包括四部分：国家标准专业分类目录，被废止的国家标准目录，国家标准修改、更正、勘误通知信息以及索引。

2. 《中国国家标准汇编》 国家标准化管理委员会编，中国标准出版社出版。它是一部大型综合性国家标准全集，收入我国每年正式发布的全部国家标准，分为制定卷和修订卷两种版本。自 1983 年起，按国家标准顺序号以精装本、平装本两种装帧形式陆续分册汇编出版。1996 年起，《中国国家标准汇编》仅出版精装本。

3. 《中国标准化年鉴》 中国标准局编，中国标准出版社出版。1985 年创刊。年鉴的内容分两部分，第一部分论述该年度我国标准化工作各方面进展和统计资料，第二部分介绍上一年度新批准发布的国家标准。正文按专业分类编排，并附有标准号索引。

4. 《中国标准导报》 中国标准出版社主办。1992 年 6 月 1 日创刊。《中国标准导报》是集政策、学术、技术、信息于一体的标准化综合性刊物。宗旨是宣传国家标准化工作的方针和政策，报道标准化的发展和动态，介绍国内外标准化领域的最新研究成果，提供最新标准发布、出版、废止及代替信息。

5. ISO Catalogue ISO Catalogue（《国际标准化组织标准目录》）由上海科学技术情报研究所编，上海科学技术文献出版社出版。为年刊，每年 2 月分英、法 2 种文字出版，报道 ISO 全部现行标准。

（二）网络标准文献检索

因特网是获取标准信息的重要来源，国际国内著名的标准化组织大多在因特网上建立了自己的 Web 网站，报道最新的标准信息。相对传统印刷型的标准信息源，网上的标准文献信息具有更新速度快、查找方便、检索范围广等特点。

1. 中国标准服务网 中国标准化研究院国家标准馆是国家重点支持、面向全国的国家级标准文献服务中心，是国家科技图书文献中心标准分站点，是全国最大的标准收藏中心，其标准文献收藏量为全国之最。经过近半个世纪的充实和发展，建立了规模浩大、门类齐全的标准文献资源中心。它藏有 60 多个国家、70 多个国际和区域性标准化组织、450 多个专业协（学）会的成套标准以及全部中国国家标准和行业标准，收集了 160 多种国内外标准化期刊和 7 000 多册标准化专著，并与 30 多个国家及国际标准化机构建立了长期、稳固的标准资料交换关系，还作为一些国外标准出版机构的代理，从事国外及国际标准的营销工作。同时拥有一支长期从事标准收集、加工、研究和咨询服务的专家队伍，不仅拥有丰富的标准化工作经验，而且了解标准化发展的最前沿信息。

网站设有中文版和英文版，是世界标准服务网在中国的网站，包括中国国家标准、国际标准、发达国家的标准数据库等。可提供标准检索、期刊检索、专著检索、技术法规检索、标准内容指标检索、强制性国标检索与阅读等功能，以及标准有效性确认服务、标准查新服务、标准代译服务、文献提供服务、数据共享服务、委托检索服务、信息推送服务、代购服务、专题服务等标准服务。中国国家标准数据直接从国家质量技术监督局标准化司获取，国外标准数据从国外标准组织获取，信息完整、权威。

系统提供三种检索方式：模糊检索、分类检索和高级检索。

网址：http://www.cssn.net.cn/

2. **国家标准化管理委员会网** 国家标准化管理委员会的门户网站，有简体中文版和英文版，可对现行有效的 20 000 多项国家标准和已经废止的 3 000 多项国家标准进行查询，并提供强制性国家标准电子全文的下载。它定期发布国家标准批准发布公告、国家标准修改单通知、行业标准备案公告和地方标准备案公告。它还建立了中外标准信息平台，包括中美、中英、中澳新、中韩、中德、中欧标准信息平台，提供国外标准的检索。

网址：http://www.sac.gov.cn/

3. **国家卫生和计划生育委员会标准网站** 目前已包括 1 000 余条卫生方面的国家标准（全文）和卫生行业标准（全文）及其更新信息，涵盖了环境卫生、食品卫生、职业卫生、血液卫生、放射卫生、化妆品卫生、传染病、地方病、职业病等各领域。可以按发布时间、标准分类、标准号、标准名称等排序浏览，还可以进行智能速查和高级查询。标准全文有些是图片格式，有些是 PDF 格式。

网址：http://www.nhfpc.gov.cn/zwgkzt/pwsbz/wsbz.shtml

4. **标准网** 标准网是由国家发展和改革委员会产业协调司主管，机械科学研究总院中机生产力促进中心维护的我国工业行业的标准化门户网站。可免费检索 ISO、IEC、主要国家标准、欧洲标准、中国行业标准等。提供标准动态信息和标准公告信息。

网址：http://www.standardcn.com/

5. **万方数据库——中外标准** 中外标准数据库收录 37 万余条，全文数据来源于国家指定标准出版单位，专有出版，文摘数据来自中国标准化研究院国家标准馆，数据权威，每月更新。

中国标准收录 1964 年以来发布的全部国家标准和行业标准，并含中国台湾地区标准。涉及机械、冶金、电子、化工、石油、轻工、纺织、矿业、土木、建筑、建材、农业、交通、环保等行业。

国际标准包括国际标准化组织发布的所有标准，以及国际电工委员会制定的国际电工标准。各国标准主要是英、美、德、法、日各国发布的标准及欧洲标准。

网址：http://c.wanfangdata.com.cn/Standard.aspx/

6. **国家科技图书文献中心** 国家科技图书文献中心提供 9 个国内外标准数据库的检索，并可订购原文。

网址：http://www.nstl.gov.cn/

7. **中国标准科技信息咨询网** 机械科学院主办。介绍国内外最新标准化动态，提供标准信息和标准化咨询服务，并对达标产品和获证企业进行宣传。提供在线标准查询，包括标准查询、标准详细分类查询、作废代替标准查询和国际标准查询。

网址：http://www.zgbzw.com/

8. **标准信息服务网** 标准信息服务网是专门提供国内外标准信息在线查询和标准文本订购服务的网站，拥有超过 180 个国内外标准化组织发布的国内外标准的题录和文本，系统支持中英文双语查询。

网址：http://www.standard.org.cn/

9. 中国标准咨询网　免费检索标准目录，通过购买阅读卡可以浏览部分标准全文。

网址：http://www.chinastandard.com.cn/index.asp/

九、现行中医药标准文本

（一）《中华人民共和国中医药法（草案）》

《中共中央国务院关于深化医药卫生体制改革的意见》和《国务院关于扶持和促进中医药事业发展的若干意见》（国发〔2009〕22号）明确要求加快中医药立法工作，中医界也一直呼吁制定一部较为全面的中医药法。为了落实党中央、国务院有关文件精神，解决当前存在的突出问题，原卫生部于2011年12月向国务院报送了中医药法（草案）的送审稿。国务院法制办先后两次征求中央有关部门、地方人民政府以及部分医疗机构、高校和专家的意见，并向社会公开征求意见；赴北京、内蒙古、广东、贵州等地进行了9次调研；梳理重点问题，召开专题论证会。在此基础上，国务院法制办公室会同国家卫生和计划生育委员会、国家中医药管理局等有关部门对送审稿进行了反复研究、修改，形成了《中华人民共和国中医药法（草案）》（以下简称草案）。该草案在总体思路上，主要把握了以下几点：一是遵循中医药自身规律，建立符合中医药特点的管理制度，保持和发挥中医药特色和优势；二是贯彻深化医药卫生体制改革的要求，扶持和促进中医药事业发展，充分发挥中医药在医药卫生事业中的作用；三是坚持扶持与规范并重，在推动中医药事业发展的同时，注意预防和控制风险，保障医疗安全；四是处理好与现行法律的关系，在中医药的管理上，《中华人民共和国执业医师法》《中华人民共和国药品管理法》等法律已有规定的，本法不再重复规定，仅对其中不适应中医药特点和发展需要的制度做适当调整。该草案已于2015年12月9日国务院第115次常务会议讨论通过。

（二）《中医病证诊断疗效标准》（ZY/T 001.1~001.9-94）

该标准于1994年6月28日由国家中医药管理局颁布，1995年1月1日实施。由中医内、外、妇、儿、眼、耳鼻喉、肛肠、皮肤、骨伤等9科标准组成。所列病证按《中医病证分类与代码》进行编码。每种标准著录项目有病证名、诊断依据、证候分类、疗效评定4个部分。

为便于国际交流，该标准所有病证名均加注英文。中医病证名凡与西医疾病名称完全对应者，按目前通用的世界卫生组织编制的第10版国际疾病分类（ICD-10）英译；如仅部分对应，则另行英译，并附简短注解。

（三）《中医病证分类与代码》（GB/T 15657-1995）

该标准由国家技术监督局于1995年7月25日批准，1996年1月1日实施。适用于中医医疗、卫生统计、中医病案管理、科研、教学、出版及国内外学术交流。先按内、外、妇、儿、眼、耳鼻喉与骨伤科归类编排，每类之中再按病证排列。

采用统一的疾病分类和代码既是医疗质量控制和医院管理的一项基础工作，也是提高医疗质量和教学水平、开展科学研究必不可少的参考资料，更是国家福利、行政、人口、医疗、保健诸方面制定政策的重要依据。

（四）《中医临床诊疗术语》（GB/T 16751.1~3-1997）

该标准于1997年3月4日发布，1997年10月1日实施。分疾病、证候、治法3个部分。疾病部分规定了中医内、外、妇、儿、眼、耳鼻喉、皮肤、肛肠等科930种疾病的名称及其定义,并按中医认识疾病的规律分类。另有症状性术语49条,当病种难定时可做暂时性诊断。

证候部分规定了中医八纲辨证、病因、气血津液辨证、六经辨证、卫气营血辨证与三焦辨证等800种临床常见证候的名称及其定义。证的定义以列举具有代表性的症状为主,部分专科的特异性症状一般未予描述。

治法部分规定了中医临床常用治则与治法1 050个名称及其定义,包括药物疗法、针灸疗法、推拿疗法、外治疗法、意疗法与饮食疗法等。

各部均由前言、适用范围、引用标准与标准文本4个部分组成,并附有名称的拼音索引与笔画索引。著录项目有序号、名称与定义,如有同义词,列于定义之后。凡名称中用方括号括起的字,可以代替前面使用。如"痰气互[郁]结证",也可用"痰气郁结证"。

以上三大标准的实施,为我国中医临床的规范化奠定了坚实基础,提供了法律依据。然而,由于临床实际情况的变化,如中医内科疾病已由原来的50多种病证分化为310多种。有的标准只是规定了术语的概念与定义,并未制定具体的细则,因而临床应用尚有一定困难,也在一定程度上影响着国家标准的实施。

(五)《腧穴名称与定位》(GB 12346-2006)

该标准于2006年9月18日发布,2006年12月1日实施。规定了人体腧穴定位的方法和361个经穴、48个经外奇穴的标准定位及名称。穴位名称的著录方式参照了世界卫生组织总部针灸穴名国际标准化科学组会议审定通过的《标准针灸穴名》。适用于针灸教学、科研、医疗、出版及国内外针灸学术交流。

(六)《腧穴主治》(GB/T 30233-2013)

该标准确定了GB/T 12346-2006《腧穴名称与定位》362个经穴中360穴以及48个经外奇穴中23穴的常用适应证。本标准所确定的腧穴主治为基础主治,不包括基于特殊针灸法、特殊操作的腧穴治疗病症。本标准适用于针灸腧穴的医疗、教学、科研等。

(七)《针灸技术操作规范》(GB/T 21709.1~10-2008,GB/T 21709.11~12-2009,GB/T 21709.14~15-2009,GB/T 21709.17~20-2009,GB/T 21709.13-2013,GB/T 21709.16-2013,GB/T 21709.21~22-2013)

该标准分三批,由国家质量监督检验检疫总局、国家标准化管理委员会于2008年4月23日批准发布第一批,2008年7月1日起正式实施,第二批于2009年8月1日起正式实施,第三批于2014年1月1日实施。总共分为22个部分:艾灸、头针、耳针、三棱针、拔罐、穴位注射、皮肤针、皮内针、穴位贴敷、穴位埋线、电针、火针、芒针、鍉针、眼针、腹针、鼻针、口唇针、腕踝针、毫针基本刺法、毫针基本手法、刮痧。该标准涉及的针灸技术操作规范,都是针灸临床常用的、发展成熟的针灸优势特色技术。标准中严格规范了各种技术的操作步骤与要求、操作方法、注意事项与禁忌等内容,对于确保针灸操作安全、提高针灸疗效有重要意义。

(八)《耳穴名称与定位》(GB/T 13734-2008)

该标准规定了人体耳穴的名称和耳穴的标准定位,适用于耳穴名称和定位。

(九)《中医基础理论术语》(GB/T 20348-2006)

该标准界定了中医基础理论中阴阳、五行、藏象、气血精津液、经络、体质、病因、病机、养生、预防、治则、五运六气等的术语及定义;适用于中医教学、医疗、科学研究、管理、出版及国内外学术交流。

（十）《中医护理常规技术操作规程》（ZYYXH/T 1.1～1.18-2006）

该标准适用于中医护理管理及临床护理人员，可作为临床实践、操作规范及质量评定的重要参考依据。包括《中医护理常规》《中医护理技术操作规程》《中医护理文件书写规范》及《中医护理工作规章制度》四个部分。

（十一）《亚健康中医临床指南》（ZYYXH/T 2-2006）

该标准是我国第一部指导和规范亚健康研究及干预的文件。其编写和颁布旨在为中医、中西医结合与相关学科研究及干预亚健康状态提供参考，使亚健康的诊断和干预科学化、规范化，为寻求切实可行的健康管理方案及亚健康干预措施提供依据，以促进我国亚健康事业的发展和人民群众的健康。

（十二）《糖尿病中医防治指南》（ZYYXH/T 3.1～3.15-2007）

该标准是国家中医药管理局政策法规与监督司立项的标准化项目之一，由中华中医药学会糖尿病分会负责编写，是指导和规范中医防治糖尿病的纲领性文本。其编写和发布旨在为中医防治糖尿病提供技术方法，促使中医糖尿病防治的科学化、规范化，促进我国中医糖尿病防治的健康发展，能适应新形势下中医药事业发展的需要和中医糖尿病从业人员临床科研工作的需要。

（十三）《中医内科常见病诊疗指南》（ZYYXH/T 4～135-2008）

该标准是国家中医药管理局立项，中华中医药学会组织，并由内科分会实施编写的一部指导中医内科各级医师诊断治疗行为的医疗文件。分为两个分册：第一分册为中医病证部分，采用中医病名，保持中医特色，选择相对优势病证，共46种；第二分册为西医疾病部分，采用西医病名，提供西医诊断依据，适应病证结合的诊疗模式，共86种疾病。

（十四）《肿瘤中医诊疗指南》（ZYYXH/T 136～156-2008）

该标准的编写目的在于规范肿瘤的中医临床诊断、治疗，为临床医师提供肿瘤中医标准化处理策略与方法，全面提高中医肿瘤的临床疗效和科研水平。其简明实用，可操作性强，符合医疗法规和法律要求，具有指导性、普遍性和可参照性，适用于中医肿瘤科临床医师、科研人员及相关管理人员，可作为临床实践、诊疗规范和质量评定的重要参考依据。

（十五）《中医体质分类与判定》（ZYYXH/T 157-2009）

该标准是我国第一部指导和规范中医体质研究及应用的文件，适用于从事中医体质研究的中医临床医师、科研人员及相关管理人员，可作为临床实践、判定规范及质量评定的重要参考依据，并为治未病提供了体质辨识的方法、工具与评估体系。

（十六）《中华人民共和国药典》（2015年版）

国家药典委员会编，中国医药科技出版社出版。《药典》是国家药品质量标准和检定方法的技术规定，也是药品生产、使用、供应、检验和管理的法律依据，每5年修订一次，至今已出了10版。现行版为2015版，由一部、二部、三部和四部构成，收载品种总计5 608种，其中新增1 082种。

一部收载药材和饮片、植物油脂和提取物、成方制剂和单味制剂等，品种共计2 598种，其中新增440种、修订517种，不收载7种。按中文品名笔画顺序排列。每一品名下根据品种剂型的不同，依次列有汉语拼音、英文名称、拉丁名、来源、处方、制法、性状、鉴别、检查、浸出物、含量测定、性味与归经、功能与主治、用法与用量、注意、规格、贮藏、制剂等项目。

二部收载化学药品、抗生素、生化药品以及放射性药品等,品种共计 2 603 种,其中新增 492 种、修订 415 种、不收载 28 种。按中文品名笔画顺序排列。每一品种根据品种剂型的不同分别列有:品名、汉语拼音与英文名称,有机药物的化学结构、分子式与分子量、来源或有机药物的化学名、含量或效价规定、处方、制法、性状、鉴别、检查、含量或效价测定、类别、规格、贮藏、制剂等项。

三部收载生物制品 137 种,其中新增 13 种、修订 105 种,不收载 6 种。

四部为通则和药用辅料,收载通则总计 317 个,其中制剂通则 38 个、检验方法 240 个、指导原则 30 个、标准物质和试液试药相关通则 9 个;药用辅料 270 种,其中新增 137 种、修订 97 种,不收载 2 种。

(十七)《中国药品检验标准操作规范》

该标准根据《中华人民共和国药典》附录中收载的剂型和相关检测方法编写。该标准为我国药品检验工作的依据,对培养药检人才、指导相关专业实验技术工作和学科发展,确保药品检验工作的科学、准确,发挥重要作用。

(十八)《药品检验仪器操作规程》

该规程为《中华人民共和国药典》的配套用书,包含了药品检验仪器的各种操作规程。主要介绍各项仪器常规使用的基本的规范性操作方法,包括各类仪器分析方法的基本原理、仪器性能要求、规范性的操作要点、共同的使用注意事项,以及检验的取样份数、误差允许范围等均应参照本操作规范。

(十九)《中药新药研究指南》

中华人民共和国卫生部药政管理局 1994 年编印。

该《指南》旨在帮助和指导中药新药研究开发工作者坚持以中医药理论为指导,积极应用现代科学技术方法和手段,以使新药研究设计合理,结论可靠,为药政管理机构提供药品安全有效的科学依据。虽然《指南》不具备行政法规的效力,但可作为"新药审批办法"及有关规定的技术参考资料,因此应尽可能参照使用。《指南》包括三个部分,第一部分为中药新药药学研究指南;第二部分为中药新药药理学研究指南;第三部分为中药新药毒理学研究指南。

(二十)《中医临床研究方法指南(试行)》

国家中医药管理局科技教育司 1999 年编印。

该《指南》根据临床流行病学的基本原则并结合中医临床研究的特点,提出了临床中医师和研究工作者开展中医临床研究的方法学原则。《指南》共分十二章,主要内容为中医临床研究的特点、任务、意义与方法学,中医科研的假设,临床研究的设计,质量控制,中医证候临床研究及其方法,中药新药的临床试验,中药不良反应的判断,资料收集与管理,常用统计方法,研究报告及论文的撰写,并附录有《中药新药申报资料临床研究项目表及中药新药的分类》《WHO 国际药品监督中心的不良反应分类和代码》《卫生部药品不良反应试点工作的有关规定(1998)》三个文件。

(二十一)《中医病历书写基本规范》

该规范由卫生部、国家中医药管理局于 2010 年 6 月 21 日发布,于 2010 年 7 月 1 日施行。规范了门(急)诊病例、住院病例书写内容及要求,打印病例内容及要求。

(二十二)《中成药临床应用指导原则》

该指导原则由国家中医药管理局于 2010 年 6 月 11 日印发,明确规定了临床应用中成药的基本原则,并要求加强对中成药使用过程中不良反应的监测工作,逐步建立完善的中成药不良反应监测体系。旨在加强中成药临床应用管理,提高中成药应用水平,保证临床用药安全。并要求依据中医理论辨证选药,或辨病辨证结合选药,不能仅根据西医诊断选用中成药。该指导原则由四部分组成:中成药概述,中成药临床应用基本原则,各类中成药的特点、适应证及注意事项,中成药临床应用的管理。

(二十三)《药品生产质量管理规范》(GMP)

《药品生产质量管理规范》是国家食品药品监督管理总局为生产优良药品而制定的标准规则。它是一套适用于制药、食品等行业的强制性标准,要求企业从原料、人员、设施设备、生产过程、包装运输、质量控制等方面按国家有关法规达到卫生质量要求,形成一套可操作的作业规范帮助企业改善企业卫生环境,及时发现生产过程中存在的问题,加以改善,确保最终产品的质量(包括食品安全卫生)符合法规要求。

(二十四)《药品经营质量管理规范》(GSP)

《药品经营质量管理规范》是药品经营企业质量管理的基本准则。它是针对药品流通过程中的计划采购、购进验收、储存、销售及售后服务等环节而制定的保证药品质量的一项管理制度。其核心是通过严格的管理制度来约束企业的行为,对药品经营全过程进行质量控制,保证向用户提供优质的药品。

(二十五)《药物非临床研究质量管理规范》(GLP)

《药物非临床研究质量管理规范》是就实验室实验研究从计划、实验、监督、记录到实验报告等一系列管理而制定的法规性文件。它是针对医药、农药、食品添加剂、化妆品、兽药等进行的安全性评价实验而制定的规范。其主要目的是严格控制化学品安全性评价试验的各个环节,即严格控制可能影响实验结果准确性的各种主客观因素,降低实验误差,确保实验结果的真实性。

第三节 学位论文检索

学位论文是作者提交的用于其获得学位的文献。学士论文表明作者较好地掌握了本门学科的基础理论、专门知识和基础技能,并具有从事科学研究工作或承担专门技术工作的初步能力。硕士论文表明作者在本门学科上掌握了坚实的基础理论和系统的专业知识,对所研究课题有新的见解,并具有从事科学研究工作或独立承担专门技术工作的能力。博士论文表明作者在本门学科上掌握了坚实宽广的基础理论和系统深入的专门知识,在科学和专门技术上做出了创造性的成果,并具有独立从事创新科学研究工作或独立承担专门技术开发工作的能力。

通常情况下,学位论文检索只限于硕士和博士论文。

学位论文与普通科研论文相比,具有文献分析面广、数据与图表量大、理论分析充分、参考文献多等特点,是一种不可忽视的信息源。

学位论文除在本单位被收藏外,一般还在国家指定单位专门进行收藏。国内收藏硕士、博士学位论文的指定单位是中国科学技术信息研究所和国家图书馆。中国科学技术信息研究所集中收藏和报道国内各学位授予单位的自然科学和技术科学领域的博硕士学位论文。

本节主要介绍查找国内外学位论文的数据库。

一、CNKI 中国优秀博硕士学位论文全文数据库

CNKI 中国优秀博硕士学位论文全文数据库收录从 1984 年至今全国 432 家培养单位的博士学位论文和 691 家硕士培养单位的优秀硕士学位论文。

学位论文全文数据库通过 CNKI 平台提供使用。

网址：http://www.cnki.net/

二、万方中国学位论文全文数据库

万方中国学位论文全文数据库收录始于 1980 年，年增 30 万篇，并逐年回溯，与国内 900 余所高校、科研院所合作，占研究生学位授予单位 85% 以上，涵盖理、工、农、医、人文社科、交通运输、航空航天、环境科学等各学科。

网址：http://www.wanfangdata.com.cn/

三、CALIS 高校学位论文数据库

CALIS 学位论文中心服务系统面向全国高校师生提供中外文学位论文检索和获取服务。目前博硕士学位论文数据逾 384 万条，其中中文数据约 172 万条，外文数据约 212 万条，数据持续增长中。

网址：http://etd.calis.edu.cn/ipvalidator.do/

四、中国科学技术信息研究所学位论文检索系统

中文学位论文从 1963 年开始收藏，是我国自然科学领域硕士以上学位论文法定收藏单位。国外学位论文从 1983 年开始收集。

网址：http://www.istic.ac.cn/GCSearch/ss.aspx

五、读秀学术搜索-学位论文频道

读秀学术搜索-学位论文频道提供题录检索，不提供试读，提供邮箱接收服务。

网址：http://edu.duxiu.com/

六、ProQuest 学位论文全文检索系统

UMI PQDD（ProQuest Digital Dissertations）是美国 UMI（现已改名为 Bell & Howell）公司开发研制的博硕士论文数据库，收录了来自欧美国家 2 000 余所知名大学的优秀博硕士论文，涉及文、理、工、农、医等多个领域，每年约有 47 000 篇博士学位论文和 12 000 篇硕士学位论文增加到该数据库中，是目前世界上最大和最广泛使用的学位论文数据库，也是目前国内唯一提供国外高质量学位论文全文的数据库，是学术研究中十分重要的参考信息源。1997 年以来的部分论文不但能看到文摘索引信息，还可以看到前 24 页的论文原文，论文收录起始于 1861 年，数据每周更新。

CALIS 组织国内部分高校联合订购了 PQDD 中的部分学位论文的全文，CALIS 建立了 ProQuest 学位论文全文检索系统，共享已采购的学位论文全文资源，目前收录论文已达 10 万余篇，参加联合采购学校的校园网用户可以免费检索、阅览、下载论文全文。

网址：http://proquest.calis.edu.cn/

第四节　会议论文检索

会议文献是指在各种学术会议上交流的学术论文。其特点是内容新颖、专业性和针对性强，传递信息迅速，能及时反映科学技术中的新发现、新成果、新成就以及学科发展趋向，是了解有关学科发展动向的重要信息源。由于许多科学领域的新进展、新发现、新成就以及新设想都是最先在学术会议上披露的，因此学术会议本身就是获取学术信息的重要渠道。

学术会议按其组织形式和规模区分，一般可分为国际性会议、地区性会议、全国性会议、学会或协会会议、同行业联合会议五大类。会议文献按出版时间的先后可分为会前、会间和会后三种类型。

本节主要介绍查找国内外会议论文数据库和网站。

一、CNKI 重要会议论文全文数据库

国内外重要会议论文全文数据库的文献是由国内外会议主办单位或论文汇编单位书面授权并推荐出版的重要会议论文。重点收录 1999 年以来中国科协系统及国家二级以上的学会、协会、高校、科研院所、政府机关举办的重要会议以及在国内召开的国际会议上发表的文献。其中，国际会议文献占全部文献的 20% 以上，全国性会议文献超过总量的 70%，部分重点会议文献回溯至 1953 年。

网址：http://www.cnki.net/

二、万方中国学术会议文献数据库

万方中国学术会议文献数据库由中文全文数据库和西文全文数据库两部分构成，内容涵盖人文社会、自然、农林、医药、工程技术等各学科领域，是目前国内收集学科较全、数量较多的会议论文数据库。收录内容以全国性的学会、协会、研究会组织、部委、高校召开的全国性学术会议论文为主，每年涉及近 3 000 个重要的学术会议。"中文版"所收会议论文内容是中文；"英文版"主要收录在中国召开的国际会议的论文，论文内容多为西文。收录会议级别高，全国重点会议（会议名称包含"国际""中国""多边""双边""全国"等）数量占收录会议总量 90% 以上。收录了自 1983 年至今中文会议，每年增加约 20 万篇全文，每月更新。

网址：http://www.wanfangdata.com.cn/

三、国家科技图书文献中心中国会议论文数据库

收录了 1985 年以来我国国家级学会、协会、研究会以及各省、部委等组织召开的全国性学术会议论文。数据库的收藏重点为自然科学各专业领域，每年涉及 600 余个重要的学术会议，年增加论文 4 万余篇，每季或月更新。外文会议论文数据库主要收录了 1985 年以来世界各主要学会、协会、出版机构出版的学术会议论文，部分文献有少量回溯。学科范围涉及工程技术和自然科学各专业领域。每年增加论文约 20 余万篇，每周更新。

网址：http://www.nstl.gov.cn

四、中国学术会议论文联合数据库

由中国科技信息研究所、医学科学院医学信息研究所、中国农业科学研究院科技文献信息中心、林业科技信息研究所共同研制，收录1986年至今的会议文献，涉及国内130多个国家级学会、协会、研究会召开的全国性自然科学学术会议论文。

网址：http://www.istic.ac.cn/GCSearch/ss.aspx

五、Web of Science Proceedings

ISI 基于 Web of Science 的检索平台，将 ISTP 和 ISSHP 两大会议录索引集成为 Web of Science Proceedings(WOSP)。WOSP 汇集了世界上最新出版的会议录资料，包括专著、丛书、预印本以及来源于期刊的会议论文，提供了综合全面、多学科的会议论文文摘索引信息资料，是目前查找国际会议文献的首选。

网址：http://www.isiwebofknowledge.com/

六、OCLC PapersFirst 与 Proceedings

OCLC FirstSearch 系统包含两个检索世界范围内会议文献的数据库，即 PapersFirst(国际学术会议论文索引)和 Proceedings(国际学术会议录索引)。记录每半月更新一次。

国际学术会议论文索引：该数据库包括在"大英图书馆资料提供中心"的会议录中所收集的自1993年10月以来在世界各地的学术会议上发表的论文，可通过馆际互借获取全文。

国际学术会议录索引：Proceedings 是 PapersFirst 的关联库，提供1993年以来在世界各地举行的学术会议上发表的论文的目录表。

网址：http://firstsearch.oclc.org/

七、美国会议论文索引数据库

美国会议论文索引数据库即《会议论文索引》(CPI)的网络检索平台，是剑桥科学文摘的一个子库。CPI 数据库收录1982年以来的世界范围内会议和会议文献的信息，提供会议论文和公告会议的索引。

网址：http://www.csa.com/

八、读秀学术搜索-会议论文频道

会议论文频道提供题录检索，不提供试读。

网址：http://edu.duxiu.com/

九、会议信息的获取

会议信息的获取主要利用因特网上有关网站进行。常用网站有：

(一) 中国学术会议在线

由教育部科技发展中心主办，提供学术会议预告、会议专题报告视频、会议新闻等信息的网站。包括国内及境外会议日程信息，可以通过电子邮件免费注册定制会议信息。

网址：http://www.meeting.edu.cn/

（二）中国会议网

由北京金谷田经济顾问有限公司主办，创立于 1999 年，是国内较早专门针对会议产业的资讯服务平台。

网址：http://www.chinameeting.com

（三）中国科学技术协会国际会议预告

实时发布在国内、国外举办的各类国际学术会议。

网址：http://www.cast.org.cn

（四）Huiyi123.net

huiyi123 旨在搭建高水平的国际学术交流平台，致力于承办具有专业优势和创新视角的学术研讨会。以交流、合作、创新为服务宗旨，以学术会议为服务平台，将来自世界各地从事相关科研领域研究的专家学者聚集在一起，面对面交流探讨各自最新的研究成果。

网址：http://www.huiyi123.net

（王柳萍）

第七章 文献的积累与管理利用

文献检索的最终目的是为了借鉴学习或者利用他人的知识信息,检出的文献越多,则从中选择可资利用的知识信息的余地就越大。文献检索的过程同时也是知识信息积累的过程。由于检出的文献并不全部对检索者有用,故在积累的过程中必须进行筛选。在编撰论著中引用他人文献虽然是文献利用的一种常见现象,但必须遵循有关的规定。加强中医药文献资源的开发利用,有利于中医药学术水平的提高与中医药事业的发展。本章主要讲解文献积累与文献管理软件和使用方法,并介绍文献引用的原则与规定以及文献综述撰写的步骤与格式。

第一节 文献的积累

为了提高所积累文献的效用性,在积累前要把握一定的原则。在文献积累过程中,一般先要通过阅读进行筛选,在筛选时要遵循一定的要求进行鉴别,然后才运用多种记录方法加以保存。

一、文献积累的原则

(一) 针对性原则

积累文献是为了利用,故文献积累应紧密结合本人的学科专业、兴趣爱好、个人特长或具体任务等来进行。研究专题或研究方向确定以后,应将学科前沿情况、研究动态、发展趋势等方面的文献作为文献积累的重点。贯彻针对性原则有利于提高文献积累的目的性,避免或减少文献积累中的盲目性。

(二) 系统性原则

文献积累的系统性是由科学技术的继承性所决定的。系统性原则要求在文献积累中必须做到从时间上连续,凡与自身的研究课题相关的重要文献应不间断地收集,以保持其系统性与完整性。还要注意从不同的文献类型中搜集相关资料。

(三) 科学性原则

文献积累的科学性主要指应根据自己的专业与课题需要,采用科学的方法与手段,多途径、高效率地积累文献。同时也指文献积累中既要满足当前需要,又要考虑未来发展;既要广辟来源,又要紧紧抓住重点;既要持之以恒,又要与临时突击结合;既不舍弃传统方法,又要尽可能采用现代化的技术方法。

二、文献积累的方法

(一) 阅读

阅读是文献积累的第一步工作,它有泛读、快读与精读三种方法。对检出的一批文献应先用泛读方法筛选；对选留的一批文献，在逐篇逐本文献阅读中可采用快读方法来筛选其中要保留的内容；然后再对这些内容进行精读，以求理解吸收。

1. 泛读　泛读又称浏览或概览，是一种博览文献并了解主要内容的阅读方法。对于期刊中的文章主要是看它的标题、提要、结论或个别的数据。对于图书主要是看内容提要、前言、序跋和目录，以求了解大概内容，对该文（书）的全貌有个初步的认识。泛读的目的一是了解学科的进展情况，二是以最快的速度找到自己最需要的部分，以便进一步阅读。泛读是快读的基础。

2. 快读　快读又称粗读、略读，是一种突破按字、词、句顺序阅读的习惯，以较快速度掌握其主要内容的阅读方法。快读时，目光不是停留在一个词、一个概念上，而是采用扫描式的变速阅读方法，即与自己需要关系不大的地方一掠即过，发现重要内容则放慢速度。读到主要或关键处，则逐字逐句咀嚼，深入领会。

快读的要领，是在了解主要内容的前提下跳过自己不需要的部分，着重掌握其中的论点与论据。掌握快读法的关键是要有坚实的专业知识，否则容易将重要的内容遗漏而抓不住全文的核心与精华。

3. 精读　精读是在快读的基础上，进一步认真细读其精华部分，力求做到理解、消化与吸收的一种阅读方法。精读不仅要求逐字逐句仔细阅读，对一些经典医著的精要之处，还必须熟读背诵。更重要的是要用心咀嚼、消化，边阅读，边思考。不仅要读懂书上已有的内容，还要动脑筋，下功夫钻研，并能由此及彼地深入探索书上还没有写出的东西，从而启迪自己的思路。精读是阅读过程中最重要的一环，是深入钻研自己所需知识信息所必须采用的方法。但是，精读需要花费大量的时间，不宜范围过宽，应有重点地选择。

在精读中，对照阅读法是值得推广的。这种方法，就是把若干同类的文献中与自己研究课题有关的内容集中起来对照阅读，相互比较，取其精华部分，弃其重复部分。这样做可对某一方面的知识信息得到一个比较全面的认识，对开展课题研究大有帮助。采用对照阅读法，要善于使用各种检索工具，在同类文献中要有所选择。一般宜先读近人的，后读古人的。因为近人论著中大多会包含古人论述的内容。同时，为了提高对照阅读的效果，对照点必须具体明确，针对性要强，这样才能收到事半功倍的效果。

（二）中医药古籍的阅读

修改后的《高等学校本科教育中医学专业设置基本要求（试行）》提出，就读中医药专业的学生不仅要掌握本专业的知识，而且要"具备熟练阅读中医药古典医籍的能力"。这是因为中医药古籍是中医药学的载体，是中医药生存与发展的知识源泉，更是保持和发扬中医药优势与特色的一方沃土。实践表明，合格中医培养的关键就是读书，特别是阅读中医药的经典著作和历代医学名著。而且医术、医德、敬业精神与阅读中医药古籍的数量和质量成正比。

1. 掌握相关知识，打好阅读基础　能够熟练阅读中医药古籍，除了具备中医药专业基础和医古文知识外，还必须掌握一些相关知识。如中医文献学，通过它能够知晓中医药文献的产生与发展的情况，以及中医药古籍的外观形式与内涵结构，借此从宏观和微观两个方面对中医药古籍有个初步了解；再如目录学与版本学，它们是阅读我国古代典籍时通用的工具性知识，能够帮助我们从茫茫书海中选择适合自己阅读的医籍，并阅读到它们的善本。

2. 根据具体情况，选定阅读书目　医学名家的精湛医术和博学多识，在于他们既熟读经典又渔猎群书。如蒲辅周通读了自《黄帝内经》《难经》至清代各家的重要著作,岳美中一生涉猎的医书达4 000多种,对经典医籍则反复阅读,而《伤寒论》《金匮要略》每年都要读一遍。可见,当今中医有望成为大家者,自是两者都必须狠下功夫。即使做一名合格的中医,首先也应该熟读《黄帝内经》《难经》《神农本草经》《伤寒论》及《金匮要略》等经典医著。因为这些经典医著蕴含着中医药理论的基石和精髓,至今尚无可能用现代汉语将书中的理论进行完整无误的表达,需要反复阅读以体味其原意。其次,根据自己从事的专业或科别,选定有关的阅读书目。许多中医药古籍已经有了现代读本,凡专业人员编纂的可择而读之。无现代读本者则要注意尽量寻找它们的精校精注本阅读,以免错、简、漏、衍之误。

3. 理论联系实际,传承之中分析　流传至今的中医药古籍记载的中医药理、法、方、药知识信息,毕竟是历代医家当时的临证经验和技术的文字记录。其中的基本理论与法则当然不容置疑,但其他的内容能否沿用或借鉴,必须联系当今实际,加以筛选和分析。古代医家对前辈的医术也倡导"尊古而不泥古",今人更不能照搬古人的经验。要运用学到的专业知识对之研究,如此方能达到古为今用的目的。

(三) 筛选

在阅读过程中,按照新颖性、可靠性与实用性的要求对文献进行分析,去粗取精、去伪存真及弃旧留新地取舍。文献筛选的关键是要从所积累的文献中筛选出能说明某学科领域或某专题研究的发展脉络、不同时期各种观点的具有典型代表意义的知识信息。尤其应着意选取观点新颖,能代表新的发展方向的内容。文献的筛选实际上也是研读已获取的知识信息,由博返约,由多化少,消化吸收,从而将其与自身的学习科研融为一体的过程。

1. 新颖性　首先从文献发表的时间来判断。一般地说,文献的内容是紧跟时代前进步伐的,在内容相同或相近的一组文献中,新近发表者其研究的内容应该是新的。其次,从文献的作者来判断,在某个专业或某一专题的研究中居于领先地位的单位与学科带头人,以及长期从事某一专题研究的人员持续发表的文献,都具有一定的新水平;某一国家书刊上发表另一国家作者的文献,则说明该文献研究的创新性已受到国际上的重视或承认。最后,最重要的还是要从文献的内容来判断,主要看是否提出或介绍新观点、新理论、新概念、新工艺和新设计。若不是第一次提出,要看其内容是否有新的发展,采取的手段和方法有无改进和提高,应用范围是否有扩大等。还可从获奖的级别来判断,获得国际奖、国家级奖及省部级奖的成果,分别反映了其国际领先水平、国内先进水平和地区先进水平。

2. 可靠性　文献的可靠性主要指文献内容的真实性。一般地说,国内外知名专家学者撰写的文章所提供的情况比较准确;著名学府、著名科研机构和著名出版社出版的文献可靠性比较大;机密资料比公开资料的可靠性要大;技术档案、科技报告、标准文献、专利文献的内容比一般书刊可靠性大;科技书刊记载的知识信息比科普读物可靠性大;专业研究机构编著的文献比一般社团的可靠性大。

3. 适用性　文献的适用性是指文献所提供的观点、技术、方法可资利用的程度。主要看文献中论述的理论、技术、方法是否切合自己需要,是可直接使用、参考使用,还是给予启发和引导。这可以从技术、方法是处于探索阶段、研究阶段,还是应用阶段来判断。另外,从文献的读者面也可做出适用性的判断。一般地说,读者人数越多,适用范围越广,适用价值越大。

(四) 保留

在文献的阅读与筛选过程中,应随时将需要的内容保留下来。保留的方法很多,有笔记、摘要、剪贴与利用现代技术等。

1. 笔记　历代医家都很重视用笔记积累资料。明代名医王肯堂花费十多年时间,博览群书,认真收集资料,写成《证治准绳》。清代医家张璐为了撰写《张氏医通》,参考60多位医家的100多部著作,积累数十万字的资料,十易其稿,历时7年才写成。这样的事例不胜枚举。笔记一般分成阅读笔记和心得笔记两大类。

(1) 阅读笔记:在阅读过程中记下所读内容的笔记。一种是在读到对自己有用的章节时,当时来不及一一细读或记下来,可先抄下有关书名以及书后所附参考文献,标明出处,便于以后查找利用,这称为索引式笔记。另一种是把原文中某些重要句子原封不动地抄下来,作为备用,抄录时必须绝对忠于原文,防止断章取义,并注明出处,以便查考,这称为引语式笔记。再一种是在读完全文后,对作者所论述和探讨的主要问题,按作者的思想脉络,加上自己的理解,用简洁的语言记下来,这称为提纲式笔记。这种笔记用来记录各章节论述的主要论点、结论、医案、数据等。提纲式笔记记录的内容比索引式、引语式笔记具体和有条理,一般不需要再查原文就可以直接利用。

阅读笔记记录的通常是文章中的核心内容,即对研究课题有用的数据与结论,可以借鉴的研究方法等等。笔记时一般以活页纸或卡片为好,以便整理时把内容相近的归纳在一起,在分类、排列、增插、查阅时更方便。

(2) 心得笔记:心得笔记不同于阅读笔记,它不是简单地摘录原文或写下提纲,而是记下阅读后的心得体会,其中凝聚着自己的新认识和新见解。科学研究与科学著述是一种艰巨的脑力劳动,大脑对客观事物的判断、推理与新概念的形成,不是一下子就能完成的,而是经历量变到质变的过程。阅读过程中闪现的思想意识特别重要,它们有可能孵化成创新思维,故应养成写心得笔记的好习惯。

心得笔记的形式多种多样。一种是在阅读中及时写下简单的心得体会,或做注释,或做考证,或提出质疑,或对不同见解提出商榷,这叫批注式笔记。一般写在所读书页的天头处,称为"眉批"。另一种是读后有感而发的记载,这是读书笔记中最重要的一种,通称札记式笔记。札记式笔记实际上是一种创作,是对所阅读的文献融会贯通后,写出的有一定见解的心得体会。要求言之成理,持之有据,无论是发挥或辩解,都要有一定深度和新意。一点一滴的心得体会是"零金碎玉",经过日久天长的积累,就会产生认识上的飞跃,逐渐形成自己的体系或理论。诚如清代医家尤怡在《医学读书记》的自序中所说:"予自弱冠,即喜博涉医学,自轩岐以讫近代诸书,搜览之下,凡有所得,或言或疑,辄笔诸简,虽所见未广,而日月既多,卷帙遂成。"所以,写心得笔记是为科学研究与科学著述积累资料的重要方法。

2. 摘要　摘要是原著的一个缩影,它是在理解原文精神实质的基础上,通过综合归纳而概括出来的,它既要体现原文的主要内容,又要层次分明,重点突出。其内容一般包括:原文的论点、论据、实验结果与结论等。摘要的文字应尽可能简明扼要。摘要也是积累资料的一种形式,它和笔记有着异曲同工之作用。摘要可分为下列几种形式:

(1) 概要式摘要:对原文的中心思想、基本论点、论据和结论全部融会贯通后,用简练的语言重点扼要地概述。文摘类期刊上刊载的文摘与冠于论文前面的摘要均属此类。这种摘要要求高度概括,主题明确,重点突出,并要忠实准确地反映出原文的主要内容和学术观点。

(2) 引语式摘要:这种摘要除了对原著的内容进行扼要的概述外,还要把原文的重点语句摘录下来,将两部分内容结合在一起,形成独立完整的整体。其中引语部分,必须原文照录,加上引号,并注明出处。这种摘要常写在文摘卡片上,它是摘录者在消化吸收原著的基础上整理出来的,既有经过浓缩的语言,又保留了原作中的关键语句,因此更加真实可靠,便于日后引用。

（3）节录式摘要:即将论著中某些重要内容,逐字逐句地节录出来。节录的内容应是原著的语言,不能改动一个字,标点符号也不能错。有时从大段文章中摘出自己所需的内容,中间有些内容无须抄出的,可以加省略号,但应注意内容的完整性,不可断章取义。选择节录的内容须经过认真的分析思考,抄写的过程能加强记忆,加深理解,还能激发新的思维。节录出来的同类资料综合成一份较为完整的资料,还可为写文献综述或论文提供参考。

（4）综合式摘要:对许多同类资料进行比较、分析,并将每篇具有特色的内容分别摘录,然后围绕一个主题,按照一定的顺序或层次组合成一个逻辑体系。在归纳整理的过程中要去其重复,突出特点,切忌单纯堆砌资料。写综合性摘要要有自己的观点,用自己的语言为主,可穿插相应的引语。某些文献综述或专题论文中的第一部分(如历史回顾、现状描述或展望),都是采用这种形式。

3. 资料剪贴 用剪贴的方法积累文献资料虽说有些原始,但它也是建立个人资料库的一种有效方法。个人订阅的报纸杂志,可在阅读之后,将所需要的部分剪下来,或到图书馆将有用的资料复印回来,按研究需要分门别类地粘贴在统一的底本上,每类后面要预留一定的空页,以便加进新的资料。然后装订成册,封面写上标题和自编分类号,扉页列出资料目录,内页写上小标题和编上页码。经过日积月累,由少到多,就可建立有参考价值的个人资料库。

4. 利用现代技术积累资料 随着现代化办公设备和数字化网络化技术的广泛应用,积累资料有了新的更方便的途径。录音、录像、复印、计算机下载与存储等手段都应加以充分运用。尤其应学会利用计算机进行检索、整理和积累文献资料,研制个人的数字化数据库。

综上所述,文献的积累可根据不同的需要,采取不同的方式进行。但无论笔记、摘要,以及利用现代技术贮存有关资料,都应准确无误地记录文献的出处(包括作者、书刊名称、卷、期、起止页码,出版单位及年份,中医药古籍还要注明版本等)。否则,会给日后查找原文或在自己论文中引用它们带来很大困难,甚至可能再也无法找出原始文献。

(五) 整理

文献整理就是用科学方法对准备保存的资料整序,使之条理化与系统化以方便利用。常用的方法有按学科体系和按主题整理两种。

1. 分类整理 即将收集到的文献根据学科内容,按照一定的分类体系分门别类地加以组织编排。它能将相同内容的文献归结在一起,相近内容的文献联系在一起,将不同内容的文献区别开来,从而使文献有条不紊、井然有序,为准确而系统地利用文献提供方便。常用的分类法有《中国图书资料分类法》(第四版),但也可根据自己的专业或课题研究的需要灵活掌握,或按文献内容的学科属性分,或按个人所从事的专题研究分,也可按文献所反映的学术观点分。

2. 主题整理 即按反映文献内容的主题词字顺编排已获取的资料。采用主题法能将分散在不同学科的同一主题内容的文献归并集中。进行主题整理时应尽量选择规范化的主题词,同一主题的资料过多,可再按下位类主题词或副主题词进一步区分。中医药文献整理可参考《中国中医药学主题词表》,其他可参考《医学主题词表》或《汉语主题词表》等。

第二节 文献的管理

科研人员在科学研究工作中,需要对科技文献进行查阅、整理和分析。随着科技文献数量的快速增长和电子期刊的快速发展,科研人员面对的文献信息的数量越来越大,通过手工收集、整理、组织和引用这些文献信息十分繁琐与困难。而文献管理软件(reference management software)能帮助科研工作者高效完成工作。

一、文献管理概述

(一)文献管理的必要性

科技文献数量的快速增长导致了文献管理软件的诞生,文献管理软件主要是科研人员用来记录、组织和调阅引用文献的计算机程序,利用个人文献管理软件建立"个人图书馆",可以有效地组织和管理已经获取的文献信息,进而在科研工作当中方便、快捷、准确地利用这些文献,高效率进行文献检索和资料管理。

(二)文献管理软件

对于文献管理软件,维基中文中给出了一个较为基本的定义:"文献管理软件是学者或者作者用于记录、组织、调阅引用文献的计算机程序。一旦引用文献被记录,就可以重复多次地生成文献引用目录。"其基本的功能包括:文献信息的收集;文献信息的整理和组织;论文中对文献引用的插入和参考书目的生成。主流文献管理软件在基本功能方面均日益完善和趋同,而与此同时科研人员对文献和知识管理利用方面的需求却在不断地发展和变化。因而丰富的细节功能、良好的使用体验以及更加贴近科研人员需求的功能扩展将成为科研人员选择文献管理软件的关键因素。

文献信息管理软件的作用包括知识采集、管理、应用、挖掘等环节,一般都具有汇集、管理、检索、浏览、阅读文献信息,建立个人文献数据库,联机检索多种类型数据库,与 Word 协同方便研究人员撰写科研论文等强大的功能。

常用的文献管理软件有 EndNote(EN)、Reference Manager(RM)、ProCite(PC)、Biblioscape(BSP)、Research Information Manager(RIM)、Refworks、RefViz 等。对中文文献管理支持较好的包括 NoteExpress(NE)、文献之星、Paperworks、医学文献王等。网络版的应用软件有 EndNote Web、Refwork、Bookends and Bookends Pro 等。国内常用的有 NoteExpress 和 EndNote 等。

二、NoteExpress

(一)简介

1. 功能特点　NoteExpress(NE)是北京爱琴海软件公司于 2005 年开发的专业文献检索与管理系统。NE 具有完善的功能设计,界面友好,对中文文献管理支持较好,可以进行中国知网、重庆维普资讯、万方数据知识服务平台等中文期刊数据库的在线检索和题录导入,还具有与 Word 高度集成、支持文献分类管理等功能(图 7-1)。

NE 的核心功能主要有题录、采集、管理、使用和笔记等,能够通过各种途径自动高效地

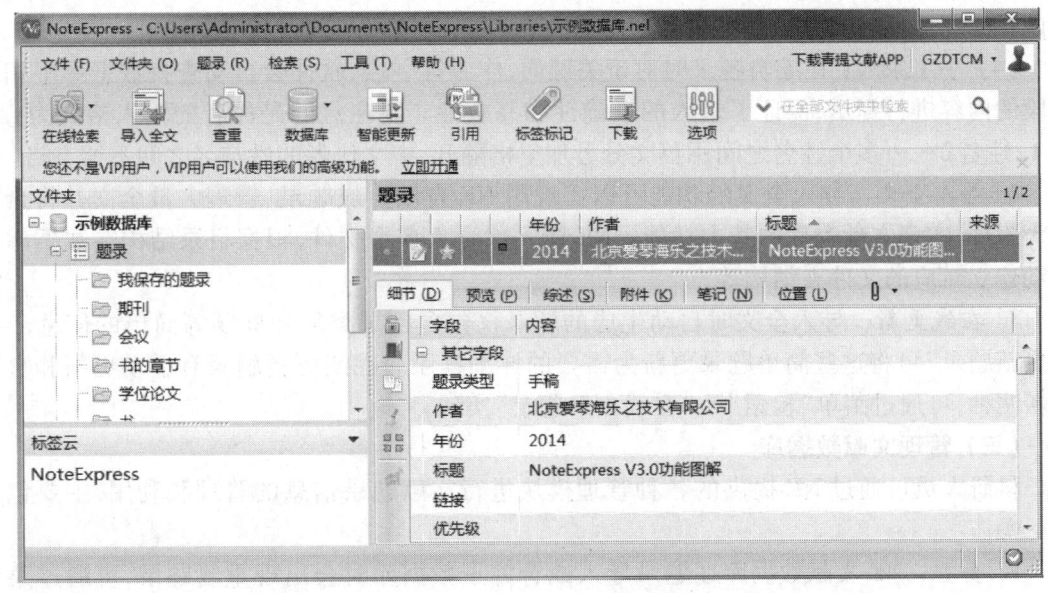

图 7-1　NoteExpress 主界面

在本地或互联网搜索信息,为用户提供信息的导入过滤和全文下载;NE 嵌入 Word 环境按要求输出各种格式化的参考文献信息,可以采取附件的方式保存参考文献的全文及相关资源,并将题录、笔记和附件关联成一个整体,形成个人的知识管理系统,这些都有效地提高了研究者的文献管理水平和效率。

2. 菜单介绍

(1)"文件"菜单项包括文献题录数据的导入、导出,数据库文件的新建、打开、备份、压缩等功能。

(2)"文件夹"菜单项包括对文件夹的添加、命名、移动和复制、信息统计等功能。

(3)"题录"菜单项包括对题录的新建、编辑、删除和其他各种管理功能。

(4)"检索"菜单项包括检索本地数据库、检索网络数据库、在线更新、下载文献全文等功能。

(5)"工具"菜单项包括论文模板写作及管理数据库等功能。

(二)建立文献数据库

点击"文件"菜单选择"新建数据库",选择保存位置,设定"添加附件",即可新建并命名一个新的文献数据库,并生成对应的后缀为".nel"的数据库文件。

1. 导入文献题录信息　NE 提供了四种导入文献题录信息的方式以建立新的文献题录数据库。

(1)在线检索导入:直接以 NE 作为网关通过"选择在线数据库"功能进行检索,选择多线程下载方式下载,无须选择过滤器,无须登录数据库网站,方便快捷导入题录。

(2)内嵌浏览器检索导入:另一种常用的便捷方式是通过 NE 的内置浏览器和网页信息抓取程序,可以检索和筛选数据库页面上的文献,并将结果批量保存至 NE。

(3)过滤器导入:即网上数据库导入,因为不同数据库检索结果格式也不同,导入 NE 后若要以相同的格式显示,需通过"工具"→"过滤器"→"过滤器管理器",进而选择与之相应的过滤器才能将文献信息导入数据库当中。

（4）手工录入：在编辑题录时对于关键词、作者等字段，软件会自动查找数据库中相应字段的内容进行提示，保证了录入的准确性和高效性。要注意的是作者的输入格式为：姓名1；姓名2……多个姓名之间用英文分号加空格隔开，中文作者的姓与名之间不留空格。

2. 导入全文　导入全文的功能可以实现用NE自动生成题录、管理大量全文并将全文作为附件，实现文献管理的基本功能。NE能一次导入多个文件，根据目录结构在数据库中自动建立对应的文件夹结构等。

3. 在线更新　导入全文时自动生成的题录仅包含题录类型和标题等简单的信息，"在线更新题录"可将这些简单题录更新为需要的详细题录。在线更新题录有手动更新和自动更新两种，可通过菜单"检索"→"在线更新题录"实现。

（三）管理文献数据库

科研人员可通过NE提供的各种管理模块进行文献题录信息的管理和利用，主要包括以下操作：

1. 查重　NE文献数据库在题录导入或合并子数据库时会出现重复题录，可通过菜单"检索"→"查找重复题录"查找并删除重复题录。

2. 虚拟文件夹　NE可以在一个数据库下建立多个文件夹，并根据需求方便地建立、删除和转移文件夹。同一条文献可以同时属于多个文件夹但数据库中只保存一条参考文献题录。修改任何文件夹中的该条题录，其他文件夹中也会同时修改；删除其中一个文件夹下的这条题录，其他文件夹中仍然存在。

3. 全文下载　NE可对有下载权限的文献进行下载，部分或全部下载对应题录的PDF全文并保存原文。

4. 添加附件　NE可添加多个附件，支持Excel、Word、PDF、CAJ等任意类型的附件格式，全文信息与文献题录信息关联在一起。添加了全文附件的题录，在"题录相关信息命令"栏出现回形针标志，点击可迅速打开附件。

（四）撰写论文

NE内置了多种国内外学术期刊、学位论文和国标格式规范，可以帮助研究人员撰写论文，自动快速生成参考文献，并随时调整参考文献格式。可以实现插入引文、编辑引文、定位引文、更新题录信息等写作与参考文献的管理，还可以使用手稿模板撰写投稿文章。

三、EndNote

（一）简介

1. 功能特点　EndNote(EN)是由Thomson Corporation下属的Thomson ResearchSoft开发的专业文献检索与管理系统，有软件版本和Web版本两种。EN功能强大，可以在成千上万个数据库中进行在线检索和导入题录，可以导出的参考文献格式多达6 000种，在不同的设备上如电脑、网页云端和ipad上进行同步管理，并能通过网络与团队成员共享数据。

EN除了支持在线检索、导入题录、导出参考文献、管理文献、PDF阅读和笔记等核心功能，还支持在题录后附上PDF、音频、视频或其他任何类型的文件等特色功能。需要注意的是，EN是由Thomson开发的英文软件，也是Web of Knowledge的官方软件，这意味着通过EN搜索出来的外文文献质量较高，有大量的SCI收录的文献。EN暂不支持中文文献的在线检索,也就是说通过 EN 在中国知网、重庆维普资讯和万方数据知识服务平台等中文期刊数据库中不能实现在线检索,但并不影响从这些数据库和本地文件夹中导入中文题录和实现中文文献的管理。

2. 菜单介绍

(1)"File"菜单项:包括文献题录数据的导入、导出,数据库文件的新建、打开、保存、分享、打印、关闭等功能。

(2)"Edit"菜单项:包括撤销、剪切、复制、粘贴、清除、全选、调整字体和其大小、样式等操作,以及导出参考文献格式、导入过滤器、链接文件和参数的设置。

(3)"References"菜单项:包括对题录的新建、编辑、删除和其他各种管理功能。

(4)"Groups"菜单项:包括新建、重命名、编辑、删除群组和新建智能群组、隐藏/显示群组栏等功能。

(5)"Tools""Window"和"Help"分别是工具、视图和帮助菜单项。

(二)建立文献数据库

点击"File"菜单选择"NEW"新建数据库,选择保存位置,即可新建并命名一个新的文献数据库,生成对应的后缀为". nel"的数据库文件。

1. 导入文献题录信息 EN 提供了四种导入文献题录信息的方式:

(1) PDF 导入:从本地文件夹中直接导入 PDF 格式的文件即可获取题录信息。步骤:"File"→"Import"选中"File"导入单个文件→"choose"选中需要导入的 PDF 文件→"Import Option"选择"PDF"→"Import"。其原理是 EN 识别文献的 doi 编码,没有 doi 编码的文献无法正确导入,因此不是所有 PDF 文件均可导入,部分中文文献也不能正确识别。

(2) 过滤器导入:从网络数据库直接导入检索结果即可获取题录信息。步骤:访问网络数据库并进行检索→勾选所需文献,保存题录信息→"File"→"Import"选中"File"→"choose"选中需要导入的文件→"Import Option"选择相对应的过滤器→"Text Translation"选择相对应的译码→"Import"。中国知网、维普、万方数据库和谷歌学术搜索都可以直接导出 EndNote 格式的题录信息,EN 过滤器选择"EndNote Import"即可导入。在 PubMed 数据库中选中要保存的记录,"Send to"→"Choose Destination"选中"Citation Manager"→"Create File"即可导出一个名为"citations. nbib"的题录文件,EN 过滤器中"Other filters"搜索选中"PubMed(NLM)"即可导入。需要注意的是维普数据库的题录"Text Translation"需要选择"Chinese simplified(GB 2312)"。

(3) 在线检索导入:直接以 EN 作为网关通过在线检索快捷导入题录信息。步骤:"Tools"→"Online Search"→选择数据库→在表单式检索框内输入关键词,限定检索条件,并可实现布尔逻辑检索→"Search"→选择需要的检索记录→"OK"。这种导入方式无须选择过滤器,无须登录网络数据库,更加方便快捷,题录信息更准确。

(4) 手工录入:从"References"菜单栏选择"New Reference"即可逐行输入作者、年、题名、刊名、卷、期、页码、关键词、文摘以新建题录信息。

2. 导入全文 导入 PDF 全文除了可以获取题录信息外,还能将文件作为附件,实现文献管理的基本功能。"File"菜单栏下"Import"选中"Folder"则可导入整个文件夹内的 PDF 文件。根据本地文件夹目录结构在数据库中可自动建立对应的群组结构,导入时勾选"Include files in subfolders"即可。在导入的时候还可以选择建立相应的群组。

3. 在线更新　导入全文时自动生成的题录有时仅包含标题、作者等简单信息,通过在线更新题录可更新为需要的详细题录。在题录信息上点击右键,选择"Find Reference Updates"即可在线更新。

(三)管理文献数据库

科研人员可通过 EN 提供的管理模块对文献题录信息进行管理和利用,主要包括以下操作:

1. 查重　EN 文献数据库在题录导入或合并子数据库时会出现重复题录,可通过 "References"→"Find Duplicates"查找并删除重复题录。

2. 群组　EN 可以在一个数据库下建立多个群组,并根据需求建立、删除和转移群组。智能群组是 EN 的特色功能,通过"Groups"→"Create Smart Group"→输入智能分组的条件并创建即可实现。

3. 全文下载　EN 可对有下载权限的文献进行直接下载,或者提供可供下载的 URL 链接。在题录信息上鼠标左键选中,再点右键"Find Full Text"即可。

4. 添加附件　EN 可添加多个附件,支持 Excel、Word、PDF、图片、音频、视频或其他任何类型的文件。点击编辑预览窗口的回形针标识即可添加,在该窗口"Reference"界面往下拖到"File Attachments"处可直接双击打开。

5. 排序　直接点击题录列表上方的"Author、Year、Title、Rating、Journal、Last Updated、Reference Type"即可进行排序。

6. 简单分析工具　EN 可对题录信息进行简单的统计分析,从"Tools"菜单栏点击"Subject Bibliography"选择如作者、出版社、时间等需要分析的项目,得到分析结果数目后点击"OK"即可查看聚类的题录信息。

(四)撰写论文

EN 内置了 6 000 多种国外学术期刊、学位论文和国际规范格式,可以帮助科研人员撰写论文,自动快速生成参考文献,并随时调整参考文献格式,同时可以实现在 Word 中插入引文。在"File"菜单栏选择"Export"即可导出默认格式的参考文献。通过"Edit"→"Output Styles"可选择常用格式或新建格式。

四、其他文献管理软件

1. Reference Manager(RM)　是专门用来管理书目参考文献的数据库程序,任何需要收集参考文献来做研究或是写论文、书目的人都可以利用它管理文献、数据。每个数据库可以容纳超过 65 000 份数据,可以用作者、期刊、关键词和出版年份等查询。产生的参考书目可以与大部分的文字处理软件兼容,并提供 100 余种的参考书目格式。能够快速地从草稿中按事先设置好的格式,格式化出论文引用文献和参考书目。

2. RefWorks　是一个基于网络的文献管理软件,可以在撰写论文时自动加入引文,创建多种格式的书目,可从多种数据源导入参考文献,创建不同文档格式书目如 Word、RTF、HTML 等。基于网络的设计意味着不需要下载软件或进行软件升级,可以从任何一台接入互联网的计算机访问个人账户,在论文中建立参考文献的过程得到了简化。

3. CNKI E-Study　是中国知网推出的文献管理软件,更准确来说它是一个数字化学习与研究平台,通过科学、高效地研读和管理文献,以文献为出发点,理清知识脉络、探索未知领域、管理学习过程,最终实现探究式的终生学习。基于全球学术成果,为读者提供收集、管理学术资料,深入研读文献,记录数字笔记,实现面向研究主题的文献管理和知识管理;实现在线写作,求证引用,格式排版,选刊投稿,提供与CNKI数据库紧密结合的全新数字化学习体验。

第三节 文献评价

文献评价是情报报道工作中对科学技术文献的学术价值的评估,其目的在于通过对有关文献的鉴别和研究,评价其内在质量,借以选定具有报道价值的文献和确定其报道的方式。评价的标准是文献的科学性和重要性。

一、评价指标

能反映文献质量和水平的因素有很多,都无非从量化和质化两个方面来评价,或者论文和期刊的角度来评价,它们能从不同角度反映文献的特征。多种不同性质的评价指标能优势互补,更科学客观地展现评价效果。

1. 被引频次(citation frequency) 论文被引频次是指自论文公开发表以来被其他论文引用的次数。科学论文的价值在于被使用,被引频次越高,说明论文的使用价值越大。一篇好的原创论文对后续研究能起到参考和推动作用,甚至能孕育出一个新的学科,并且每年都有一定的被引次数。

期刊被引频次是由单篇论文被引频次构成的,期刊上的论文被引频次越多,期刊的影响力就越大。例如,2014年和2015年国际顶尖期刊 Nature 共发表了1 722篇期刊论文,而它这两年总被引频次为65 674。在统计期刊被引频次时,可以根据需要加上一些条件限制,如时域、学科和统计源。时域是指统计的年限,年限的长短可根据需要灵活选定,一般最低年限为一年,这也是最常用的年限,亦可做若干年的累积统计。以学科范围为统计条件,实际上就是在时域条件的基础上再加以学科范围的限制。同一个统计对象,有学科限制的统计结果必然要小于无学科限制的统计结果。以统计源范围作为先决条件,一般是特殊用户出于特殊需要专门指定统计源范围而附加的条件。统计源数量的多少直接影响到期刊被引频次的大小。同一种期刊在统计源相同,统计条件不同时,其被引频次是不同的。

2. 影响因子(impact factor) 影响因子是指期刊近年被引频次与载文量的比值,通常表示期刊论文的平均被引率。美国文献计量学家加菲尔德博士于1972年在 Science 杂志上发表了《引文分析作为期刊评价的工具》一文,文中阐述了引文分析可作为期刊评价的工具,并提出了影响因子这一计量期刊影响力的指标。鉴于文献计量学家普赖斯的观点,科学论文一般在其发表的一两年后即可达到被引用的峰值,因此影响因子一般以最近两年作为统计期间,计算公式如下:

$$影响因子 = \frac{该刊前两年发表论文在统计当年被引用的总次数}{该刊前两年所发表论文的总数}$$

一般而言,期刊的影响因子越大,就表明其被引用的程度越高,它的影响力和学术水平也就越高。例如,2015年国际顶尖期刊 Nature 的影响因子是38.138,医学研究与实验方面影响因子最低的期刊 *Asian Biomedicine* 只有 0.134。它反映的是期刊的近期情况,所以在一定程度上消除了因期刊刊龄等因素而引起的引文次数上的偏差。即年指数(immediacy index),与影响因子概念相近,但它指的是期刊当年被引频次与载文量的比值。

3. H 指数　2005 年,美国加州大学圣地亚哥分校的物理学家 Hirsch 发表了论文《一个可以计量个人科研产出的指数》,文中作者提出了新的计量指标——H 指数。该指数兼顾了研究人员的文献产出量和文献被引量,是对个人学术水平的综合评价指标。一个科研工作者发表的 Np 篇文章,有 H 篇的被引次数大于等于 H,其余 $(Np-H)$ 篇被引频次小于等于 H,则该科研工作者的 H 指数值为 H。简而言之,他至多有 H 篇论文分别被引用了至少 H 次。例如,著名免疫学专家 Richard Flavell 发表的 900 篇文章中,有 107 篇文献分别被引用了 107 次以上,那么他的 H 指数就是 107。

H 指数有作者 H 指数、期刊 H 指数、机构 H 指数之分。尽管 H 指数创立之初是为了评估个人的科研产出,但很快被引入期刊评价,Braun 等最早证明了 H 指数可用于学术期刊的评价。随后,H 指数及其各种扩展指标也都相继被引入用于评价学术期刊的影响力,作为 H 指数应用范围的扩展,并产生很多 H 指数的变体称为 H 型指数。例如,Schubert 等通过期刊引文分布特征,结合帕累托分布函数得出研究期刊 H 指数和影响因子的数量模型,并实证分析了生物学和化学领域期刊的两种指标的数量关系。理论论证研究的同时,H 指数也被用于实证分析,如运用 H 指数对某学科领域的学术期刊进行了排名,使用 H 指数作为一项指标对某期刊进行研究等。H 指数作为学术评价指标虽然还未被科研管理部门广泛接受,但已有学者将其视为下一代个人学术水平、期刊学术质量、机构科研实力的定量评价核心。

二、核心期刊

核心期刊是指能够较多地刊载某一学科(专业)的文献,且水平较高,能反映该学科最新成果以及新理论、新技术、新方法的发展水平和动态,能基本满足该学科科技人员对信息需求的那一部分期刊,即布拉德福定律中所表述的刊载某专业论文量最大的第一区中的期刊。后来加菲尔德在引文分析理论中,将其发展为包括多学科的核心期刊。它是按照一定的科学方法筛选出来的,旨在揭示一定时期中期刊的发展概貌,为图书情报界、出版界及学术界提供一种参考工具。通常情况下核心期刊的被引频次、影响因子、H 指数都较高。

1. 国内核心期刊(或来源期刊)遴选体系　核心期刊与非核心期刊是相对的、动态变化的。自 20 世纪 80 年代以来,我国学者在核心期刊评价方法研究方面,主要涉及引文法、文摘法、累计百分比法、流通率法、综合评价法等。目前,国内较著名的核心期刊(或来源期刊)遴选体系有:北京大学图书馆"中文核心期刊"、中国科学技术信息研究所"中国科技论文统计源期刊"(又称"中国科技核心期刊")、南京大学"中文社会科学引文索引来源期刊"、中国社会科学院文献信息中心"中国人文社会科学核心期刊"、中国科学院文献情报中心"中国科学引文数据库来源期刊"、中国人文社会科学学报学会"中国人文社科学报核心期刊"。

2. 北京大学图书馆"中文核心期刊"　1990 年底,北京大学图书馆和北京地区高等院校图书馆期刊工作研究会共同发起研究并编制《中文核心期刊要目总览》(简称《总览》),一经问世,便在出版界和图书情报界引起了巨大反响,并得到了充分肯定和较高评价。《总览》于 2014 年编制出版了第七版(2014 年版),通过认真总结前六版的研制经验,对核心期刊评价的基础理论、评价方法、评价软件、核心期刊的作用与影响等问题进行了更深一步的研究,力求使评价结果尽可能准确地揭示中文期刊的实际情况。《总览》采用了被索量、被摘量、被引量、他引量、被摘率、影响因子、他引影响因子、被重要检索系统收录、基金论文比、Web下载量、论文被引指数、互引指数等12个评价指标,选作评价指标统计源的数据库及文摘刊物达50余种,统计文献量65亿余篇次(2009—2011),涉及期刊14 700余种。定性评价共有3 700多位学科专家参加了核心期刊评审工作。经过定量评价和定性评审,从我国正在出版的中文期刊中评选出1 983种核心期刊,分属七大编74个学科类目。《总览》由各学科核心期刊表、核心期刊简介、专业期刊一览表等几部分组成,不仅可以查询学科核心期刊,还可以检索正在出版的学科专业期刊,是图书情报等部门和期刊读者不可或缺的参考工具书。

3. 核心期刊的意义　核心期刊的意义首先在于指导读者阅读,使读者通过阅读少量的核心期刊就能获得较大的情报量,并能了解本学科研究的最新进展,达到事半功倍的效果。其次在于指导图书情报单位进行有针对性的收藏,以提高文献的完整性和较高的文献保障率。最后,发表在核心期刊的研究成果,更能获得学术界的认可,从而扩大学术影响力。

三、国外引文数据库

在国际科学界,如何正确评价科学研究成果已引起越来越广泛的关注,而被知名引文数据库收录的科技论文的多寡则被看作衡量一个国家的科学研究水平、科技实力和科技论文水平高低的重要评价指标。

(一) ISI Web of Knowledge

ISI是一家世界知名的数据出版公司,主要提供书目数据库服务,其数据库收录了16 000多种国际期刊、书籍和会议录,横跨自然科学、社会科学和艺术及人文科学各领域,内容包括文献编目信息、参考文献(引文)、作者、摘要等一系列关键性参考信息,从而构成众多研究领域中最全面、最综合的多学科文献资料数据库。ISI和汤森路透(Thomson Reuters)公司共同开发了一个以知识为基础的学术信息资源整合平台——ISI Web of Knowledge。它是采用"一站式"信息服务设计思路而构建的数字化研究环境。该平台以SCI、SSCI和A&HCI作为核心,利用信息资源之间的内在联系,将各种相关资源提供给研究人员使用,兼具知识的检索、提取、管理、分析与评价等多种功能。在ISI Web of Knowledge平台上,用户还可以跨库检索ISI Proceedings、Derwent、Innovations Index、BIOSIS Previews、CAB Abstracts、INSPEC以及其他外部信息资源,实现了信息内容、分析工具以及文献信息资源管理软件的无缝连接。

1. ISI Web of Knowledge的数据库组成　该检索平台包含了以下数据库:

(1) Web of Science:详见下文。

(2) MEDLINE(1950年至今):详见第四章第一节。

(3) BIOSIS Previews®(1994年至今):详见第四章第三节。

(4) CAB Abstracts:是由从150多个国家和地区用50多种文字发表的11 000种期刊、书籍、报告,以及其他国际上出版的各种专著中选录的英文文摘组成的,主题包括农学、林业、畜牧、兽医、经济、植物保护、生物技术、遗传与育种、微生物、营养、寄生虫等。

(5) Inspec(1969年至今):是英国电气工程师协会(IEE)提供的电子版数据库,主要涵盖物理、电机工程、电子学、通信、控制工程、计算科学和信息技术等领域的内容。ISI Web of Knowledge平台为Inspec数据库提供了强大的检索平台,除了主题、作者、来源刊名、地址外,还有检索 Inspec 叙词表的控制词索引、分类索引、更为简便易用的数值数据索引、化学物质索引和天文对象索引。

(6) Derwent Innovations IndexSM(1963 年至今)：是集成了 Derwent World Patents Index 和 Derwent Patent Citation Index 的一个基于互联网 Web 的专利信息资源,它收录来自 40 多个专利机构授权的 1 000 多万项基本发明、3 000 多万个专利,每周更新,可回溯至 1963 年。为研究人员提供世界范围内的化学、电子与电气以及工程技术领域内综合全面的发明信息。

(7) Journal Citation Reports：详见下文。

(8) Essential Science Indicators(基本科学指标,ESI)：ESI 数据库是 ISI 于 2001 年推出的一种用于衡量科学研究绩效、跟踪科学发展趋势的基本分析评价工具,是基于 ISI 引文索引数据库(SCIE/SSCI)所收录的全球 7 000 多种学术期刊的 900 多万条文献记录而建立的计量分析数据库,提供对科学家、研究机构、国家/地区和期刊论文排名的数据。ESI 由引文排位(citation rankings)、高被引论文(most cited papers)、引文分析(citation analysis)和评论报道(commentary)4 部分组成。数据库以引文分析为基础,针对 22 个专业领域,通过计算论文数、引文数、篇均被引频次(average citations per paper)和单篇年均被引频次(averages)、平均年份(mean year)、标准共引阈值(normalized co-citation)、引文阈值等指标,从各个角度对各国科研水平、期刊的声誉和影响力,以及科研机构和科学家的学术水平进行全面衡量,并对当前正在深入研究和有突破性进展的科学领域进行直观反映。该数据库内容覆盖农业科学、生物学和生物化学、化学、临床医学、免疫学、微生物学、分子生物学和遗传学、神经科学和行为科学、药理学和毒理学、植物学和动物学、精神病学/心理学、数学、物理学、多学科(multidisciplinary)等领域。

2. ISI Web of Knowledge 的使用　检索方法和检索规则与 Web of Science 的基本检索相同,请参见第四章第二节。

(二) 期刊引证报告

期刊引证报告(Journal Citation Reports,JCR)由 ISI 出版,是多学科综合性的期刊分析与评价报告,是对世界权威期刊进行系统客观评价的有效工具。数据涵盖了全球 3 300 多家出版商出版的 7 700 多种期刊(自然科学 6 000 种,社会科学 1 700 种),内容涉及 200 多个学科领域如生物化学和分子生物学、生物物理、生物学、化学、免疫学、数学、物理学、动物学等。JCR 客观地统计 Web of Science 所收录期刊的各项指标,对于每一份被收录的期刊提供引文和论文数量、影响因子、立即指数、被引半衰期、引用半衰期、源数据列表、引用期刊列表、被引期刊列表、主题分类、出版社信息、期刊标题变化等。作者可以用它找到最适合自己又最具影响力的期刊,确定投稿方向。研究人员则可以用于发现与自己研究领域相关的期刊。

目前,JCR Web 与 Web of Science 平台已经实现了链接,用户可以从 Web of Science 检索结果的显示界面直接链接到 JCR 的相关记录,获得文献所在期刊的统计信息。

1. JCR 的概况　1975 年 ISI 在 SCI 年度累积索引中增加一项介绍收录期刊的影响因子等引文数据的新内容,这就是最早的 JCR,随后 JCR 推出光盘版和网络版。目前 JCR 的网络检索平台主要整合在 Web of Science 平台上。JCR 不提供免费检索,需单位订购或通过用户名及密码方可使用。自 2000 年起,ISI 每年出版 JCR,大约在 6 月底会发布上一年的引文数据,因此最新版 JCR 要滞后半年时间。JCR 按学科分为 JCR Science Edition(自然科学版)和 JCR Social Sciences Edition(社会科学版)两种版本。2014 年 JCR 自然科学版收录期刊 8 700

多种,JCR 社会科学版收录期刊 3 300 多种。需要注意的是:有些引文数据由于在计算时需要使用几年累积的文献数据,因此必须在期刊被 SCI 收录若干年后才能在 JCR 中查到数据,例如期刊影响因子必须在期刊被 SCI 收录三年后方可查到。

2. JCR 的期刊数据(journal data)和学科数据(category data) JCR 对检出的期刊可按期刊数据和学科数据进行排序,JCR 的期刊数据如下:

(1) abbreviated journal title:刊名缩写。

(2) ISSN:期刊的国际标准连续出版物号。

(3) total cites:某刊在 JCR 统计年被引用的总次数。

(4) impact factor:期刊影响因子。

(5) 5-year impact factor:5 年影响因子,指期刊前 5 年发表的文献在评价当年被平均引用的次数。如果 5 年影响因子小于统计当年的影响因子(2 年期),表明该刊受关注程度增加。

(6) immediacy index:即年指数,或称即时指数,指期刊当年刊载的论文在当年平均被引用的次数,表明论文发表后的时效性影响。

(7) articles:指可引用的文献数,不包括 editorials(编辑评论)、letter(通讯报道)和 meeting abstracts(会议摘要)等类型文献。

(8) cited half-life:期刊被引半衰期,指将某刊在 JCR 统计年内被引用的全部论文依出版年份降序排列,前 50% 论文的出版时间即为该刊的被引半衰期,是衡量期刊文献知识老化速度的重要指标。

(9) eigenfactor score:特征因子分值,指某刊在过去 5 年刊载的论文在 JCR 统计年被引用的情况,是测定科学研究的学术影响力指标。特征因子分值与影响因子计算的不同方面有:① 特征因子分值的统计源包括自然科学期刊和社会科学期刊。② 特征因子分值剔除了期刊自引数据,更具合理性。③ 特征因子分值的计算基于随机的引文链接,考虑到引用期刊的影响力,即认为被高水平期刊的一次引用可能要比被低水平期刊的多次引用更重要。

(10) article influence score:论文影响分值,旨在基于每篇论文学术影响力来测度期刊的相对重要性。论文影响分值的平均值为 1,大于 1 表明期刊中每篇论文的影响力高于平均水平,小于 1 则表明低于平均水平。

目前由于部分期刊的过度自引降低了影响因子评价期刊质量的真实性,而特征因子分值避开了期刊过度自引的不利因素,敏感性较高,但此项指标尚未普遍用于对学术期刊的评价。

JCR 中的学科数据主要有以下几项:

(1) total cites:某学科期刊的文献被引用的总次数。

(2) median impact factor:中值影响因子,取自一个学科期刊影响因子排序居中的那个期刊的影响因子。若某一学科的期刊为双数时,取影响因子居中的两种期刊影响因子的平均值为该学科的中值影响因子。

(3) aggregate impact factor:学科集合影响因子,指前两年本学科期刊上的文献在 JCR 统计当年被平均引用的次数,即分子是该学科期刊前两年发表的文献在统计当年被引用的次数,分母是该学科期刊前两年刊载文献的总数。

(4) aggregate immediacy index:学科集合即年指数。

(5) aggregate cited half-life：学科集合被引半衰期。

(6) journals：该学科被 JCR 收录期刊的数量。

(7) articles：该学科被 JCR 收录期刊的载文总数。

3. JCR 的查询

在 JCR 查询期刊引文数据时，要根据期刊的学科属性选择 JCR Science Edition 还是 JCR Social Sciences Edition。同时选择查询哪一年度的 JCR 数据，目前可查询年度为 2000—2015 年。JCR 提供以下三种查询方式：

(1) view a group of journals by：是指按某一聚类属性查询并浏览一组 SCI 期刊，共有三个选项。

1) subject category：按主题分类(或学科分类)查询 SCI 收录期刊的引文数据，又分单种期刊数据查询和总体学科数据查询。

例如查询 2010 年中医药学科 SCI 期刊的收录总数，并具体了解某本期刊的引文数据，检索步骤如下：

第一步：选择 JCR 版本为 JCR Science Edition，年度选 2010 年，检索选项选"View a group of journals by"中的"Subject Category"，点击"SUBMIT"。

第二步：系统出现学科选择列表，根据中医药学的学科属性选择"INTEGRATIVE & COMPLEMENTARY MEDICINE"，勾选"View Journal Data"，并选择是按哪种期刊数据进行排序，然后点击"SUBMIT"。

第三步：系统返回"INTEGRATIVE & COMPLEMENTARY MEDICINE"学科收录的 21 种期刊，每种期刊的查询结果提供刊名缩写、ISSN 号、影响因子、5 年影响因子、被引半衰期等期刊数据信息。

第四步：点开"Journal Title"下拉菜单可更改排序方式，如选择"Impact Factor"，点击"SORT AGAIN"，即按影响因子从高到低进行排序，可知"INTEGRATIVE & COMPLEMENTARY MEDICINE"学科影响因子最高的期刊为 *ALTERN MED REV*(*Alternative Medicine Review*)，影响因子为 3.571。

第五步：点击缩写刊名链接，可以进一步了解期刊引文数据计算的详细信息。另外，点击"Cited Journal"链接可以获知哪些期刊引用本刊的论文，点击"Citing Journal"链接可以获知本刊目前正在引用哪些期刊上的论文，点击"Source Data"可以获知引文数据计算的来源数据，点击"Journal Self Cites"可以获知期刊自引情况。

2) publisher：按出版商查找期刊。

3) country/territory：按国家和地区查找期刊。

(2) search for a specific journal 该方式用于检索已知的特定期刊，可以用刊名全称、刊名缩写、ISSN 号及刊名中的若干词检索。

(3) view all journals 在所列的全部期刊表中浏览查询。

4. JCR 的检索结果处理 检索结果的输出有打印和保存。操作方法：在检出的期刊概要一览("Journal Summary List")中，在需要输出期刊的"Mark"复选框内勾选，点击"Update Marked List"，然后点击"Marked List"，最后点击"Save to file"进行保存，或通过"Format for print"进行打印。

5. JCR 分区情况 由于不同学科之间的 SCI 期刊很难进行比较和评价，为了更科学地对学术期刊进行评价,对科研人员的工作业绩进行合理考核,中国科学院文献情报中心将 JCR 公布的 8 000 余种期刊按照质量、影响力等因素,以年度和学科为单位,进行了 4 个等级的划分:1 区(最高区)、2 区、3 区和 4 区四个等级。而各种学科也被归为 13 个大类(工程技术、农林科学、化学、生物、医学、社会科学、综合性期刊、地学、地学天文、数学、物理、环境科学和管理科学)及 173 种小类。发表在 1 区和 2 区的 SCI 论文,通常被认为是该学科领域的比较重要的成果。1 区一般是各领域的顶尖期刊,2 区是高水平期刊,3 区次之,4 区则更为普通。

6. 世界顶尖期刊简介

(1) *Nature*:英国的 *Nature* 杂志从 1869 年创刊至今已有近 150 年历史,是世界上最早的国际性科技期刊之一,始终如一地报道和评论全球科技领域里最重要的突破。每星期在全世界发行 6 万份,大约 1/4 发行到图书馆和研究机构。其办刊宗旨是"将科学发现的重要结果介绍给公众,让公众尽早知道全世界自然知识的每一分支中取得的所有进展"。它以报道科学世界中的重大发现、重要突破为使命,要求科研成果新颖,且在该领域之外具有广泛的意义,也就是说无论是报道一项突出的发现,还是某一重要问题的实质性进展的第一手报道,均应使其他领域的科学家感兴趣。1999 年,*Nature* 杂志出版了电子版,主要包括 *Nature* 杂志、自然研究杂志、自然评论专业杂志和 NPG(Nature Publishing Group)参考等,覆盖生物、医学、物理等学科。近年来尤其突出医学与生物,如 2001—2002 年期间,增设了三种关于癌症、免疫学、药物学的评论期刊。2015 年 JCR 影响因子 38.138,多年来亦是综合性学科被引率第一位的期刊。

(2) *Science*:美国的 *Science* 杂志是 1880 年由爱迪生投资创办的,于 1894 年成为美国科学促进会(American Association for the Advancement of Science,AAAS)的官方刊物。全年共 51 期,为周刊,全球发行量超过 150 万份。该杂志连同英国的 *Nature* 杂志被誉为世界上两大顶级杂志,代表了人类自然科学研究的最高水平。其办刊宗旨是"发展科学,服务社会",它的主要关注点是出版重要的原创性科学研究和科研综述。*Science* 杂志属于综合性科学杂志,它的科学新闻报道、综述、分析、书评等部分,都是权威的科普资料,该杂志也适合一般读者阅读。2015 年 JCR 影响因子 34.661。

(3) *Cell*:美国的 *Cell* 杂志主要刊登生命科学研究领域最新、最重要的原创性成果,是与 *Science* 和 *Nature* 齐名的世界权威杂志,是举世公认的生命科学研究领域的顶尖杂志。能够在 *Cell* 杂志上发表学术论文,是生命科学研究者孜孜以求的目标,也是评选诺贝尔奖、竞选院士、展示大学和科研机构研究实力的重要依据。2015 年 JCR 影响因子 28.710。

四、国内引文数据库

随着中文科技文献日益增多,科学评价中文文献和期刊越来越重要,我国也建立了许多大型引文数据库,主要有以下几个:

1. 中国科学引文数据库　详见第三章第八节。

2. 中文社会科学引文索引　1997 年南京大学提出研制开发电子版《中文社会科学引文索引》的设想,于 1998 年底正式启动。该项目由南京大学中国社会科学研究评价中心开发研制,用来检索中文社会科学领域的论文收录和文献被引用情况,被列为教育部人文、社会科学重大研究项目,是我国重要的基础信息资源。CSSCI 包括数据处理、信息检索和统计分析三个子系统,具有控制数据质量、提高检索效率、保存引文分析数据、分析学科研究特征等功能。CSSCI 提供来源文献、被引文献、优化检索等多种信息检索。可以为人文、社会科学研究,社会科学研究评价与管理,人文、社会科学期刊评价与管理,学校管理部门等提供多种服务。对于社会科学管理者,CSSCI 提供地区、机构、学科、学者等多种类型的统计分析数据,从而为制定科学研究发展规划、科研政策提供科学合理的决策参考。对于期刊研究与管理者,CSSCI 提供多种定量数据:被引频次、影响因子、即年指标、期刊影响广度、地域分布、半衰期等,通过多种定量指标的分析统计,可为期刊评价、栏目设置、组稿选题等提供科学依据。CSSCI 也可为出版社与各学科著作的学术评价提供定量依据。此外,CSSCI 的应用价值还包括:借助引文索引数据分析学科研究特征,观察学科的成长性和国际化程度,探究学科研究热点和趋势、发现重要学术论著、构建学术网络等研究。CSSCI 的内容覆盖经济学、教育学、心理学、管理学、系统科学、图书馆学、情报学、历史学、地理学、哲学、语言学、文学、政治学、艺术学、军事学、环境科学、法学、社会学、人文科学、体育等领域,时间跨度为 1998 年至今。

3. 中国科技论文与引文数据库(CSTPCD) 中国科技信息研究所(ISTIC)是受国家科技部委托,从 1987 年开始对我国科技人员在国内外发表论文数量和被引用情况行统计分析,并利用统计数据建立了 CSTPCD,受到社会各界的普遍重视和广泛好评。中国科技论文统计源期刊是 CSTPCD 的数据来源。通过中国科技期刊综合指标评价体系对期刊学术质量的考核,CSTPCD 每年对收录期刊的范围进行调整。数据库的主要功能有:查找国内发表的重要科技论文;了解历年来我国科技论文统计分析与排序结果;了解各地区、部门、单位、作者以及各学科及基金资助论文发表的详细情况;开展科技论文的引文分析。数据库集文献检索与论文统计分析于一体,它既是科技人员查找有关参考文献的重要依据,又是各级科技管理部门和各科研机构、高等院校了解全国和各单位、各部门科技论文发表情报的重要工具。CSTPCD 广泛应用于国家科技政策决策、科研成果管理、科技期刊评价和文献计量学的研究,为各级科技管理部门、科研机构、期刊编辑人员和广大科研人员提供服务。

4. CNKI 中国引文数据库 CNKI 中国引文数据库收录了中国学术期刊(光盘版)电子杂志社出版的 1979 年至今的所有源数据库产品的参考文献,并揭示各种类型文献之间的相互引证关系。其中源数据库包括:中国期刊全文数据库、中国优秀博硕士学位论文全文数据库、中国重要会议论文全文数据库、中国重要报纸全文数据库、中国图书全文数据库、中国年鉴全文数据库等;涉及的引文类型有:期刊类型引文、学位论文类型引文、会议论文类型引文、图书类型引文、专利类型引文、标准类型引文、报纸类型引文等。

5. 中文科技期刊数据库(引文版) 中文科技期刊数据库(引文版)是维普在 2010 年推出的期刊资源整合服务平台的重要组成部分,是目前国内规模最大的文摘和引文索引型数据库。它采用科学计量学中的引文分析方法,对文献之间的引证关系进行深度数据挖掘,除提供基本的引文检索功能外,还提供基于作者、机构、期刊的引用统计分析功能。

附:工程索引

世界三大索引分别是科学引文索引、工程索引和科技会议录索引。工程索引创办于 1884 年,是美国工程信息公司(Engineering Information Inc.)出版的一种著名工程技术类综合性检索工具。EI Engineering Village 是面向应用科学和工程科学领域的数据库,是目前全球最全面的工程领域里的书目文献数据库,收录了 5 000 多种工程类期刊、会议论文集和技术报告,其范围涵盖了工程和应用科学领域的各学科,涉及机械工程、土木工程、环境工程、电气工程、结构工程、材料科学、固体物理、超导体、生物工程、能源、化学和工艺工程、照明和光学技术、空气和水污染、固体废弃物的处理、道路交通、运输安全、控制工程、工程管理、农业工程和食品技术、计算机和数据处理、电子和通信、石油、宇航、汽车工程以及这些领域的子学科和其他主要的工程领域。用户在网上可检索到1969年至今的文献,数据库每年增加工程专业的大约600 000条新记录。

第四节 文献综述的撰写

文献综述是作者通过检索收集到一批某个专题的文献,在阅读筛选的基础上,对其分析研究并加工而成的一种论文,故又称综述论文。它和一般论文的不同之处主要在于"综",即先对他人的文献进行综合分析、归纳整理,使材料更精练明确、更有逻辑层次;然后进行比较专门的、全面的、深入的、系统的论述。

一、撰写文献综述的意义与作用

撰写文献综述能培养利用和组织材料的能力,是提高思维能力和表达能力的一种锻炼。因为文献综述的撰写,是在对现有的资料加以分析和综合的基础上进行高度概括的科学思维过程。要求把众多文献中共同的理论观点、实验结果和工作方法等提炼出来,同时,也将有争论的不同见解汇集起来,按照自己的撰写意图和思维过程,加以组织安排,形成有机的逻辑体系。通过综述的写作能提高归纳、分析和综合能力。

撰写文献综述是开展科学研究的基础性工作。第一,科研人员要查阅有关的文献,为科研选题提供大量的材料。第二,在撰写过程中,又可联系实际,认真分析思考自己研究课题中的内容,对自己初步拟定的题目进行修正,为选准课题打下较牢固的基础。第三,文献综述中的部分内容,可为科研项目申报填写选题依据时所用。第四,还可以发现某一专题研究工作中的缺点、空白与不足,结合实际确定自己应采取的科研手段,亦可汲取别人新的研究方法,为拟定课题的实施方案所参考。因此,写好一篇文献综述,会在学术思想上有所启发,在科学实验中有所借鉴,对自己从事研究课题的水平有所衡量,对将取得的结果有所预见。

文献综述还可作为论文发表,它也是一种科研成果。它能为同行提供经归纳提炼的相关课题的大量信息,帮助读者在较短的时间内了解、掌握相关研究历史背景、研究现状、争论焦点、已解决和尚未解决的问题、前景展望等,是选择研究方向,寻找科研课题的重要线索。

二、文献综述的类型

到目前为止,文献综述类型尚未有统一的划分标准。按照不同的划分标准,文献综述可以分为不同的类型。

(一)按内容性质划分

综述文献一般包括历史回顾、成就概述、未来展望和学术争鸣等多方面的类型,根据某一方面在综述中所占的比重不同,可分为:

1. **动态性综述** 针对某一专题,按年代和学科发展的历史阶段,由远及近地综合分析,反映这方面研究工作的进展。在内容安排上要求做到:时间顺序严格,着重介绍历史阶段性的成就,对学科发展的阶段要划分准确,每一阶段要列出有代表性的文献加以综述,要能基本上反映这一课题发展的全貌。

2. 成就性综述 着重介绍某一学科或某一课题的新成就、新技术、新进展、新观点。对历史的回顾可从略,时间顺序也不要求连贯,可直接介绍当前或某一时期的重要成就,包括对最有效的实验结果和工作方法的述评。这种综述有较大的实用价值,对当前工作有指导意义。

3. 展望性综述 这是以展望未来、预测某一学科或某一课题的发展趋势为主的综述,对历史和成就可简略叙述,而着重介绍对未来的估计和对策,也包括对一些不同意见的反映。这种综述对学科的发展有一定的导向作用。

4. 争鸣性综述 系统地总结出对有争议的某一问题有代表性的几种意见,并进行分类、归纳和总结。按照不同的观点,将各家意见分别叙述出来。对原文的引用要求严格,所述内容都要用原文的事实和观点,作者自己的概括、分析极少。这种综述可以活跃学术思想,开阔眼界,拓宽思路,从争论中求真理,从争鸣中求发展。

(二)按撰写方法划分

1. 文摘性综述 亦称归纳性综述,侧重于对诸多一次文献中所论述的理论、现状、方法等遵照原意客观地进行归纳与反映,不针对文献内容做出评论,没有或者很少加入作者的个人观点。

2. 评论性综述 亦称分析性综述,除了对检索收集到的某学科领域或专题的诸多一次文献进行客观归纳与分析之外,还要提出作者个人见解、观点和建议,既有"述"(叙述)亦有"评"(评论)。

此外,文献综述还可以按编写目的、用途、选题的广度、编写的周期和发表的方式等划分类型。

三、文献综述的撰写

文献综述的写作具有自己的特点。它专题性强,论题往往限于一定的范围之内,文中多以第三人称的形式进行叙述,作者必须持客观的态度,不能把个人的观点强加到引用资料上。虽然可以用自己的语言去转述,而不一定照录原文,但必须忠于原意。绝不能断章取义,更不能任意歪曲。

(一)撰写文献综述的步骤

综述是"综"与"述"的结合。"综"是将有关文献中的知识信息加以整理、分析和综合;"述"是在"综"的基础上,按文章的写作程序把它表达出来的陈述过程。"综"是基础,"述"是表现。写作步骤一般为:选题、收集、整理,最后汇总成文。

1. 选题 文献综述的选题,首先应明确目的。题目可大可小,大到一个领域、一个学科,小到一种疾病、一种方法、一项理论。初次撰写文献综述,所选题目宜小些,这样查阅文献的数量相对较少,撰写时易于归纳整理。否则,题目选得过大,查阅文献花费的时间太多,归纳整理困难,最后写出的综述会大题小做或是文不对题。

2. 收集 选定题目后则要围绕题目收集与之有关的文献。搜集文献要求越全越好,要根据选题确定的年限,至少有几十篇,多者数百篇,而且要以近几年发表的文献为主。应充分利用检索工具,全面获取原始文献。

3. 整理 收集好与文题有关的文献后,就要对这些文献进行阅读、归纳、整理。如何从这些文献中选具有典型性、科学性和可靠性大的文献十分重要。从某种意义上讲,所阅读和选择的文献的质量高低,直接影响文献综述的水平。因此在阅读文献时,要写好读书笔记、读书心得和做好文摘卡。用自己的语言写下阅读时得到的启示、体会和想法,将文献的精髓摘录下来,不仅为撰写综述提供有用的材料,而且对于训练自己的表达能力、阅读水平都有好处。特别是将文献整理成文摘卡,对撰写综述极为有利。

4. 汇总成文 在掌握了一定数量的文献后,就可以着手拟订文献综述提纲,再按这个提纲把收集到的文献分类整理、归纳并从这些材料中挑选出可靠的、有理论和实践意义的内容,逐一述之。在写作过程中,如发现文献不足,还需继续查阅、收集,加以补充,切忌文献不足就勉强动笔,影响综述的质量。

(二) 综述的格式

全文大体分为前言、主体、总结和参考文献四部分。

1. 前言 扼要说明写作的目的和背景,明确有关概念,规定综述的范围。简单介绍有关问题的历史和现状、存在问题和争论焦点等,指出深入研究该课题的意义,使读者对综述的内容有所了解。前言文字不要太多,以400字内为宜。

2. 主体 主体部分是整篇文献综述的核心和基础,也即正文。主要是通过提出问题、分析问题和解决问题而展开的,可以从不同的侧面、不同的层次上来加以叙述。为使逻辑性更强,可分段落或加小标题,每个段落之间既要有论述的重点,又要保持内在的逻辑联系。可按时间顺序写,也可按问题性质写,无固定格式。要围绕论点和论据来组织文献,每一段落开头应是论点引路,将综合提炼出来的论点放在前面,接着介绍各家论点,以及引用文献所提出的实验结果或调查统计数据作为论据。

3. 总结 用简练的语言将主要论点和论据进行总结,并得出进一步结论。如果主体部分已经得出结论,这里应做高度的概括,起到画龙点睛的作用。此外,还可交代该专题尚需解决的问题以及对前景的预测和展望,也可提出综述者自己的见解。总结一般以200字左右为宜。

4. 参考文献 在综述全文之后开列文内引用的文献,是文献综述不可缺少的部分。开列参考文献的意义有三方面:一是尊重被征引者的劳动成果,保护知识产权;二是为综述提供理论和事实依据,提高综述的可信性;三是为读者提供查找原始文献的线索。因此,应严肃认真对待,尽量选用质量高、有代表性的文献。所引用的文献都要注明出处,要按照国家标准 GB/T 7714-2015 的规则进行著录。

文献综述全文一般以 5 000~7 000 字为宜,题目大的可以更长些,题目小的则可以稍短些。综述写作主要是利用一次文献,综述的作者则是加一些牵头引路、承上启下、殿后总结的语言,并将各种文献资料的观点、事实和有关材料融为一体。例:

保济丸中化学成分与药理作用研究进展

李润萍,朱盛山,邹威尧,蔡延渠,苏志伟

摘要:目的:探讨近年来保济丸中化学与药理研究进展,为今后保济丸的深入研究提供一定的理论依据。方法:通过查阅近十年保济丸的相关著作与文献,从保济丸抑菌、抗炎、镇痛、止泻及对胃肠道功能具有双向调节等现代药理作用与其对应单味药、药对的主要化学成分的研究进行分析总结。结果:研究发现保济丸中抑菌、抗炎成分超过9种,镇痛与止泻及对胃肠道功能紊乱有调节作用的化学成分超过5种,复方中增强药理作用的药对共9对。结论:研究结果表明保济丸的现代药理作用与化学成分的研究与其传统中医临床疗效相对应,有利于保济丸的进一步开发与利用。

关键词: 保济丸　单味药　药对　化学成分　药理作用

保济丸由葛根、钩藤、菊花、厚朴、苍术、广藿香、化橘红、白芷、木香等16味中药组成。其主要功效为解表、祛湿、和中,主用于腹痛吐泻、噎食嗳酸、恶心呕吐、肠胃不适、消化不良、发热头痛等症,是广东地区乃至东南亚华人家庭常备药品之一。现代药理研究表明保济丸具有抑菌、抗炎、镇痛、止泻及对胃肠道功能具有双向调节等作用。目前传统的丸剂存在服用量大,小儿吞服困难,生物利用度低等缺点。笔者通过对近10年来保济丸的现代药理作用与各单味药及药对主要化学成分的研究进展综述,为今后进一步研究与开发保济丸提供参考。

正文提纲:

1. 抑菌
2. 抗炎成分
3. 镇痛成分
4. 止泻,对胃肠道功能紊乱有调节作用
5. 总结与讨论

参考文献(略)[共计41篇,其中外文7篇、中文34篇(专著3种,期刊文献31篇)]

[引自:《中国实验方剂杂志》,2010,16(11):200-203]

(三)撰写文献综述注意事项

撰写文献综述的过程是不断完善自己的思维和书面表达能力的过程,要主观与客观相结合,实事求是,必须遵从文献综述写作规律,选材立题、拟订提纲、组织文字、引用文献资料等,都要反复调整修改。此外,为了把综述写成内容新颖、资料翔实、说理清楚、言简意赅的好文章,还应注意以下几个问题。

1. **事先检索**　在确定题目前,应通过检索,查证清楚近年来有无类似主题的综述文章发表,以防止劳而无功的重复劳动。

2. **结合专业**　综述文章是众多专业文章的归纳叙述,其专业性十分强,没有相当的专业知识,不能深刻理解原始文献的内容,不要勉强去写不熟悉的专业的综述。一定要结合自己的专业特长去写,综述的题材最好是自己的强项,写自己最熟悉的东西,容易驾轻就熟,得心应手。

3. **材料充分**　材料翔实是综述的基础,因此撰写文献综述必须详尽地占有原始资料。搜集有关原始文献应尽量避免遗漏,尤其要防止遗漏权威专家学者的论著。引用原始文献要做到:一要杜绝事无巨细有文必录;二要注意选择典型的尤其是近年发表的权威性文献;三要直接引用以免曲解原意。

4. **评议审慎**　综述的评议一定要符合客观,避免叙议相离。另外要把握好肯定、否定的分量。文字中少用"最""第一"等词。尽量做到客观公正,忌讳门户之见的个人感情色彩。还要注意防止把自己的研究成果放在综述中做自我评价。

(邵　峦　蒋茵婕　刘　辉　蔺焕萍)

附篇　民族医药文献检索

我国是一个多民族国家,在漫长的历史发展进程中,各民族创造了优秀的民族文化。很多少数民族采用本民族的古老文字、方块汉字及其变体来记录民族语言、传承历史文化,写下了卷帙浩繁的古籍文献。有些民族没有古老文字,如佤族、景颇族、哈尼族、傈僳族、拉祜族、苗族、普米族、阿昌族、布朗族、怒族、基诺族、独龙族、德昂族、水族等,许多"口碑文献"常以口耳相授、代代丰富的方式继承和保存历史文化。口碑文献也是少数民族文献的重要组成部分,有古老文字的民族也有大量口碑文献在流传。

每个民族所处的地理环境、历史条件和文化背景不同,各自有着独特的医药创造和积累,形成了丰富多彩的传统民族医药实践体系和文化体系,随着民族医药文化的发展,产生了种类繁多、数量庞大的少数民族医药文献并传承至今。少数民族医药文献记录保存了包括民族宗教信仰、医学理论、药物功效、诊断治疗、祝由口功、祭祀祛病等诸多丰富的医药内容,客观记载各族人民生产生活中的医药实践,反映了各族人民的医疗水平和医学成就,是各民族传统医药学建立和延续的文化根基。民族医药文献是继承与发展的原始记录和重要载体,也是学者们研究民族医药的客观依据和基础保障。

第一节　少数民族医药及文献的概念

一、民族医药

"医药"可解释为"医术"和"药物"。1951年12月实施的《全国少数民族卫生工作方案》首见"民族医"的提法:"对于用草药土方治病之民族医,应尽量团结和提高。"1977年版的《中华人民共和国药典》开始收载少数民族药材和成药,第一次出现民族药的概念。20世纪80年代开始,"民族医药"的称谓普遍出现,被广泛用于我国各种文件。

目前,国内"民族医药"是对中国各少数民族传统医药的统称。但它与国际上统称的"ethnopharmacology"的意义不同。国际上统称的"民族医药"与国内所说的"传统医学"概念属一个范畴,指各民族在长期的医疗、生活实践中,不断摸索、积累、总结、发展起来的,具有本民族独特理论体系的、各民族从古至今、土生土长的医学,不是我们现在所说的"民族医药",更有别于现代医学(西医)。《中华人民共和国中医药条例》将发展传统医药写入法律,为保护、发展中医药和民族医药提供了强有力的法律保障。我国《宪法》明确规定:"国家发展医疗卫生事业,发展现代医药和我国传统医药。"这里所指的"传统医药",包括两个组成部分,一是中医药学(汉族医药),它是我国从古代到现代社会的主流医学,是我国传统医学的当然代表;二是各个少数民族的传统医学,称为民族医学(民族医药)。

本章所讨论的"民族医药"即中国"少数民族医药"的简称,通常指的是除汉族医药(狭义中医药)以外的中国各少数民族所创造的、具有民族特色的、符合本民族人民需要的特殊的"医术和药物"。根据生存环境和对常见病症、特殊病症的治疗而创造、总结出来的本民族特殊的医药理论和治疗方法,就是该民族的民族医药。

二、民族医药文献

"少数民族医药文献"(简称"民族医药文献")是指用少数民族语言或文字、汉文字、外国文字记录的我国各时期少数民族医学成果、药理知识,具有保存参考价值的文献。

我国除汉族外的各民族医药资源丰富,汉文字记载的关于各民族用于预防、治疗疾病和保健的系统理论和知识经验的文献典籍均属于民族医药文献。其中民族医药古籍真实记录了传统民族医诊疗疾病的经验、心得和特色,揭示了特定地域、特定人群与自然环境、社会生活、文化习俗之间的关系,具有鲜明的历史传承性、民族性和地域性。民族医药古籍和现代文献数量丰富,种类繁多,价值珍贵。

"民族医学人物"主要是以该人物所从事的医药工作的属性来区分,以文献内容的属性来决定其民族医药家和民族医药文献的属性。如《四部医典》是藏药经典文献、《甘露之泉》是蒙医学文献、《东医寿世保元》是朝医学著作,主要是从著作的内容来判断其属性,不仅只以作者的族别做属性为判断的标准,主要以其主流部分的属性来决定其民族医药著作的性质,如《千金要方》《本草纲目》著作中包含着大量的民族医药的药材和方剂,但不能归属为民族医药文献,也不能只依据作者的族别不考证著作内容来判定医著的民族属性。

第二节 少数民族医药文献的分类

少数民族医药文献产生的时间有早有晚,记录符号和记录手段多种多样,载体形态和编辑出版形式各异,因而形成的文献类型也丰富多彩。

2010年,由中华人民共和国文化部、国家民族事务委员会主持制定了中华人民共和国文化行业标准《中国少数民族文字古籍定级标准》,对"中国少数民族文字古籍"进行了界定:"主要指1912年以前在中国及其历史疆域(含少数民族历史上建立的地方辖区)内用少数民族文字书写或印制的传本。考虑到少数民族文字古籍与汉文古籍在产生、发展、流传过程中客观存在的差异和复杂性,本标准有条件地将少数民族文字古籍的时代下限延至1949年(含1949年)。""其规则指以少数民族文字抄写、印制,以传统方式著述、装帧,并具有重要历史、学术、艺术价值及传承意义的书籍。1949年以后抄写或翻印的这类书籍中具有特别重要价值的传本亦应加以保护,但不属于古籍概念范畴。"

按照少数民族医药文献的成书年代对时间范围的界定参照以上标准,可划分为少数民族医药古籍文献和少数民族医药现代文献两大类。

一、少数民族医药古籍文献

少数民族医药古籍文献(民族医药古籍文献)是指我国55个少数民族在历史上形成的古代书册、文献典籍和口碑古籍及碑刻铭文等医药文献。可根据各民族的实际情况,有的民族医药古籍文献可界定到1949年以前,是少数民族医药文献的重要组成部分。广义是指我国少数民族在历史上遗留下来的以本民族语言、文字或其他民族文字记录少数民族医药科技,以文字、图形、声频、视频、口碑等形式呈现,具有保存价值的古代文献。从狭义来说,仅指用少数民族语言、文字著述传承下来的古代医药文献资料。

从目前发掘整理的情况来看,大致可分为以下两类:其一,有文字记载的古籍文献。这类民族医药文献相当多。它们有的刻于戈兰树的叶片上,被称为贝叶经;随着造纸业的发展,又出现了纸板经、手抄本、印刷本等载体形式。其二,没有文字记载的口碑文献(口头资料),是指各少数民族在历史上依靠口耳相传的方式流传下来的具有一定价值的各种资料。没有文字的少数民族对本民族医药文化的继承和发展主要以"口承民族医药文献"的形式传承,这些口碑古籍正在不断流失和消亡,近几年来经过不断的抢救、发掘,学者们用汉文表述其医药学理论和经验,整理出版了一些民族医药学的奠基性著作。有的民族虽有文字文献,但口传依然是他们传承文化的重要部分,甚至口耳相传的内容和范围超过了文字的记载。目前有不少口碑医药文献经过收集、整理、归纳形成了文字类文献,如《土家族医药学》《苗族医药学》《白族医药学》《佤族医药学》《水族医药》《侗族医学》,以及《基诺族医药》等。

(一) 民族医药古籍文献的特点

少数民族医药古籍文献客观记录了各族先民的医药实践,是民族医药文化重要的信息储存介质,是各民族医药文化延续和发展的源泉,其史料、学术、开发价值弥足珍贵。各民族医药古籍文献除了具有语言文字的多样性、载体形态的复杂性、文献分布的广泛性和地域性等共性特征外,还具有鲜明的民族文化特色。

(二) 民族医药古籍文献的分类

文字类的少数民族医药古籍不仅包括各种少数民族文字记载的医药古籍,还包括用其他民族文字记载的有关少数民族医药的古籍,它是少数民族医药古籍中最重要、最有价值的部分。由于记录符号、载体介质、记录方式和记录手段的不同,以本民族文字形成的文字类的少数民族医药古籍种类丰富,形式多为抄本、写本、稿本和刻本。

1. **按使用的文字分类** 少数民族使用的语言及文字非常丰富,民族医药古籍文献有用多个民族、多种民族语言直接书写的古籍,很多文字现代人已很少认识,翻译过程艰苦,难度高,工作量大且细致,需要专业翻译者与医药方面的专业人员合作完成。经过国家民族事务委员会等机构有组织的抢救和整理,现很多少数民族文字的古籍已整理出版。

按照古籍文字的不同,少数民族医药文献可归为两大类:

(1) 用少数民族文字或少数民族古文字记载的文献:少数民族医药文献用少数民族文字或少数民族古文字记载形成,很大一部分是直接讲述本民族医药理论、传统诊疗技术及其用药特点的。如彝族医药古籍文献《双柏彝医书》《元阳彝医书》《老五斗彝医书》《娃娃生成书》《启谷署》《医病书》等是古彝文典籍的代表作。傣文医药古籍一般称为档哈雅,较著名的有《嘎牙山哈雅》《档哈雅龙》《档拉雅》《档哈雅》《帷苏提玛嘎》等。纳西东巴文医药古籍代表有《崇仁潘迪找药》《迟恩松律》等。

(2) 用汉文字记载的有关少数民族医药内容的文献:少数民族医药内容大部分记录于汉文抄本及古本草文献中,一些与汉族杂居的民族如苗族、瑶族等历史上没有专门的医药典著,但在一些汉文古籍和地方志中有一些记载。如明代本草学家兰茂的《滇南本草》就收集了西南地区的许多民族药物。有些少数民族因为无本民族文字而使用汉字来记载医药知识,如清代土家族本草学专著《寿世津梁》《医方济世》《医学萃精》。

有的民族也创制过本民族文字,但因民族文化整合,较多的医药史料也是用汉字记载,只有较少部分用本民族文字记载。如白族先民历史上曾创制了"方块白文",但历代统治阶级都以汉字为官方文字，因此白族的绝大多数文献史料都是用汉字写成的。

2. 按载体形式归类　在不同的历史时期，少数民族医药文献的类型也不尽相同。由结绳刻木记事的原始文献、口碑文献转型为非纸质文献，载体形式出现了兽骨、金石、竹木、布帛、树叶、树皮、动物皮等，记录方式主要是手工刻写。少数民族以本民族文字产生形成的医药文献，形式多为抄本、写本、稿本和刻本。按载体形式可将少数民族医药文献划分为纸质文献、贝叶文献、树皮纸文献、丝绸布帛文献、碑刻文献、口碑文献等形式的文献，其他还有如骨质文献、金石文献、简牍文献、皮书等文献。

少数民族文字医药古籍文献主要包含以下几种类型载体形式：

（1）纸质书籍：大部分少数民族古籍是直接书写在各种纸质载体上形成的著作。主要有手稿和手抄本古籍。其代表有藏文医药古籍《四部医典》《月王药诊》《晶珠本草》《藏医医方杂集》；彝文的《双柏彝医书》《元阳彝医书》《启谷署》《医算书》；傣文的《档哈雅龙》（医药典）、《干比摩录帕雅》（傣医诊断术）、《嘎牙桑哈雅》（人体解说）、《档哈雅囡》（经验方）、《解达帕捌答》（心病解剖）等；东巴文的《崇仁潘迪找药》《称恩说律》《玉龙本草》。此外，还有壮文、水书等医药文献。

还有大量绵纸抄本，藏族的经卷文献则大多是记录和刻印在长形的绵纸之上，再用黄色绸缎加以包裹的，如敦煌藏医残卷《藏医杂疗方》《藏医灸法残卷》等。

（2）贝叶文献：是以贝叶棕（傣语称"戈兰"，俗称"贝叶树"）的树叶为载体记录知识的文献。在造纸技术还没有广泛运用前，人们就用贝树叶子书写东西，佛教徒们也用贝叶书写佛教经典和画佛像，贝叶经的名字由此而来。贝叶是傣族人民独具特色、具有代表性的记事载体，对傣医药文化产生的影响很大。傣族使用纸张的历史不长，至今二三百年，在很长的历史时期内，傣族的医药理论和临床实践经验都是用贝叶刻写记录下来的，形成了《舒婉纳》《四塔》《桑给尼》《塔都当细》《塔都嘎他》《维旁嘎苏》等一批颇具民族特色的贝叶医药文献。

（3）构树皮纸、桑皮纸文献：有些少数民族纸张类型比较特殊，如清代维吾尔文医药典籍《维吾尔医药大全》，是写在桑树皮制成的桑皮纸上的。傣族的许多古籍文献都是手抄记录在手工制作的构树皮纸上的。如傣族医药古籍文献《档哈雅帕雅害岩康》《档哈雅帕雅拢龙》《档哈雅帕雅麻》《档哈雅帕亚害》《档哈雅帕亚沙巴》《档哈雅帕亚沙塔当来》《档哈雅帕亚题罗嘎》等。

（4）丝绸、布帛文献：是以棉麻布、纱布、丝织品、绢帛、绸缎等为载体记录知识的文献。闻名于世的藏医药图像符号文献"曼汤"（又称为"唐卡"）堪称世界医学史上的奇迹。是用天然色料在亚麻布上绘制而成。在绘制前，先把布料放在树脂树胶和白垩土的混合液中反复浸泡充分，捞出来自然干燥，然后再用圆滑的贝壳等器具在布面上不断地轻轻摩擦，使布面平整光滑均匀，就可以作画了。"曼汤"是藏语的音译。"曼"是 Sman 的译音，意为医药，而"汤"是 Thangka 的译音，意为挂图。"曼汤"就是医学挂图，少数民族善于绘制医学图画来表达医学药理内容。"曼汤"是藏医药学历史、民族特色、医学内容的集中体现。藏医药学中的这些挂图是世界古代医药体系中的稀世珍宝，藏族先民根据本民族丰富的医药学理论和实践技术绘制的 80 幅彩色系列医学挂图，由 5 000 多幅小图画组成，内容囊括了藏医的起源、理论直至实践的各个方面，成为后人学习、研究藏医药文化和西藏绘画的珍贵档案史料。还有现存民间的一些彝文、傣文医药古籍，其封面大部分是用麻布制作而成。

(5) 碑刻文献：刻石记事是古代少数民族传统的记事方法，其内涵丰富，涉及了丰富的医药学内容。云南大理白族的很多医药文献均刻写在石碑上。如白族的石刻档案《赵氏医贯》，刻于1617年，内容论及玄元肤论、内经十二官论等，主要阐述薛氏医案之说，以命门立论，对命门的部位、性质、病理变化、治疗原则和方药进行了系统而精辟的论述。此外还有《故大师白氏墓碑铭并序》《故溪氏谥曰襄行宜德履戒大师墓志并叙》等。这些文献大部分收录于《白族医药丛书——白族古代医药文献辑录》，收集整理了唐代以来著作、碑刻等文献中一批珍贵的白族医药资料，都是今天考证白族医学渊源发展的原始史料。

(6) 口碑文献（口述文献）：少数民族医药口碑文献，是保存在当事者、知情者记忆中的或在群众中口头流传的医药知识，包括少数民族日常生活中通过歌谣、民间传说、神话故事和有目的的口头传授等的医药知识。从载体来看，除了口碑文献外，少数民族医药在流传过程中出现的由口头经验集结成文本式的经验总结也可包括在内。口碑是少数民族医药知识的重要传播形式，尤其是历史上无本民族文字的少数民族，其医药内容除部分载于汉字或其他民族文字古籍之中，大部分没有文献记载的医药信息，主要通过祖辈相传、徒承师艺等口传心授的方式传承，经过千百年"口口相授"和"代代丰富"的过程，形成了特殊形式的口碑文献，至今仍继续流传运用。它们是具有保存价值的原始历史记录，在我国民族医药体系中占了较大比例；其中也有部分内容由后人整理记录成册的，如民国时期，土家族民间的土医、药匠在师承学医的基础上，对师传经验进行了文字抄记，出现了较多手抄本。其中有湘西民间的《七十二症》《二十四惊症》《二十四惊风》，鄂西民间的《草药三十六反》《草药汇编》《医疗精选》等口授的手抄本，它们既是先辈"口传"下来的医药精华，又是抄写者临床经验的总结，是土家族珍贵的口碑文献。

二、少数民族医药现代文献

少数民族文字的现代医药著作很多，如民族出版社出版的藏文的《中国藏医药研究》《旺钦班玛仁增医学文集》《藏药植物学》和《藏药方剂学》，哈萨克文的《哈萨克族医学概论》，朝鲜文的《医疗保健史》，维吾尔文的《维吾尔民间保健药方》等。现代少数民族医药文献的载体类型十分丰富，但大多数是以纸质载体形态存在的。

按照不同的出版形式，现代少数民族医药文献可分为图书、宗教经卷、连续出版物和特殊文献等多种类型，每种类型的文献又包含纸质和电子版本等形式。

1. 图书　我国目前少数民族医药图书仍以传统的纸质图书文献为主，也有部分电子图书等载体形式。

2. 宗教经卷　因少数民族医药的起源发展与宗教文化关系十分密切，故宗教经卷中也记载有一部分少数民族医理药学知识，如著名的《纳西东巴古籍译注全集》《藏药开光经》等棉纸印制的经书中都有不少传统民族医药的重要内容，是各民族医药的珍贵文献，具有很高的医学研究参考价值。

3. 期刊、报纸等　涉及少数民族医药的连续出版物除少量专门的民族医药报刊外，大部分是在综合性的报刊中刊登少数民族医药内容的论文和资讯。内容以少数民族医药知识和民族医药时事新闻等为呈现要素。如《民族医药报》（周报）1989年创刊，是我国目前为止唯一专门介绍我国56个民族民间验方秘方、特殊疗法和家庭防病治病、医疗保健知识的报纸，该报为双版制，电子版每日同步最新的报纸版面信息内容。《中国民族医药杂志》创刊于

1995年,是我国唯一一份国家级综合性的民族医药学术期刊。主要刊登有关我国民族医药的理论探讨、临床报道、方药应用、民族医药的开发利用、教学经验、科研总结、文献综述及工作动态等,是学习、了解、研究、交流中国少数民族医药学的必备期刊。此外,报纸如《中国中医药报》,期刊如《中国民族民间医药》《中国中药杂志》《中华中医药杂志》《中国现代医学杂志》《时珍国医国药》《西藏医药》《云南医药》等刊登有不少少数民族医药学方面的内容。

少数民族文字出版发行的刊物中,也有一些与少数民族医药相关的,如藏文版的《中国藏医药》、蒙文版的《内蒙古民族大学学报》(蒙医药学版)和《中国蒙医药》等。

4. (会议)论文集 近20年来,我国召开了几十次全国性的民族医药学术会议,涉及藏族、蒙古族、维吾尔族、傣族、朝族、壮族、苗族、土家族、彝族、侗族、瑶族、畲族等12种民族医药。其中,藏、蒙、维吾尔、傣、朝医药还召开了国际性学术研讨会,产生了数量众多的民族医药会议论文。如全国民族医药学术交流会继1982年第1次在昆明召开,至2015年已举办了12次,会议论文覆盖了我国多个民族医药,形成了学术主题突出、各民族医药互动的学术交流局面。2000年7月,首届国际藏医药学术会议在西藏拉萨召开,会议期间交流学术论文19篇,收入论文集的论文249篇。2005年全国首届壮医药学术会议暨全国民族医药经验交流会在广西南宁召开,会议《论文汇编》经专家审定,按全文、摘要或题录收录各地民族医药工作者及有关专家学者论文汇编337篇。《民族医药发展论坛论文集》《彝族古文献与传统医药开发国际学术研讨会论文集》(ISBN号或标识号:7-5367-2395-4)、《2012全国藏医药学术与技术交流会论文集》(ISBN号或标识号:978-7-105-12732-0)都反映了民族医药历史的重大学术成就等。

第三节 少数民族医药文献检索

民族医药文献很多都分散于各个学科领域中,要对它们进行利用和挖掘,检索方法主要有手工检索和计算机检索。

一、手工检索

1.《国家中医药管理局民族医药文献整理丛书——蒙药正典》 柳白乙拉主编,2006年民族出版社出版。

该书记载了879种蒙药材,附570幅药物插图,详细记述了每一种药材的产地、来源、形态、入药部分、性味、功能、主治、采收季节及炮制方法等,是蒙古族用药的一部重要标准。

2.《中国医学百科全书·藏医学》 土旦次仁主编,1999年上海科学技术出版社出版。

该书是《中国医学百科全书·藏医学》(藏文版)的汉文编译本,《中国医学百科全书》祖国医学分卷之一。该分卷共列条目1656条,并附有目录和索引。内容包括藏医药简史、藏医基础、生理、病理、诊断、保健、医德、内科、外科、妇科、儿科、五官科、骨伤科、热病疫病、神志病、治疗、药物、方剂等基础和临床各科,是一部完整系统的著作,使用方便,便于查阅,从而成为一部博采古今藏医药精华的综合性藏医药著作。

3.《中国傣医药彩色图谱》 林艳芳、依专、赵应红编著,2003年云南民族出版社出版。

该图谱首次以中、英、傣三种文字对照编写,是第一部完整系统的傣医药学科参考书,论述傣医的起源发展、基础理论、诊疗方法、制药等内容,收集1000多个傣医的单、验、秘方,筛选300种常用傣药。其中药理化学和药性入塔、药材鉴别、图片实地拍摄等内容皆为首创。

4. 《中国藏医药文献目录索引》 黄福开主编,2003年中国藏学出版社出版。

该索引收录1949—2001年藏医药相关的论文题录、著作名录2 000多种,其中藏医药专著178种,涉及古籍整理出版文献102种(数量增加60种)。对于著作的著录信息包括书名、编著者、出版地、出版者、出版年月、页码。全书仅以名录的方式罗列藏医方面的论文(包括新闻报道)、论著的主要信息,没有附内容提要,除文献基本信息外,读者难以了解更多的内容。

5. 《甘珠尔所载之医药部分》(嘎玛赤热整理,1988年西藏人民出版社)、《医药学选编》(1989年、1992年、1992年、1996年民族出版社)、《丹珠尔藏医药学文献精要》(九西加、本考、旦正加选编整理,2007年甘肃民族出版社) 是3本辑选藏文大藏经中有关藏医药内容的著作,并不是专门的藏医药古籍文献目录著作。但这3本著作的内容均反映出藏传佛教经典中收录的藏医药古籍文献的情况,对于了解藏医药古籍的整体状况有所帮助。

二、计算机检索

1. **利用数据库或检索平台检索** 常用的有中国知网、万方数据知识服务平台、维普中文科技期刊数据库、国家数字图书馆资源、CALIS、读秀学术搜索、超星发现系统、国家科技图书中心、云南高校数字图书馆共享平台等,包含大量民族医药知识和信息。

《云南高校数字图书馆共享平台》(http://ynadl.ynnu.edu.cn/)拥有各高校承建的17个特色资源数据库,其中包括云南民族大学(西南少数民族特色文献数据库)、云南中医学院(云南地产中药、民族药数据库)、大理学院(南诏大理文献专题数据库)、文山学院(文山民族资源数据库)等包含民族文化文献的数据库,包含大量民族医药知识和信息。又如《云南大学民族学全文特色数据库》,该资源大部分为民族医药现代文献。

国家哲学社会科学学术期刊数据库等其他数据库的检索也采用类似方法和途径进行检索,包含有很多民族医药相关文献。

2. **利用民族医药研究的专门网站和资料库检索**

(1) 百拇医药网:"百拇医药"的"民族医药"专栏也发布丰富的民族医药信息,间接地提供民族医药文献的相关信息(http://www.100md.com/index/0L/m1/30/Index.htm)。

(2) 中国壮医药在线(http://www.zgzyzx.cn)。

(3) 广西民族医药研究院、广西壮医医院、广西民族医药协会、民族医药报社(http://www.gxminzuyy.net)。

(4) 民族医药报(http://www.gxminzuyy.net/list.aspx?classId=2)。

(5) 中国民族医药学会(http://www.cmam.org.cn)。

(6) 文山壮族网壮医壮药(http://www.wszhuangzu.cn)。

除了以上相关网站外,网络上还有很多综合性的网站载有大量民族医药文献及信息资料,可提供查阅。如"豆丁网"包含大量民族医药文献相关资料,可用追溯法再进行链接检索,查找和获取大量民族医药古籍、现代文献信息。

3. **利用出版社网站资源检索** 各省市自治区民族出版社一般隶属于各省民族事务委员会,是以出版少数民族文字图书为主的多文种综合性出版社,也是全国出版少数民族文字图书文种最多的出版社。

如云南民族出版社拥有汉族、彝族、白族、哈尼族、壮族、傣族、苗族、回族、傈僳族、拉祜族、佤族、纳西族、景颇族、藏族、普米族、满族等16个民族成分组成的编辑队伍。主要用西双版纳傣文、德宏傣文、景颇文、傈僳文、佤文、拉祜文、彝文、哈尼文、藏文、苗文、纳西文、白文等12种民族文字出版各类图书1 600多种，并出版有关民族政治、经济、历史、语言、文字、教育、医药及民族古籍、民族风情、民族问题研究等方面的汉文图书。

包含有大量民族医药文献信息的出版社还有民族出版社、中央民族大学出版社、云南人民出版社、中国大百科全书出版社等，均可查询到相关信息。

4. 政府部门或单位网站资源 国家民族事务委员会、少数民族古籍整理出版规划办公室及系统内各省市地州民族事务委员会网站或民族宗教事务局网站，均有丰富的民族医药相关信息。

（戴　翥）